支持西部地区中小企业集群化成长的政策体系研究

李兴旺◎等著

中国财经出版传媒集团
中国财政经济出版社

图书在版编目（CIP）数据

支持西部地区中小企业集群化成长的政策体系研究／李兴旺等著．--北京：中国财政经济出版社，2022.6

ISBN 978-7-5223-1491-4

Ⅰ.①支… Ⅱ.①李… Ⅲ.①中小企业－高技术产业－企业发展－研究－西北地区 ②中小企业－高技术产业－企业发展－研究－西南地区 Ⅳ.①F276.44

中国版本图书馆 CIP 数据核字（2022）第 099752 号

责任编辑：张晓丽　　　　责任印制：刘春年

封面设计：孙俪铭　　　　责任校对：张　凡

支持西部地区中小企业集群化成长的政策体系研究

ZHICHI XIBU DIQU ZHONGXIAO QIYE JIQUNHUA CHENGZHANG DE ZHENGCE TIXI YANJIU

中国财政经济出版社 出版

URL：http：//www. cfeph. cn

E－mail：cfeph@ cfeph. cn

社址：北京市海淀区阜成路甲 28 号　邮政编码：100142

营销中心电话：010－88191522

天猫网店：中国财政经济出版社旗舰店

网址：https：//zgczjjcbs. tmall. com

北京财经印刷厂印刷　各地新华书店经销

成品尺寸：170mm×240mm　16 开　14.5 印张　229 000 字

2022 年 6 月第 1 版　2022 年 6 月北京第 1 次印刷

定价：78.00 元

ISBN 978－7－5223－1491－4

（图书出现印装问题，本社负责调换，电话：010－88190548）

本社质量投诉电话：010－88190744

打击盗版举报热线：010－88191661　QQ：2242791300

序　言

中小企业是中国经济韧性和就业韧性的重要支撑，是激发创新的重要力量。促进中小企业发展，对推进经济高质量发展至关重要。如何进一步促进中国西部地区中小企业发展，在产业集群理论及经济政策理论的指导下，针对西部地区中小企业产业集群的特点，研究其成长瓶颈和成长的关键因素，探讨促进其发展的脆弱性、政策着力点和政策体系等问题，已成为理论界和西部地区政府、企业及社会共同关注的一个重要问题。

该项研究成果本着支持西部地区中小企业集群化成长政策的“理论工具—调研诊断—政策建议”逻辑展开理论分析和调查研究，其核心研究工作：一是从理论上揭示支持中小企业产业集群成长的政策作用机理与政策配置；二是在大量调查研究的基础上诊断西部地区中小企业集群化成长瓶颈及其支持政策缺失；三是提出支持西部地区中小企业集群化成长的政策架构与政策建议。本书课题组以中小企业产业集群成长的政策作用机理为指导，深入西部各地，调查研究了13个特色产业中小企业集群，系统地诊断支持西部地区中小企业集群化成长瓶颈与政策缺失，总结了企业集聚、集聚企业间的协作与配套、创新和学习的环境、生产要素配置、市场垄断、企业恶性竞争、社会化服务体系、基础设施等十大瓶颈，分析了形成这些瓶颈的自然资源、企业及政府三方面的原因。政策缺失主要从扶持政策、促进政策、规制政策三个政策层面分析了政策的缺位、不足或越位的具体状况。西部地区中小企业集群化成长支持政策缺失的共同之处总体上表现为两方面：一是政策体系性差，二是政策执行力不足。本书同时研究了四大类特色产业集群政策的缺失方面存在着不同的地方，主要表现是政策缺失的程度不同，如在政策工具和措施、政策内容、政策的不成体系和政策执行力不足等方面。对西部地区中小企业集群化成长瓶颈与政策缺失的诊断，使支持西部地区中小企业集群化成长的政策体系建议更有针对性；对国内外产业集群政策借鉴，使支持西部地区中小企业集群化成长的政策体系建议更有系统性。本书在广泛收集、研究、借鉴国内外产业集群政策的基础上，提出了支持西部地区中小企业集群化成长的政策体系，并从政策目标、政策取向、政策措施和政策保障四方面提出支持西部地区中小企业集群化成长的支持政策建议。

研究成果的主要观点包括：第一，西部地区中小企业产业集群大部分处于“雏形期”。有竞争力的产业集群从出现到最终形成，需要长期的发展和培育。集群作为一个有机的、具有生命力的产业群落，它的显现、增长和发展，也是一个逐步演进的漫长过程。其显著特征就是某一特定领域的大量企业和机构的空间积聚，通过集体效率取得持续竞争优势，而现在西部地区特色产业集群主要是地理上呈现集中趋势，企业的规模、实力、科技水平和产品质量等综合竞争力仍然较低，难以对一体化生产形成持久而强有力的支持，辐射能力和市场开拓能力受到一定程度的影响，还没有形成集体品牌和创新氛围。第二，西部地区尚未形成健全的集群政策体系。在中国东部发达地区经实践检验行之有效的各项产业政策，在西部各省份的中小企业集群政策中都有所体现。但是大多数西部地区中小企业集群政策体系还不健全，主要表现在专业化分工与协作、市场机制、创新基金与专项投资、专业咨询与服务、信息收集与发布平台、知识产权保护体系等方面政策上较少，政策措施不配套或缺少可操作性，未能形成完善的政策体系。第三，集群政策可分为扶持政策、促进政策、规制政策三种：一是提供集群成长的初级条件与动力，也即解决集群成长的推动力问题，这类政策以政府直接扶持产业集群为特征，我们可称之为扶持政策。二是针对影响产业集群成长的系统因素，特别是完善相关服务体系及水平服务的提高，这类政策以驱动集群服务体系提升服务能力和引导中小企业集群化成长为特征，我们称之为引导与促进政策。三是解决市场失灵时产生的问题，也即解决产业集群成长的阻碍力的问题，此类问题集群已无法仅仅依靠自身而得到解决，就需要政府的及时强势介入，这类政策以政府的规制为中心，我们称之为规制政策。第四，集群政策的着力点是集群成长的关键因素。集群政策主要通过作用于集群成长的关键因素而作用于集群，因而衡量政策的有效性首先是通过衡量政策作用于这些关键因素的针对性（即关键政策配置）实现的。尽管集群政策包括扶持政策、促进政策与规制政策三类，但是针对不同的集群成长关键因素，重点集群政策只是这三类中的一部分，只有区分出重点集群政策，才能够有效提高集群政策的绩效；集群成长的关键因素包括原动力、推动力、提升力和阻力四个因素，政府集群政策既要加强集群的推动力和提升力，同时也要削弱集群发展的阻力，前者即使再强也无法抵消后者。第五，集群成长瓶颈是指制约集群成长，导致集群雏形期成长绩效与成熟期绩效差距的关键限制因素。依照提升集聚能力、竞合能力、开放能力、创新能力这四种能力的原动力、推动力、提升力以及阻力，诊断制约集群成长的关键因素，那些导致集群“雏形期”成长绩效与成熟期绩效差距的根本因素就是中小企业集群化成长的瓶颈。例如，若集群成长的集聚能力比较差，就对应分析原动力、推动力、提升力中哪些因素是导致集群“雏形期”成长绩效与成熟期绩效差距的根本因素，这样就能够找到中小企业集群化成长瓶颈。

本书研究成果创新主要在以下几个方面：第一，提出了中小企业产业集群政策的作用机理 P－F－E 模型。中小企业集群的成长是一些关键影响因素作用的结果，政府支持政策若能够对这些关键因素起到应有的作用，中小企业集群就会成长。进一步分析，政府政策（P）包括扶持政策、促进政策、规制政策，关键因素（F）包括集群成长的原动力、推动力、提升力、阻力四类因素，集群发展绩效（E）体现在集聚能力、开放能力、竞合能力和创新能力的提高。那么，依据三者的理论假设关系，形成了支持西部地区中小企业集群化成长的政策体系的具体模型。该模型说明，企业集群政策的扶持政策、促进政策和规制政策分别作用于集群成长的原动力、推动力、提升力和阻力四个关键因素，在集群政策的作用下，集群成长关键因素进而作用于集群成长，表现在集聚能力、开放能力、竞合能力和创新能力四种能力的提高。第二，提出中国“雏形期”产业集群的识别指标体系及判定方法。在世界各国集群的统计工作和政府对产业集群制定相关政策等方面有一些规定，中国缺乏统一规范的规定，各地自行其是。中国浙江、福建、江苏、山东等省均是产业集群相对发达的地方，在统计上一般以工业园区、产业集中区、特色产业镇为集群统计范围。目前产业集群统计口径混乱，在其识别上尚缺乏具体可行的操作方法。对“准集群”的认识则更为混乱，本书以产业集群演进阶段为视角，称“准集群”为“雏形期”，揭示了“雏形期”产业集群的特征，并建立可行的测度及识别方法。结合各国关于产业集群统计标准的规定，以及国内外对产业集群识别的学术研究成果，本书认为可以把对产业集群的识别概括为对其四种能力的识别，即：集聚能力、开放能力、竞合能力和创新能力。本书建立了产业集群识别的“四能力”维度框架，并相应地建立了相应的判定指标，即“产业集群识别指标评判标准对照表”，把每种衡量指标划分成四阶水平，每阶水平赋予相应的分值。识别时可采用专家意见法，每位专家根据实际情况的调研，依据“产业集群识别指标评判标准对照表”进行打分，计算每种能力的平均分，最后根据产业集群判定四维模型图划分出的四个区域，进行判定。第三，本书构建了支持中小企业集群化成长的专门政策体系，并提出了支持西部地区中小企业集群化成长的政策体系建议。首先，本书研究从理论上提出了政策目标、政策取向、政策类别、政策措施以及政策保障构成支持政策体系的核心要素。在核心要素提取的基础上，按照层层分解的方式，以政策目标为导向、政策取向为重点，确定对应取向的政策类别和结合集群实际的政策措施，并同时辅以切实可行的政策保障，利用一系列相互联系、相互制约的系统化政策，引导、促进中小企业集群化的发展。然后，本书课题组在大量案例研究的基础上，以提高西部地区集群绩效能力为导向，提出了提高西部产业集群四种绩效能力导向下的具体政策目标、政策取向、政策类别、政策措施建议，使政策体系更有针对性和实效性。

研究成果的主要特色体现在：第一，研究对象产业分布广，以颜色分类进行研究。本书按照西部地区对产品的生产过程（或产品外观）具有相同特征归并为一类产品（或产业）的习惯，不仅为便于比较研究，同时也是为了适应地区特色经济产业特征简略化、形象化的要求，将本书的研究对象——中国西部特色中小特色产业集群分为红色产业集群（如宁夏的枸杞、红枣产业、新疆的番茄）、绿色产业集群（如贵州和新疆的高原瓜果加工、内蒙古和宁夏牛羊肉加工、陕西和四川的旅游业、云南的花卉等）、白色产业集群（如内蒙古乳品业、新疆棉花加工、内蒙古盐化工等）、黑色产业集群（如内蒙古的煤化工、石油化工等）。本书针对红色、绿色、黑色、白色四类特色产业中小企业集群，分类开展研究了其基本状况、资源特征、发展阶段判别、成长瓶颈及其形成原因、政策目标、政策取向、政策措施和政策保障建议。第二，以实证研究进行政策配置，形成构建政策体系模块内容的逻辑。本书在提出集群成长的关键因素、集群绩效、集群政策三者关系模型的基础上，依据三者内在关系的实证研究进行政策配置，形成构建政策体系的四大模块内容逻辑。具体地，根据中小企业产业集群政策的作用机理模型建立假设，进行实证研究，找到集群成长的关键因素与集群绩效相关矩阵，以及集群政策与集群成长的关键因素相关矩阵。以集群成长关键因素为政策着力点，分别进行集群发展能力的四种能力——集聚能力、竞合能力、开放能力、创新能力提升之重点扶持政策、重点促进政策和重点规制政策的配置，并以此为线索构建政策体系的集聚能力、竞合能力、开放能力、创新能力提升政策体系的四大模块内容的逻辑。

该书研究成果是中国迄今为止在“特色产业中小企业集群政策体系”研究领域中较为全面、系统、有理论高度又有翔实的实证研究的为数不多的研究成果。中国“雏形期”产业集群的识别指标体系及判定方法、中小企业集群化成长瓶颈的因素对照诊断理论、中小企业集群政策体系模块构建等研究成果具有原创性、开拓性和前瞻性，学术价值较高。

该书不仅对特色产业中小企业集群政策体系理论进行了具有理论高度的深入研究，而且也进行了大量的实地调查研究，所提出的“雏形期”产业集群的识别指标体系及判定方法，具有可操作性，能够指导产业集群发展阶段的判定。西部中小企业集群化成长的瓶颈及其形成原因的分析，以及支持西部中小企业集群化成长的政策缺失及其原因，均可指导实践活动。支持西部地区中小企业集群化成长的政策体系建议，针对性强，可在政策制定过程中，根据中小企业产业集群状况对号入座，采纳政策建议。

该书研究成果的观点和相关思想与党的十八大、十九大、十九届四中全会以及国家19个部委发布的《“十四五”促进中小企业发展规划》等精神相吻合，研究成果具有基础性、前瞻性和科学性，具有较强的理论指导实践意义。

李兴旺教授长期以来从事企业战略管理、企业集群、中小企业成长等领域研究，是内蒙古自治区高等学校人文社会科学重点研究基地“内蒙古中小企业发展研究基地”首席专家和负责人，该书研究成果代表了一位孜孜不倦从事科学研究的学者的研究问题的洞察力、学术积淀和思维的敏锐度。至此新作出版之际，作为同行，甚为欣喜，特为序。

首都经济贸易大学副校长、博士生导师

目 录

导　论

一、研究背景与意义

（一）研究背景

中小企业在我国经济发展中具有举足轻重的作用。我国中小企业的数量已经超过了3000万家，约占企业总数的90%，贡献了约50%的税收、60%的GDP、70%的技术创新，以及80%的城镇劳动就业，中小企业已经成为我国经济韧性的重要基础。

在我国西部地区特色产业中，中小企业的发展表现出集群化成长的特征，或形成了与大企业配套的中小企业产业集群，或形成了独立于大企业的中小企业集群。这些中小企业产业集群特征之一是大部分处于萌芽期或形成期（本书称之为“雏形阶段”或“雏形期”）。政府对中小企业的发展一直比较重视。对处于“雏形阶段”的中小企业集群而言，显然政策的制定需要体现出阶段性、适应性和针对性。

西部地区中小企业产业集群的特征，还表现在产业特色上。与独特的地理、气候和自然条件密切相关，西部地区形成了四类优势特色产业集群：红色产业集群（如宁夏的枸杞、红枣产业、新疆的番茄）、绿色产业集群（如贵州和新疆的高原瓜果加工、内蒙古和宁夏的牛羊肉加工、陕西和四川的旅游业、云南的花卉等）、白色产业集群（如内蒙古乳品业、新疆棉花加工、内蒙古盐化工等）、黑色产业集群（如内蒙古的煤化工、石油化工等）。这些集群的特征也形成了区别于一般产业集群研究对象的独特性。因此，本书研究对象确定为西部地区特色产业中小企业集群。

如何在产业集群理论及公共政策理论的指导下，针对西部地区中小企业产业集群的特点，探讨促进其发展的政策着力点、政策体系等问题，已成为西部地区政府和企业共同关注的一个重要问题。

（二）研究意义

1. 促进产业集群理论的发展

目前学术界研究西部地区特色产业、中小企业、企业集群、企业集群化成长的成果很多，但是大多聚焦于成长或者成熟集群的产业集群。而对于处于“雏形阶段”的中小企业集群的发展特征，以及政策促进机理的研究不够深入和透彻。对处于“雏形阶段”的中小企业集群进行问题诊断、理论研究，构建支持“雏形阶段”中小企业集群政策体系的研究，可以进一步对方兴未艾的产业集群研究进行理论补充和完善。

2. 促进公共政策理论的发展

中小企业集群政策属于专项公共政策，专项公共政策的理论体系构建有别于一般政策理论体系。其特点是政策目的专一、支持对象复杂、涉及部门多、核心因素成体系等。本书探索了中小企业集群政策体系的构建，结合文献梳理与实际调研结果，其政策体系的构建是一个以中小企业集群的政策需求为出发点，以政策目标为依据，以重点政策取向为导引，设置能够系统地促进中小企业集群化发展的一系列具体政策，并同时提供配套保障措施的复杂过程。

3. 促进西部地区特色产业中小企业集群及中小企业的发展

支持中小企业的发展，既可以通过直接支持中小企业本身入手，也可以通过支持中小企业产业集群来达到支持中小企业，即立足研究支持主导产业、配套产业的中小企业发展政策，来促进中小企业的发展。研究扶持西部特色产业中小企业集群化成长的政策符合国家相关政策举措和导向。如《国家发展改革委关于促进产业集群发展的若干意见》中提出：“以特色产业和自然资源为突破口，延伸产业链条，加快中西部地区产业集群发展。”

支持西部中小企业政策的战略导向应立足于支持特色产业中小企业，特别是特色产业集群中小企业。应注重对特色产业链上的支持性产业和相关产业的中小企业的政策扶持，可以形成“利用特色资源—发展特色产业—扶持特色产业中小企业集群—发展特色产业中小企业”的中小企业发展模式。

二、研究方案

（一）研究思路

第一阶段，以产业集群理论为指导，开发产业集群发展阶段的识别指标体系及判定模型，研究中小企业产业集群成长的政策作用机理。

第二阶段，以第一个研究阶段的成果为基础，编写有针对性的调查提纲与问卷，并且进行了试调研，对调查提纲与问卷进行完善与修订。

第三阶段，对西部地区中小企业集群进行实地调研；同时着手收集国内外产业集群政策。

第四阶段，根据调研结果，研究西部特色产业中小企业集群特征，判定西部地区特色产业中小企业集群发展阶段，找出提升集群成长能力的关键因素及改善这些因素的具体关键政策配置，总结西部特色产业中小企业集群的政策及其特征。

第五阶段，诊断西部特色产业中小企业集群化成长的瓶颈及其形成原因，诊断西部特色产业中小企业集群化成长支持政策缺失及其原因。

第六阶段，根据产业集群能力提升之关键政策配置与西部特色产业中小企业集群的政策及其特征，构建支持西部特色产业中小企业集群化成长的政策体系。

第七阶段，针对西部特色产业中小企业集群特征，结合西部特色产业中小企业集群化成长及其支持政策诊断结论，借鉴国内外产业集群政策，依据西部特色产业中小企业集群化成长的政策体系，提出支持西部特色产业中小企业集群化成长的政策体系建议。

上述研究思路如图 1 所示。

（二）研究方法

本书采取调查研究、案例研究、结构方程、层次分析法、比较研究等研究方法进行了以下内容的针对性研究：

（1）在文献研究基础上，对学者、企业界人士和政府官员进行深度访谈和问卷调查，确定“特色产业中小企业集群化成长的关键影响因素”。

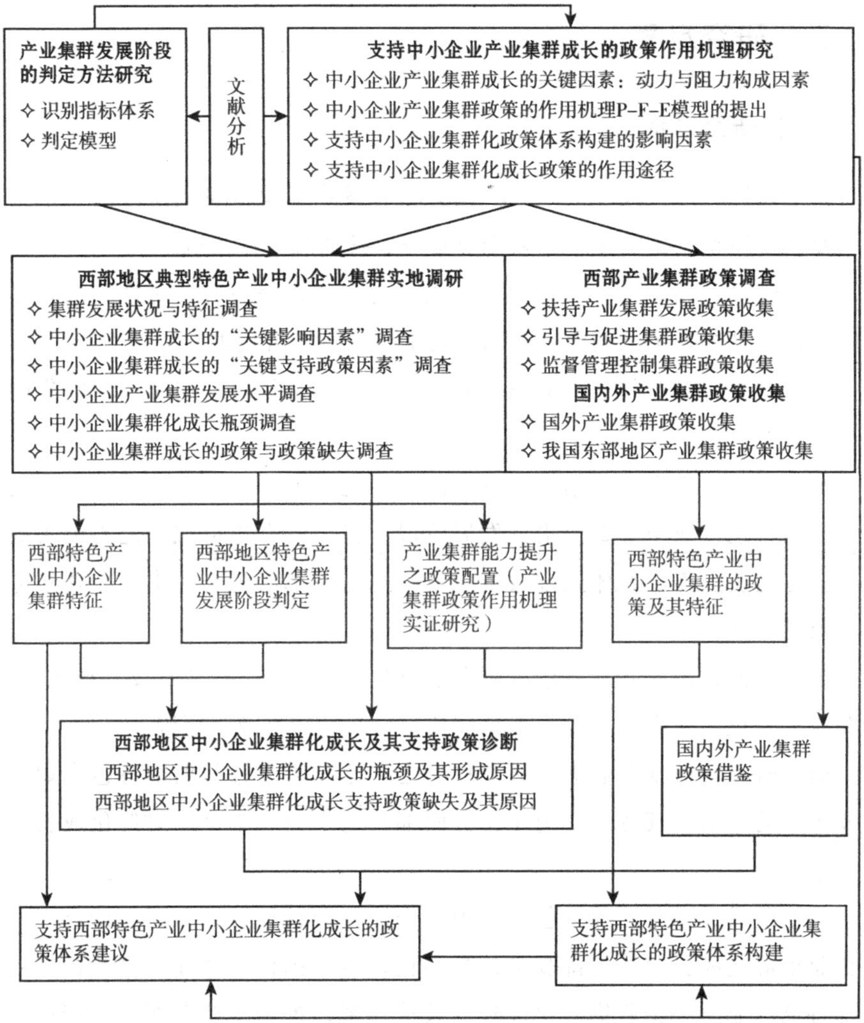

图 1　本书研究思路

（2）将文献分析、访谈与国内外案例研究相结合，构建“支持‘雏形阶段’的西部特色产业中小企业集群政策的作用机理”的理论模型。

（3）采用结构方程模型方法对构建的政策作用机理理论模型进行实证研究，检验、修正政策作用机理理论模型。

（4）对典型特色产业集群的企业和当地政府有关部门进行问卷调查，研究“政策缺失”的各个因素对产业集群“成长瓶颈”各因素的影响程度。

（5）对特色产业集群政策进行案例研究及跨案例的比较研究，结合理论分析和实地调查，提出政策体系架构与政策建议。

（三）本研究的组织与分工

本研究的组织形式采取矩阵式结构，如图2所示，横向组织为调研组，以不同类别产业集群的调研进行分组；调研工作分批进行，人员可在完成原来调研任务的情况下，重新组成新的调研组。纵向组织为研究子课题，以研究的内容进行分工，纵横交叉便于沟通，也有助于研究效率的提高。首先开展调研组的调研工作，其次进行子课题研究，最终主要由课题负责人和子课题负责人执笔完成本专著。

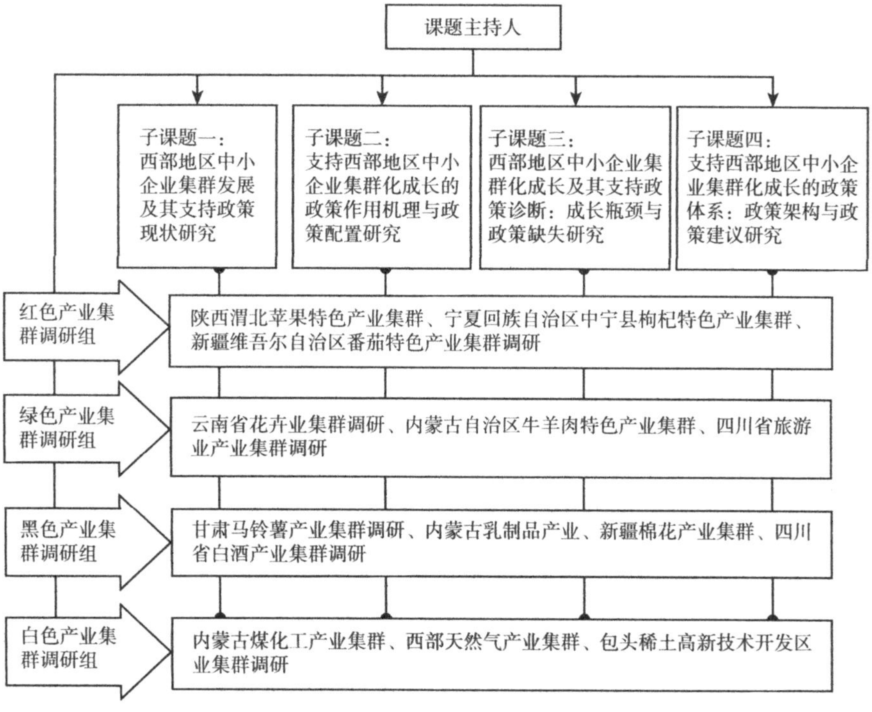

图2　课题研究的组织形式——矩阵结构

第一章

西部地区中小企业集群发展阶段研判

对西部地区中小企业集群发展阶段的判断，可避免造成产业集群统计口径混乱、政府扶持政策上的“滞后”或“超前”，以利于增强政策的针对性。

第一节 产业集群发展阶段判别的研究基础：产业集群的识别维度

当前判别产业集群的方法已有一定的研究成果，但是还没有一致认可的方法，对于研究“雏形期”产业集群测度与识别仍然具有一定的借鉴作用。

从官方规定及文献分析，对产业集群的识别主要集中在以下几个方面：（1）集中度，如区位高 LQ 系数、从业人员数、企业数目等；（2）产业链，即集聚企业间需形成一定的产业关联；（3）协作性，即不仅有企业，还应有相应的其他服务型机构；企业间不仅有竞争，还应有合作；（4）开放性，集群不是只满足本地需求，而是以输出为导向，以为区域创造财富为目的；（5）创新性，集群应有一定的创新能力。

结合各国关于产业集群统计标准的规定，以及国内外对产业集群识别的学术研究成果，本研究认为可以把对产业集群的识别概括为对其四种能力的识别，即：集聚能力、开放能力、竞合能力和创新能力。

集聚能力是产业集群的基本能力，它是指某些从事同一或相关产业链上的企业或部门在某一地理空间区位上的集聚程度。识别产业集群的集聚能力可从其企业数量、雇员数量、区位商（LQ）等方面进行衡量。

开放能力是指产业集群与外部的交流和影响能力。它包括产业集群汲取外部生产资源的能力，输出产品和服务的能力以及对目标市场的影响力。对这一能力的识别可从采购数量、市场占有率、区域品牌效应等方面衡量。

竞合能力指产业集群内部企业与企业间的竞争及企业与企业、企业与服务部门间的协作与服务能力。对这一能力的识别可从生产同一产品的企业数目、企业间的技术交流方式与频率、企业间产品与服务交流的数量、产业内产业链的分布形式、服务部门的数量等方面衡量。

创新能力是区分产业集群不同发展阶段的重要标准。对这一能力的衡量可从科研人员数目、专利数量、新产品营销比例等方面进行衡量。

这四种能力并非是在产业集群产生之初便全部具备的，而是随着产业集群的演进逐步发展的。如在集群的初始形成期，便具有了一定集聚能力及开放能力，随着集群的发展竞合能力越来越明显，在集群发展的较高阶段，创新能力逐渐成为其最为重要的能力。显然，这些能力并不是完全呈阶梯性逐一出现，而是在发展的不同阶段其所表现出的重要性不同。

第二节　产业集群发展阶段的识别指标体系及判定模型

一、产业集群发展阶段的识别指标体系

对于“雏形期”产业集群的识别，就我国实际状况来看，由于各种经济指标的不完善，产业集群的发展也大都处于不完全成熟阶段，所以应本着指标简练、数据易得、操作简便的原则进行。综合以上产业集群识别的“四能力”维度与“雏形期”产业集群的特征，具体操作上可选取以下指标。

（一）“集聚能力”识别维度

“集聚能力”的指标包括：（1）区位商 LQ > 1。区位商作为衡量产业集聚度的指标因其简单易行而广为采用。（2）集群内从业人员增长率、产值增长率、固定资产投入增长率均应为正值，且后两项均应明显高于行业增长的平均值。“雏形期”产业集群应该处于高速增长的状态，故其从业人员与产值均应处于增长状态，而固定资产的投入比例可反映出集群内企业对集群成

长的预期，在健康成长的“雏形期”产业集群内，这种预期应该是比较高的。(3) 集群内相关产业链上的企业数目应处于增长态势。以集聚为首要特征的“雏形期”产业集群的增长，不仅表现在整个产业生产量的增长上，还应表现在企业数目的集聚上，这种集聚不仅是现存产业链上生产同一类产品企业的集聚，还应表现在该类产品上游与下游企业的集聚。

(二)“竞合能力”识别维度

竞合能力指标包括：(1) 产业链上至少有 2 个有联系的部门。初步形成了简单的产业链模式，而不是单个产品生产企业的简单扎堆，这是是否形成集群的基本区别。(2) 大量生产水平接近企业从事同一类产品生产，区域内企业间竞争激烈。(3) 无有效运行的行业协会组织，缺乏金融、咨询、科研、流通等服务性机构的专业化服务。(4) 缺乏企业间的有效合作与交流，企业大都处于“孤岛”状态。

(三)“开放能力”识别维度

开放能力指标包括：(1) 集聚区内尚缺乏“中国名牌”或“中国驰名”商标称号的核心企业。(2) 由于历史传统因素或市场影响力，集聚区内企业生产的产品具有一定的声誉，为市场认可和接受。这种认可不是基于企业品牌而是基于产品产地。(3) 集群内部分企业具有自主品牌，但品牌影响力尚不足。(4) 集群从外部获取要素或向外部提供产品的比值高于集群内部的交换。“雏形期”产业集群虽然已经形成了简单的产业链模式，但这一产业链也只是处于低阶水平，产业链上的交换远远不能满足集群内企业的生产及销售需求，集群仍处于对外部高度开放的状态。这是集群处于“雏形期”还是成熟期的重要标志。

(四)“创新能力”识别维度

创新能力指标包括：(1) 集群内科研人员数目、研发费用比例、发明专利数目与集群外部的同类企业相比基本持平或略高，但没有明显的优势。这是“雏形期”产业集群与成熟产业集群的重要区别。(2) 集群内部没有形成单独或具有稳定合作关系的科研机构及协会。而成熟期产业集群的主要特征是由于集群内部企业之间以及企业与科研机构和协会间的协作与交流使集群内的技术信息处于高效流通的状态。

二、我国产业集群发展阶段判定四维模型

在产业集群的识别上，专家意见法是定性分析中较为常用的方法。根据以上研究建立的标准，本书提出了一个利用该方法识别产业集群指标的评判标准（见表1－1）和判定模型（见图1－1）。

表1－1　　产业集群识别指标评判标准对照表

能力/指标		0—1分	1—2分	2—3分	3—4分	得分
集聚能力U_1	V_{11}：LQ（产值）	LQ＜1	1≤LQ＜2	2≤LQ＜3	3≤LQ	
	V_{12}：同一或相关产业内从业人员增长率	与平均水平持平或略低	较高	处于高速增长期	经过高速增长后趋缓	
	V_{13}：同一或相关产业内固定资产投入增长率	与平均水平持平或略低	较高	处于高速增长期	经过高速增长后趋缓	
	V_{14}：同一或相关产业链企业数目增长率	企业数目增长无明显产业链关系	较高	处于高速增长期	经过高速增长后趋缓或有降低趋势	
竞合能力U_2	V_{21}：产业链	未形成产业链	简单产业链	较成熟产业链	成熟产业链	
	V_{22}：区域内企业竞争程度	竞争基本发在与区域外企业之间	众多水平接近企业激烈竞争	差异化竞争或出现领导企业	具有垄断地位的领导企业存在	
	V_{23}：区域内行业协会/组织	无	企业间偶尔交流但无组织化	有	存在较正规的协会	
	V_{24}：区域内专业金融、咨询、物流机构	无	非专业化服务	专业化服务	服务成熟	
开放能力U_3	V_{31}：区域内获取要素方式	基本从外部获取与流出	区域内获取交换部分，但低于与区域外交流	区域内获取与交换要素高于区域外	区域内获取与交换要素远高于区域外	
	V_{32}：企业品牌	无企业集聚现象	少数自有品牌，但缺乏具有影响力品牌	部分企业具有较大影响力品牌	领导型企业具有高影响力品牌	
	V_{33}：行业协会颁发“特色区域”称号	无	地方颁发	国家颁发	国家颁发	
	V_{34}：历史因素造成的区位声誉	无	有，仅为利用	有，且得到加强	得到极大提升	

续表

能力/指标		0—1 分	1—2 分	2—3 分	3—4 分	得分
创新能力 U_4	V_{41}：具有区域产品可利用技术开发能力的高等院校或科研机构	无	区域附近	区域内	区域内存在，且产生密切联系	
	V_{42}：发明专利	与平均水平持平或略低	略高于平均水平	明显高于平均水平	远高于平均水平	
	V_{43}：研发费用比例	与平均水平持平或略低	略高于平均水平	明显高于平均水平	远高于平均水平	
	V_{44}：企业间技术信息交流	极少	偶尔	较多	极为频繁	

注：该表为产业集群识别时评分使用。

表 1－1 从产业集群识别的“四能力”维度框架出发，建立了相应的判定指标，并把每种衡量指标划分成四阶水平，每阶水平赋予相应的分值。识别时可采用专家意见法，每位专家根据实际调研的情况，依据表 1－1 对每个指标进行打分，最后计算每种能力的平均分。表 1－1 没有对各项指标做权重差异化设计，在实际操作过程中，可根据当地经济状况、行业特征等因素进行权重差异化设计。

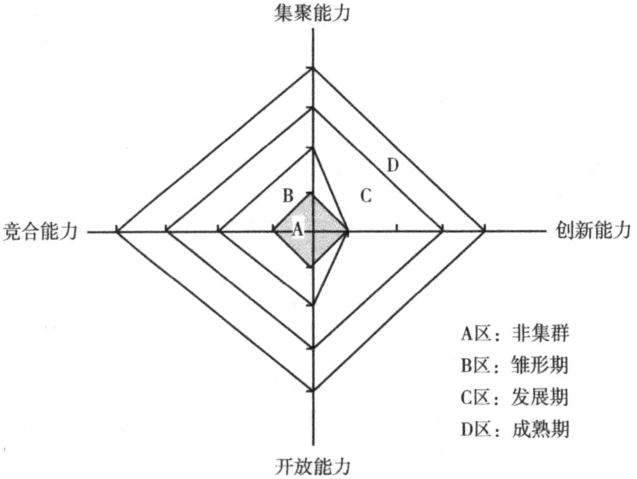

图 1－1　产业集群判定四维模型图

图 1－1 为依据产业集群的“四能力”识别维度建立的判定模型。模型共分为四个维度，分别对应产业集群的“四能力”识别维度。每个维度划分

为四阶水平，每阶水平代表1分。依据对业集群特征的分析，该模型划分出四个区域：A区代表尚未形成产业集群，B区代表“雏形期”产业集群，C区代表发展期产业集群，D区代表成熟期产业集群。

三、我国产业集群发展阶段的判定方法

由于集群的发展是一个连续一体化过程，并不存在截然可分的界限。在判定模型上标识出的区域可能难以正好处于四种区域的某一区域中，从而无法直接精确地衡量所有类型产业集群，所以在判定方法上可采用模糊综合评价法，其具体步骤是：

（1）确定指标V的权重β。根据表1－1所示的产业集群识别框架，针对待判定的产业集群，运用层次分析法来确定指标V的权重大小。

（2）建立评价集。将指标V发展状况划分为4个等级，构成了总体产业集群评价集L，L＝｛低，中，较高，极高｝。

（3）建立单因素评价集。首先，组织具有广泛代表性的管理专家评判组，在对该产业集群进行较深入了解之后，由管理专家独立地对该集群的指标V给出评判等级。其次，根据专家评判结果求出指标V各等级评语的隶属度R。

（4）模糊综合评价。将评价矩阵与权重集进行模糊变换：$U = \beta \bigcirc R$，式中“○”表示合成算子。按最大隶属度原则，将该集群四项能力的模糊综合评价结果汇总可得：$U_1 = \beta_1 \bigcirc R_{V1}$、$U_2 = \beta_2 \bigcirc R_{V2}$、$U_3 = \beta_3 \bigcirc R_{V3}$、$U_4 = \beta_4 \bigcirc R_{V4}$。据此，我们可以判定产业集群所处阶段。

第三节　西部地区中小企业产业集群发展阶段判定

为了判定西部特色产业中小企业产业集群发展阶段，本书课题组设计了产业集群发展阶段判定调查问卷（集群发展阶段判定权重系数调查问卷和集群发展水平判定调查表），通过发放调查问卷获取集群发展阶段判定所需的原始数据。

一、集群发展阶段判定指标权重的确定

本书课题组开发了产业集群发展阶段判定权重系数调查问卷初稿，然后召集领域专家经过两次研讨，在充分研讨的基础上，确定了产业集群发展阶段判定权重系数调查问卷终稿（见附录1，产业集群发展阶段判定权重系数调查问卷）。

本书课题组分别向政府产业政策研究学者、学术专家发放并回收终稿的产业集群发展阶段判定权重系数调查问卷10份，对10份问卷进行统计处理，得到各指标权重系数（见表1－2）。

表1－2　所调查的西部特色产业中小企业集群发展阶段判定权重系数计算结果

能力	指标	单项指标权重
集聚能力	LQ（产值）	0.0677
	集群内企业从业人员增长率	0.0761
	集群内企业固定资产投入增长率	0.0660
	集群内同一或相关产业链企业数目增长	0.0728
竞合能力	产业链	0.0728
	区域内企业竞争程度	0.0558
	区域内行业协会/园区管理委员会	0.0541
	区域内专业金融、咨询、物流机构	0.0643
开放能力	区域内获取生产所需资源、劳动力等	0.0592
	企业品牌影响力	0.0677
	区域经济特色影响力	0.0575
	历史因素造成的区位声誉	0.0541
创新能力	利用高等院校或科研机构的创新	0.0575
	同行业相比研发费用	0.0592
	研发能力	0.0592
	企业间技术信息交流	0.0558

二、产业集群“四种能力”的确定

本书课题组开发了中小企业产业集群发展水平判定调查表（见表1－3），

并针对西部黑、白、红、绿四类特色产业10个典型集群（发展水平均为中等以上）实施了问卷调查（60份），各集群的各指标得分，如表1-4所示；黑、白、红、绿四类特色产业集群的集聚能力、竞合能力、开放能力、创新能力，如表1-5所示。

表1-3　　中小企业产业集群发展水平判定调查表

集群能力（得分=各单项指标加权分之和）	指　标	单项指标权重①	单项指标得分②	单项指标得分③=①×2
集聚能力	LQ（产值）			
	集群内企业从业人员增长率			
	集群内企业固定资产投入增长率			
	集群内同一或相关产业链企业数目增长			
竞合能力	产业链			
	区域内企业竞争程度			
	区域内行业协会/园区管理委员会			
	区域内专业金融、咨询、物流机构			
开放能力	区域内获取生产所需资源、劳动力等			
	企业品牌影响力			
	区域经济特色影响力			
	历史因素造成的区位声誉			
创新能力	利用高等院校或科研机构的创新			
	同行业相比研发费用			
	研发能力			
	企业间技术信息交流			

表1-4　　西部特色产业中小企业集群发展阶段识别体系指标得分汇总表

集群能力 \ 典型集群		A	B	C	D	E	F	G	H	I	J
集聚能力U_1	LQ（产值）	2.60	1.00	1.60	1.67	1.29	1.14	1.90	1.20	1.40	1.10
	同一或相关产业内从业人员增长率	2.80	1.64	2.00	1.80	1.60	1.60	1.90	1.70	1.30	1.30
	同一或相关产业内固定资产投入增长率	2.60	1.73	1.70	1.60	1.40	1.40	1.70	1.70	1.30	1.50
	同一或相关产业链企业数目增长率	2.80	1.90	1.60	1.56	1.22	1.22	1.67	1.22	1.00	1.00

续表

集群能力＼典型集群		A	B	C	D	E	F	G	H	I	J
竞合能力 U_2	产业链	2.40	1.78	1.60	1.70	1.56	1.56	2.00	1.56	1.00	1.00
	区域内企业竞争程度	2.60	1.67	1.80	1.70	1.67	1.56	2.10	1.67	1.30	1.80
	区域内行业协会/组织	2.20	2.11	2.10	1.70	1.60	1.50	2.00	1.50	2.00	1.70
	区域内专业金融、咨询、物流机构	2.60	1.80	1.60	1.60	1.40	1.30	1.50	1.40	1.20	1.00
开放能力 U_3	区域内获取要素方式	3.00	1.64	1.70	1.70	1.50	1.50	2.10	1.50	1.30	1.90
	企业品牌	3.00	2.09	1.90	1.70	1.60	1.60	2.00	1.70	2.00	1.00
	行业协会颁发“特色区域”称号	3.00	1.73	1.9	1.80	1.70	1.50	1.90	1.80	2.00	1.90
	历史因素造成的区位声誉	3.00	2.00	2.00	1.90	1.80	1.60	2.50	1.80	2.40	2.00
创新能力 U_4	具有区域产品可利用技术开发能力的高等院校或科研机构	2.40	1.91	1.10	1.60	1.00	1.00	1.90	1.00	2.30	1.10
	发明专利	2.40	1.64	1.60	1.70	1.20	1.00	1.90	1.00	2.20	1.40
	研发费用比例	2.40	1.64	1.40	1.80	1.00	1.00	1.90	1.40	2.20	1.20
	企业间技术信息交流	1.20	1.91	1.00	1.70	1.00	1.00	1.80	1.00	1.40	1.00

注：根据调查对象的要求，10个集群隐去名称。

表1－5　所调查的西部四类特色产业中小企业集群“四种能力”得分表

能力维度	集聚能力	竞合能力	开放能力	创新能力
A区为非集群	1	1	1	1
B区为雏形期	2	2	2	1
C区为发展期	3	3	3	3
D区成熟期	4	4	4	4
黑色集群	1.71	1.62	1.72	0.96
白色集群	1.84	1.69	1.82	0.93
红色集群	1.65	1.55	1.58	0.95
绿色集群	1.72	1.60	1.93	0.98
总体	1.73	1.61	1.76	0.96

三、西部特色产业中小企业产业集群发展阶段的判定

依据表1－5产业集群四种能力的得分，对照图1－1产业集群判定四维

模型图分析，可知西部地区 10 个典型产业集群（发展水平均为中等以上）均为“雏形期”阶段。根据本书对典型研究对象的调查判定，可以推断西部特色产业中小企业产业集群大部分处于“雏形期”阶段。

第二章

支持中小企业产业集群成长的政策作用机理研究

中小集群成长是存在关键影响因素的，政府对集群成长的促进作用是通过支持政策作用于这些关键影响因素而实现的。这就需要剖析支持中小企业产业集群成长的政策作用机理，揭示中小集群成长（以集群成长绩效衡量）、中小集群成长关键影响因素、支持政策三者之间的关系。

第一节　政策着力点：中小企业集群成长的关键因素

影响中小企业集群成长的关键影响因素从其作用的性质分析，可分为动力与阻力两类。一个产业集群的成长一定是处于动力因素增强与阻力因素削弱的过程中，因而政府实施集群政策的根本目的是激发、增强其动力，削减、消除其阻力。这就是说政府的集群支持政策与集群成长的关键影响因素存在密切关系：政策瞄准发挥作用的关键点即“政策着力点”是中小企业产业集群成长的关键影响因素。因此，制定中小企业集群成长的政策的前提是要明确政策应该针对哪些集群成长的关键影响因素或者哪些动力与阻力因素发挥作用，这样才能够保障中小企业集群支持政策可以有效促进中小企业集群化成长，否则支持政策就可能无的放矢。

一、产业集群成长动力理论分析

产业集群成长动力是指驱动产业集群形成和发展的一切有利因素。本书借鉴国内外学者的相关研究成果，总结产业集群成长动力所包括的主要因素。

早在一个世纪前，马歇尔（Marshall）在《经济学原理》中提出了两个重要概念：内部规模经济和外部规模经济。马歇尔所指的外部规模经济概念是指在特定区域的由于某种产业的聚集发展所引起的该区域内生产企业的整体成本下降，中小企业集群是基于外部规模经济而形成的。

德国经济学家阿尔弗雷德·韦伯（Alfred Weber）在《工业区位论》（Industrial Location Theory）中就开始使用聚集（Agglomeration）的概念，主要是讲产业的空间集聚。

霍特林（Harold Hotelling）通过线性市场企业集群模型[①]分析认为，从消费者的角度出发，一定存在一个可以使企业销售收入最大化的理想点，而这个点的存在必然导致企业集群。企业集群对消费者有很大的好处，消费者能够以较少的成本在有许多差异产品的集群中寻求更适合消费偏好的商品，节省了消费者搜索市场信息的成本。而韦伯的企业集群模型[②]从微观企业选址的角度来研究工业区位理论，他认为企业所在的空间位置由成本因素决定，成本优势可吸引企业的选址。他指出："若干工厂的地方集结易于带来大工厂所具有的长远利益。"[③] 显然，企业出于对消费者利益和自身利益的集聚也成为形成企业集群的直接原因。

波特（1990）从国家竞争优势角度，分析了影响竞争力的四个因素：要素条件，需求条件，相关支持性产业，企业战略、结构和竞争，并构建了由四个因素和两个变量（机会与政府）共同作用的"钻石模型"来分析产业集群的竞争优势与发展动力。波特强调了市场需求、企业在产业上的协作与配套、企业战略、结构和竞争、生产要素配置、政府政策等。

正如长期研究硅谷特征的美国经济学家萨克森宁所说："硅谷成功的真正奥秘，是因为硅谷有了一个良好的有利于创新、有利于人才成长的文化生态环境。"[④]

---

① 耿莉萍，陈念平．经济地理学［M］．北京：机械出版社，2006：89.

② 阿尔弗雷德·韦伯．工业区位论［M］．北京：商务印书馆，1997.

③ 阿尔弗雷德·韦伯．工业区位论［M］．北京：商务印书馆，1997：32.

④ 安纳利·萨克森宁．地区优势——硅谷和128号公路地区的文化与竞争［M］．上海：远东出版社，1991.

产业集群的服务体系通常是在地方政府的主导下实施的，其目的是通过克服产业集群的劣势，发挥产业集群的优势，提供良好的公共环境，促使产业集群不断发展、壮大。社会化服务体系与产业集群存在密切关系，具体为四个方面：(1) 产业集群社会化服务体系的建立有利于强化产业集群发展的政策支持和协调服务，营造支持产业集群发展的良好氛围，促进产业集群健康发展；(2) 产业集群社会化服务体系的建立加大了产业集群公共产品的供给力度；(3) 产业集群社会化服务体系的建立有利于引导产业集群内部的有序化竞争；(4) 产业集群社会化服务体系的建立有利于形成产业集群所需的生态环境。

苏悦娟等认为，从21世纪开始，以地理标志作为核心的产业集群逐渐成为带动区域经济发展的一种新的经济发展模式，尤其是我国中西部地区，这种依靠地方资源禀赋的产业集群取得了巨大的成功，催生了新一轮的区域经济发展浪潮。地理标志资源禀赋型产业集群核心竞争力是以地理标志资源禀赋作为产业主导要素，以产业集群的各种生产要素为基础，以区域间动态网络关系为产业纽带，在市场竞争中能为产业集群的整体绩效带来优势。并且区别了地理标志资源禀赋型产业集群与传统资源（非再生资源）禀赋型产业集群的差异。①

二、产业集群的形成与发展的阻力理论分析

作为一种新的生产型经济组织系统，产业集群不可避免地存在“系统缺陷”，这种缺陷主要表现在“市场失灵”与“系统失灵”。事实证明，如果不能很好地处理与应对这两种缺陷，其将会成为产业集群发展的严重阻力，使集群成长缓慢，严重时甚至造成集群的消退与消亡。

我国学者陈佳贵、王钦②从“路径依赖”的视角对阻碍我国产业集群发展的因素（其论文中称为“锁定状态”）进行了分析，并把其归纳为：(1) 行政区划的锁定。现行行政区划造成了对资源的有效配置和自由流动

① 王文．宁夏地理标志农产品产业集群效应分析［J］．宁夏农林科技，2020（9）．

② 陈佳贵，王钦．中国产业集群可持续发展与公共政策选择［J］．中国工业经济，2005（9）．

的严重限制，地方政府盲目投资，互相攀比，重复建设。（2）社会资本的锁定。具有浓厚“家族化”和“本地化”色彩的以血缘、亲缘和地缘联系形成的社会信用网络，不自觉地排斥着外部资源的进入，造成“学习效应”“协调效应”无法充分发挥，限制了中国产业集群的技术创新能力和产业网络的形成。（3）价值链的低端锁定。大量企业处于价值链的低端，由于同质化的竞争，又是以低成本为竞争优势，很容易陷入低价低质的恶性循环。

三、中小企业产业集群成长的动力与阻力构成因素分析

在综合分析已有理论观点的基础上，可提炼出影响产业集群形成与发展的19个关键因素，这些因素包括：（1）基于成本节约等的企业集聚；（2）市场机会；（3）集聚企业间的协作与配套；（4）企业战略、结构和竞争；（5）自然资源禀赋；（6）社会文化背景；（7）生产要素配置；（8）基础设施；（9）企业间基于信任的非正式交流与合作；（10）自然资源禀赋；（11）专业的咨询与服务机构；（12）创新和学习的环境；（13）知识或技术外溢；（14）要素市场垄断；（15）企业恶性竞争；（16）行政区划的锁定；（17）社会资本的锁定；（18）价值链的低端锁定；（19）政府政策。这些关键因素是否均是中小企业产业集群成长的动力与阻力构成因素呢？

要提炼影响中小企业集群成长的关键因素，需要进一步对这些因素进行筛选。本书以发放问卷的形式，对西部地区分管产业集群的政府官员、研究产业集群的学者，以及集群企业的经理进行调查，分别收回有效问卷80份、83份、70份，共计233份。问卷分析表明，西部地区产业中小企业集群形成与发展的关键因素包括12项（其中，包括“政府政策”因素。考虑到“政府政策”是本书专门研究的一个方面，而且要研究该因素对其他11个因素的作用机理，所以表2－1只列出其他11个因素），其中动力因素9项、阻力因素2项（见表2－1）。

表 2-1　　中小企业产业集群形成与发展的关键因素

因素		说明
动力	1. 企业集聚	基于成本节约等动机，大量同类或者配套企业的集中可以促进集群的成长，目前产业园区是企业集群的一种重要平台
	2. 集聚企业间的协作、配套	与大企业或者中小企业之间的协作配套
	3. 自然资源禀赋	以资源生产、加工为纽带，具有产业内在联系；众多企业便利获取原材料或上游产品，发挥资源优势
	4. 生产要素配置	包括资金、劳动力（人才）、土地、技术、信息等
	5. 基础设施	交通、水、电、气、通信设施等
	6. 企业间基于信任的非正式交流与合作	信用担保合作、合同与非合同合作、往来等
	7. 社会化服务体系	管理、公共信息 、技术、人员培训、融资、劳务、政策等服务，由如行业协会、商会、科技开发、信息服务、融资担保机构 、咨询公司、会计和律师事务所等机构提供
	8. 创新和学习的环境	高校、科研机构、技术开发机构、企业之间的交流
	9. 知识或技术外溢	各类信息的非正式、正式交流，引起企业之间的模仿、甚至创新
阻力	10. 要素市场垄断	利于实力或者权利，企业对生产要素的垄断
	11. 企业恶性竞争	利于非商业的、不正当手段获取市场份额

对这 9 项动力因素，根据其作用进一步鉴定为三种不同的作用力：(1) 原动力。包含的因素有：企业在一定地理范围内的聚集、聚集企业之间的协作与配套、独特或者具有比较优势的自然资源禀赋，这些因素是集群存在的原始动力，其形成主要依靠市场自身“看不见的手”的调节功能，政策作用的空间与效果比较有限。(2) 推动力。包含的因素有：基础设施的完备、生产要素配置。这些因素对集群存在与发展具有推动作用，政策作用的空间与效果比较大。(3) 提升力。包括的因素有：企业间基于信任的非正式交流与合作、社会化服务体系、创新和学习的环境、知识外溢。这些因素多属于“服务平台”，对集群发展水平具有提升作用，政策有较大的作用空间，其效果与“服务平台”实力密切相关。

阻碍集群成长的要素构成的力量，我们称之为阻碍力，政策有一定作用的空间。这种力量包含有要素有市场垄断、企业恶性竞争（见表 2-2）。

表2-2 中小企业产业集群成长关键因素的分类

<table>
<tr><th>类型</th><th>包含因素</th><th>类型</th><th>特点</th></tr>
<tr><td rowspan="9">动力</td><td>1. 企业集聚</td><td rowspan="3">原动力</td><td rowspan="3">这些因素是集群的原始动力，其形成主要依靠市场自身“看不见的手”的调节功能，政策作用的空间与效果比较有效</td></tr>
<tr><td>2. 集聚企业间的协作、配套</td></tr>
<tr><td>3. 自然资源禀赋</td></tr>
<tr><td>4. 生产要素配置</td><td rowspan="2">推动力</td><td rowspan="2">这些因素对集群存在与发展具有推动作用，政策作用的空间与效果比较大</td></tr>
<tr><td>5. 基础设施</td></tr>
<tr><td>6. 企业间基于信任的交流与合作</td><td rowspan="4">提升力</td><td rowspan="4">这些因素属于“服务平台”，对集群发展水平具有提升作用，政策有一定作用的空间，其效果与“服务平台”实力密切相关</td></tr>
<tr><td>7. 社会化服务体系</td></tr>
<tr><td>8. 创新和学习的环境</td></tr>
<tr><td>9. 知识或技术外溢</td></tr>
<tr><td rowspan="2">阻力</td><td>10. 要素市场垄断</td><td rowspan="2">阻力</td><td rowspan="2">阻碍集群成长的要素，政策有一定作用的空间</td></tr>
<tr><td>11. 企业恶性竞争</td></tr>
</table>

第二节 支持中小企业集群化政策类型

中小企业集群支持政策体系的制定应该是在借鉴一般产业集群政策的基础上，并且充分考虑中小企业产业集群特征以及中小企业产业集群政策动机，这样中小企业集群支持政策才更有针对性。而中小企业集群支持政策作用于中小企业产业集群成长的关键因素，是通过两种途径完成的，一是直接作用途径，即从政策的拟定方直接作用于中小企业，或者直接作用于为中小企业服务的各类组织的途径；二是间接作用途径，即政策的受托方负责政策的具体执行，或政策的受益方直接负责为中小企业集群成长服务的途径。无论哪一作用途径，都作用于中小企业产业集群成长的关键因素，从而促进中小企业集群成长。

一、国外产业集群政策类型

（一）美国产业集群支持政策类型

美国是最早研究集群政策的国家，但其集群政策的实施方面并不领先。

总体来看，美国的产业集群政策具有以下两个特征[①]：一是美国政府并没有提出专门针对集群的政策体系，但是国家层面出台了一些相关政策，如科技政策、鼓励中小企业发展政策及区域发展政策，这些都促进了产业集群的健康发展。二是支持集群的政策主体是地方政府，即州政府。地方政府制定的集群政策较为具体且针对性很强。如美国一些州政府利用其近些年来的集群实践经验，按照信息、资金、网络、人才等划分标准将相关政策组合大体分成了四类：第一类，服务递送政策，是政府力图为集群内企业提供较为全面的咨询服务，包括信息收集与发布、建立咨询服务团队等；第二类，专项投资政策，着力于建立集群声誉、吸引其他企业，包括开展面向研发的投资、建立专业技术中心等；第三类，网络化政策，提供能促进集群成员之间以及不同集群之间交流互信的公共设施，包括对集群进行认证、促进集群之间交互学习等；第四类，人力资源政策，主要关注和满足集群的人力需求，包括推动建立相关工作中介、培训中心等。

（二）欧盟产业集群支持政策

在产业集群发展较早和较好的欧盟，基本上每个国家都制定了一定的集群政策和措施。由于受国家体制、经济、文化，以及集群规划目的、集群类型、集群参与主体等各种因素的影响，欧盟各国所实施的集群政策从形式到内容，从来源到定位，从制定思路到具体操作等，纷繁多样，均存在有一定的差异，并且集群的发展与其所处的地理区域范围还存在一定的关系，集群政策也随着其区域的转移、延伸等动态变迁而调整，在产业集群发展的不同阶段，集群政策的目标也不尽相同，从而形成了基于各自优势和特色的欧盟国家级、区域/地方级或在各级联合实施的产业集群发展政策。

总体而言，这些政策基本可分为三类：第一类是营造集群建立的环境政策，如为产业集群的出现和成长提供稳定、良好的制度框架保障的政策，辅助性地参与集群产业定位及发展规划的政策，提供基础设施保障的政策。第二类是提供集群发展条件的政策，如支持产研合作、创新合作的政策，促进信息、技术、知识交流的政策等。第三类是克服系统失灵的政策，包括规范管理体制、完善市场结构，实现中小企业网络化合作，建立中介机构，实施

---

① 魏后凯．中国产业集聚与集群发展战略［M］．北京：经济管理出版社，2008：401－402.

政府采购以刺激创新，建立公共营销体系，打造区域品牌等。

（三）日本产业集群支持政策

日本的产业集群政策是基于其中小企业政策以及区域产业政策的演变而制定的。与欧美国家的产业集群政策相比，日本的产业集群政策更多具有自上而下的特征。日本的产业集群政策方案分为组织结构与管理结构两个方面：(1) 组织结构：提供财政支持和大规模组织人事支持，形成产业—学术—政府的“看得见的网络”，以这样的网络构成产业集群的核心。区域基层组织和核心产业支持组织通过各种活动，支持和促进这一网络的发展。(2) 管理结构：一方面，对企业活动给予支持。向参与产业集群形成活动的特定企业提供支持，尤其是向中小企业、具有战略意义的科技促进、跨产业合作、管理创新、R&D、市场培育、企业及孵化器建立提供财政支持。另一方面，促进与相关组织的合作。促进集群参与者在融资、市场培育、人力资源开发及其他集群活动中，与地方金融机构、商品流通机构及教育机构展开合作。日本经济产业省（METI）从2001年开始执行“产业集群计划”。

（四）印度产业集群支持政策

印度的产业集群无论是在高科技领域如班加罗尔地区的软件业集群，还是传统领域如提若普尔的针织业集群都表现出良好的发展势头，引起了众多学者的兴趣和关注，而这一切成就与印度政府的适时、适度的产业集群政策是分不开的。

在电子工业和软件业的发展中，印度政府在政策和投资方面一直都给予了很大的优惠。近年来，印度政府先后实施各类计划建立了各种园区和经济特区，尤其实施了特色的“电信港（Teleport）”计划。印度政府同时还在科研领域加大了投资力度并在引进专业人才、促进产学研联合等方面制定和实施了一系列政策措施。这一切都为其电子与软件业集群的发展起到了很大的促进作用。

二、国内产业集群政策类型

目前，制定并实施产业集群政策，正在成为我国中央政府及各地政府一个非常显著的施政热点。在我国，产业集群政策在内容上表现为地区产业政策、科技政策及区域发展政策的综合和延伸，在行政级别上可包含国家、省（自治区、直辖市）及县市等三个层面。

（一）国家级产业集群政策类型

由于我国地域广泛，经济发展极不平衡，市场经济体制也不完善，因此从国家层面进行的是产业集群的规划和引导。

重视区域经济的整体分工与布局。在美国金融危机引发的全球经济危机的影响下，2009 年中国区域经济布局成为近 30 年来最快的一年，出台了明确的产业集群指导政策。早在 2007 年，国家发展改革委出台了《关于促进产业集群发展的若干意见》，明确了我国产业集群的发展思路："促进产业集群发展，必须牢固树立和落实科学发展观，切实把产业集群发展和转变经济发展方式、促进结构调整和产业升级、推进技术进步、实现节能减排有机结合起来，加强科学规划引导，优化产业集聚环境，突出优势和特色，提高专业化协作水平，增强自主创新能力，加强资源节约和环境保护，培育和发展一批特色明显、结构优化、体系完整、环境友好和市场竞争力强的产业集群，切实推动产业集群转入科学发展轨道。"

（二）省级产业集群支持政策类型

目前，中国各省级政府都高度重视产业集群的发展，大都提出了自己的产业集群发展政策。我国省级政府的产业集群政策主要表现在以下几个方面。

1. 政策内容进一步细化，并越来越具有操作性

如浙江省提出了"财政扶持"和"金融支持"的政策，加大财政专项资金支持力度，采取贷款贴息、专项补助等方式，重点支持产业集群龙头骨干企业技术改造、技术创新、管理创新及节能减排等，同时对重点培育提升的块状经济，各级银行业金融机构将根据国家产业政策和信贷政策规定，建立健全有效机制，积极支持重点企业的信贷项目，为中小企业发展拓展融资渠道。山东省提出要建立健全产业集群统计监测体系，搞好跟踪服务，完善产业园区平台和融资平台，引导和鼓励产业集群向产业园区集中，并鼓励和支持中小企业上市融资、直接融资，积极开展中小企业集合债券发行试点工作。

2. 政策关注点逐步变宽

目前省级政府的政策内容已经不局限于一些财力、税收等扶持措施，而向服务、引导、规制等方面发展。如浙江省在全省示范区建立首席专家制度，针对其行业特点和区域特征，组建相应的专家组，提供具体的技术和业务指导。山东省表示，将加强产业集群与高等院校、科研机构的“产学研”合作，鼓励采用各种模式，如技术联盟、合作研发、合作创新、研发外包等提高企业的创新能力。

（三）县市级产业集群支持政策类型

从地域空间上看，产业集群大多位于特定的县市范围，有的甚至分布在乡镇，因此，探讨县市级产业集群政策更具有现实的意义。目前总体来看，我国县市级的产业集群政策主要表现出以下几个方面特征：一是主要依赖省区及国家级政策的支持。目前我国县市级政府的自主权仍比较薄弱，财政实力不足，这就造成其政策主要依赖上级部门的支持。二是过多强调招商引资，主要精力放在了“引进来”，而没有放到“服务好”。现在很多县市级政策不计成本、饥不择食，一味地以土地、资源、税收优惠等吸引企业进入，造成企业的低端集聚，产生了许多不良的后果。三是过多关注于硬件服务，如基础设施，而较少关注软环境的建设。

三、结论

总体来看，产业集群政策的制定基本是出于以下三个目的：一是提供集群成长的初级条件与动力，也即解决集群成长的推动力问题，这类政策以政府直接扶持产业集群为特征，我们可称之为扶持政策；二是针对影响产业集群成长的系统因素，特别是完善相关服务体系及水平服务的提高，这类政策以驱动集群服务体系提升服务能力和引导中小企业集群化成长为特征，我们称之为引导与促进政策；三是解决市场失灵时产生的问题，也即解决产业集群成长的阻碍力的问题，此类问题集群已无法仅仅依靠自身而得到解决，就需要政府的及时强势介入，这类政策以政府的规制为中心，我们称之为规制政策。这三类政策中，有的是政府直接支持集群内的企业，有的是支持服务于集群的各类主体，综合以上国内外的政策及相关文献，这三种政策的主要内容可总结如表2－3所示。

表2－3　　集群政策的主要内容

政策类型	主要政策内容
扶持政策	完善基础设施建设； 完善要素市场，使资金、人力、自然资源等合理配置与流动； 提供人力资源培训； 实施政府采购； 提供资金援助或财政扶持
引导与促进政策 （简称“促进政策”）	引导、推进建立行业协会，促进企业间交流； 建立公共研发机构，推动产学研结合体系建立； 设立创新基金与专项投资，鼓励创新； 建立专家咨询团队，提供专业咨询与服务； 搭建信息收集与发布平台； 完善融资市场，促进企业与金融机构合作； 建立公共营销体系
规制政策	建立质量监管制度与体系； 完善知识产权保护体系； 市场监管，规制恶意竞争与垄断； 管制珍惜资源（包括土地）的合理配置与利用

第三节　中小企业产业集群政策的作用机理P－F－E基本模型

一、P－F－E基本模型

政府行为是推动渔业产业集群升级发展的外部动力机制[①]。尽管产业集群一般是在市场机制下自发形成的，但政府通过制定和实施各项政策与措施来引导、调控、影响和促进集群的发展等方面的作用都是十分重要的。魏后凯研究美国产业集群政策指出，美国的服务递送政策诸如信息收集与发布、建立咨询服务团队等，专项投资政策如建立集群声誉、建立专业技术中心等，网络化政策如提供能促进集群成员之间以及不同集群之间交流互信的公共设

① 钱芳，姜启军．中国水产养殖产业集群可持续发展影响因素分析［J］．江苏农业科学，2018（24）．

施，人力资源政策建立培训中心，国家层面相关政策完善，如科技政策、鼓励中小企业发展政策及区域发展政策都促进了集群的健康发展。

支持中小企业集群政策的目的是促进中小企业集群的成长，从而促进中小企业成长。如前所述，中小企业集群的成长是一些关键影响因素作用的结果，政府支持政策若能够对这些关键因素起到应有的作用，那么支持中小企业产业集群政策的目的就达到了。基于此推理，本研究建立了如下模型（见图2-1）。图2-1中，中小企业集群支持政策简称政府政策（Policy，用P代表），中小企业产业集群成长的关键影响因素简称关键因素（Factor，用F代表）、中小企业集群成长简称集群效果（Effect，用E代表），该中小企业产业集群政策的作用机理模型简称P-F-E模型（本书第三章，结合西部中小企业集群的调查，对此模型进行了验证）。

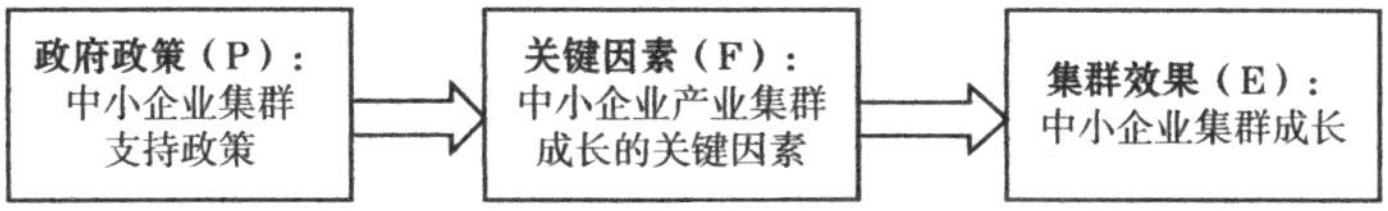

图2-1　中小企业产业集群政策的作用机理P-F-E基本模型

二、P-F-E具体模型

由中小企业产业集群政策的作用机理P-F-E基本模型可知，中小企业集群的成长是一些关键影响因素作用的结果，政府支持政策若能够对这些关键因素起到应有的作用，中小企业集群就会成长。

进一步分析，政府政策、关键因素和集群效果三者包括的因素：政府政策（P）包括扶持政策、引导与促进政策、规制政策；关键因素（F）包括集群成长的11个关键因素包括原动力、推动力、提升力、阻力四类因素；集群效果（E）体现在集聚能力、开放能力、竞合能力和创新能力的提高（第二章所述）。那么，依据三者的理论假设关系，形成了下述支持西部特色产业中小企业集群化成长的政策体系的具体模型（见图2-2）。

该模型说明，企业集群政策的扶持政策、促进政策和规制政策分别作用于集群成长的原动力、推动力、提升力和阻力四个关键因素，在集群政策的作用下，集群成长关键因素进而作用于集群成长，表现在集聚能力、开放能力、竞合能力和创新能力四种能力的提高。

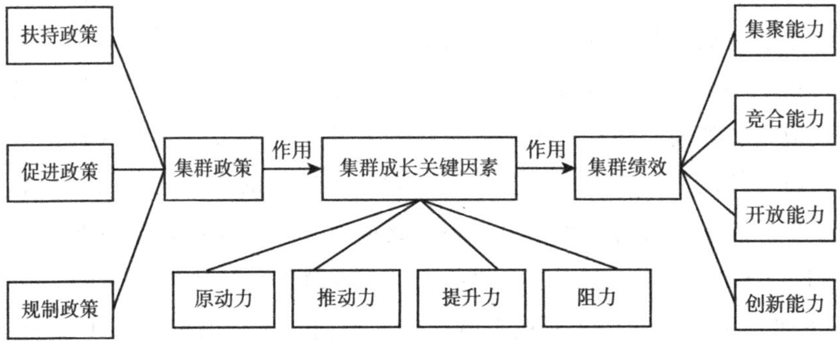

图 2－2　支持西部特色产业中小企业集群化成长的政策作用机理具体模型

第三章

支持西部地区中小企业集群化成长的政策配置理论分析

第二章提出了中小企业集群化成长的政策作用机理 P-F-E 模型，本章通过量表开发和问卷设计实现该模型的量化操作。建立研究假设，并应用结构方程（SEM）方法实证分析集群政策、集群成长关键因素与集群绩效三者之间作用路径，进行模型验证和假设检验，为本书后续研究提供依据。

第一节 研究假设

一、支持西部地区中小企业集群化成长的政策体系的概念模型

由第二章图 2-2 模型说明，企业集群政策的扶持政策、促进政策和规制政策分别作用于集群成长的原动力、推动力、提升力和阻力四个关键因素，在集群政策的作用下，集群成长关键因素进而作用于集群成长，表现在集聚能力、开放能力、竞合能力和创新能力四种能力的提高。关键因素作用的性质可知，扶持政策、促进政策和规制政策三类集群政策是推动企业集群化成长的自变量，集群成长关键因素是推动企业集群化成长的中间变量，集群化成长（集群绩效）是因变量，它的变化和发展取决于集群政策和集群成长关键因素的共同作用和变化。据此，建立支持西部地区中小企业集群化成长的政策作用机理的量化模型（见图 3-1）。

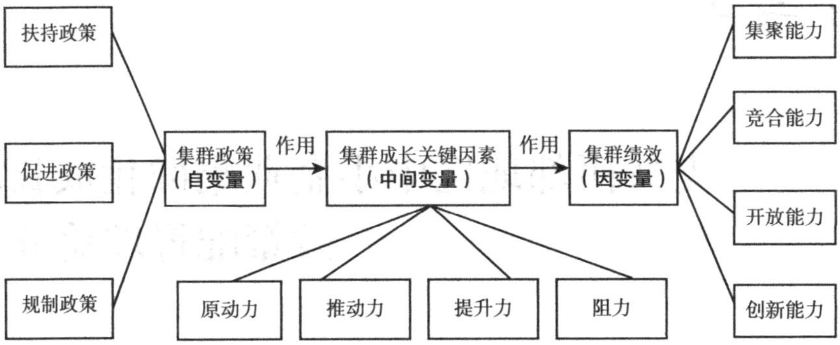

图3－1　支持西部地区中小企业集群化成长的政策作用机理的量化模型

二、支持西部地区中小企业集群化成长的政策体系的理论假设

根据图3－1构建的概念模型，提出如下假设：

H1：中小企业集群政策对集群成长关键因素有显著影响：

H1a1：中小企业集群扶持政策对集群成长关键因素之原动力有显著正向影响。

H1a2：中小企业集群扶持政策对集群成长关键因素之推动力有显著正向影响。

H1a3：中小企业集群扶持政策对集群成长关键因素之提升力有显著正向影响。

H1a4：中小企业集群扶持政策对集群成长关键因素之阻力有显著负向影响。

H1b1：中小企业集群促进政策对集群成长关键因素之原动力有显著正向影响。

H1b2：中小企业集群促进政策对集群成长关键因素之推动力有显著正向影响。

H1b3：中小企业集群促进政策对集群成长关键因素之提升力有显著正向影响。

H1b4：中小企业集群促进政策对集群成长关键因素之阻力有显著负向影响。

H1c1：中小企业集群规制政策对集群成长关键因素之原动力有显著正向影响。

H1c2：中小企业集群规制政策对集群成长关键因素之推动力有显著正向影响。

H1c3：中小企业集群规制政策对集群成长关键因素之提升力有显著正向影响。

H1c4：中小企业集群规制政策对集群成长关键因素之阻力有显著正向影响。

H2：集群成长关键因素对集群绩效有显著影响：

H2a1：原动力对集群绩效之集聚能力有显著正向影响。

H2a2：原动力对集群绩效之竞合能力有显著正向影响。

H2a3：原动力对集群绩效之开放能力有显著正向影响。

H2a4：原动力对集群绩效之创新能力有显著正向影响。
H2b1：推动力对集群绩效之集聚能力有显著正向影响。
H2b2：推动力对集群绩效之竞合能力有显著正向影响。
H2b3：推动力对集群绩效之开放能力有显著正向影响。
H2b4：推动力对集群绩效之创新能力有显著正向影响。
H2c1：提升力对集群绩效之集聚能力有显著正向影响。
H2c2：提升力对集群绩效之竞合能力有显著正向影响。
H2c3：提升力对集群绩效之开放能力有显著正向影响。
H2c4：提升力对集群绩效之创新能力有显著正向影响。
H2d1：阻力对集群绩效之集聚能力有显著负向影响。
H2d2：阻力对集群绩效之竞合能力有显著负向影响。
H2d3：阻力对集群绩效之开放能力有显著负向影响。
H2d4：阻力对集群绩效之创新能力有显著负向影响。

H3：集群成长关键因素在集群政策对企业绩效的影响中起中介作用：
H3a：原动力在集群政策对企业绩效的影响中起中介作用。
H3b：推动力在集群政策对企业绩效的影响中起中介作用。
H3c：提升力在集群政策对企业绩效的影响中起中介作用。
H3d：阻力在集群政策对企业绩效的影响中起中介作用。

第二节　支持西部地区中小企业集群化成长政策作用机理实证研究

一、研究设计

（一）研究目的、方法和步骤

1. 研究目的

通过调查西部地区中小企业集群，收集集群发展相关数据，实证检验西部地区中小企业集群政策的作用机理模型（P－F－E 模型），并确定扶持政策、促进政策和规制政策三类集群政策的具体内容对西部地区中小企业集群成长关键因素的影响程度，从而为构建有针对性的、健全的中小企业集群政策体系奠定理论基础。

2. 研究方法和工具

本实证研究采用的数据收集方法：访谈和问卷调查等，收据处理和分析方法主要包括：描述统计、相关分析、探索性因子分析、验证性因子分析、结构方程模型、层次回归分析方法等。数据分析处理工具包括：SPSS 16.0 统计分析软件和 AMOS 18.0 结构方程分析工具。

3. 研究步骤

研究步骤主要包括：文献研究、访谈、开放式问卷、预试、正式调查、统计分析等环节，研究步骤如图 3 – 2 所示。

（二）访谈与小组讨论

1. 访谈对象

访谈对象包括三大类：政府机构、高校和企业。政府机构访谈以中小企业局负责人、开发区（产业园区）管委会主任、行业（企业）协会负责人为主要访谈对象，高校访谈以企业集群研究专家、学者为主要访谈对象，企业访谈以企业高中层管理者、企业业务骨干为主要访谈对象。访谈对象并非采取随机取样的方法，而是依据地区在西部 12 个省区市的分布情况做的精心选择，兼顾特色产业集群典型性和访谈便利性的原则，包括上市公司、国有企业和民营企业。

2. 访谈方式

访谈方式分为一般访谈和深度访谈。访谈形式为面谈、小型会议和电话访谈。

3. 访谈内容

第一，集群状况（特征）、特色、优势。

第二，产业集群的特色、优势形成过程中政府发挥了哪些作用。

第三，集群成长的瓶颈，政府应该采取哪些扶持政策，企业如何利用政策。

第四，中小企业服务平台建设状况、服务水平、改进建议、扶持政策。

第五，促进地区集群形成的配套产业的发展政策、产业成功关键因素相关政策，有助于提高企业竞争力的政策、基于发展循环经济和生态型产业政策、确立有助于节能降耗和环保的政策。

根据以上调研的内容，编制了集群内企业座谈调研提纲、管委会管理人员或者其他政府官员座谈调研提纲（见附录2）。

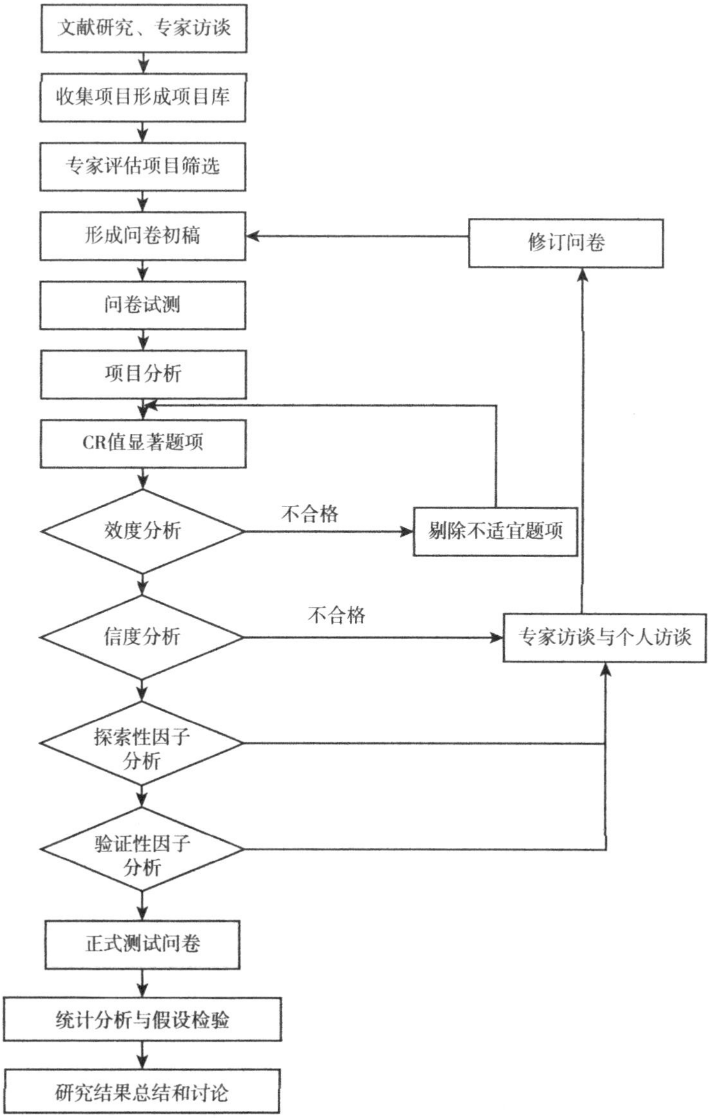

图3-2　集群政策体系实证研究步骤

（三）量表开发与问卷设计

本研究的实证方法采用广泛使用的问卷调查法，因而调查问卷设计的好坏就直接关系着研究的可靠性和应用价值，在研究中占有非常重要的地位。目前，国内外还鲜有集群政策、集群成长关键因素、集群绩效方面的成熟量表可用。因此开发相关量表对于集群政策体系的研究及管理实践就显得尤为迫切和重要。

Churchill 认为一个规范的量表开发必须经由以下步骤：（1）概念定义，即分析和界定概念范畴与内涵，为发展所需要的测量题项提供现实基础；（2）构建初始测量题项题库，邀请领域专家评价题库；（3）收集资料并进行统计分析，按照统计标准删除不符合标准的题项；（4）确认题项并构建量表；（5）检验量表的信度与效度；（6）分析量表的内部维度结构。本研究量表的开发将严格遵守 Churchill 的研究规范。

1. 问卷设计

本研究的量表开发既要保证概念测量的信度和效度，又要能反映集群政策对集群成长关键因素、集群成长关键因素对集群绩效影响的概念范畴，故此，本研究在相关概念操作化的过程中兼顾已有的研究文献和前面研究的结果的基础上，3 名课题组成员采用背靠背的方式各自设计了调研量表问卷。随后，课题主持人召集全体成员对分别设计的 3 份问卷逐一展开讨论，最后综合成调研问卷初稿，之后邀请 10 位专家学者、政府政策部门官员、企业高管对量表问卷进行预测试。通过预测试，期望这些专家学者、政府官员、企业高管从各自角度就量表的操作性定义、题项、内容效度（诸如构念的理论依据、题项简洁性和易懂性、题意清晰度、量表问卷格式、量表内容涵盖性）进行评价。10 位受邀者分别独立完成量表问卷的填写并对量表问卷进行客观评价，指出应增加、删除和修改的题项。课题组综合受邀者的建议和意见，组成专门小组展开讨论，敲定问卷修订方案，并作相应的修改，完成了第一阶段调查问卷的编制工作，形成供发放的调查问卷。

调研问卷分为三部分：第一部分为集群成长关键因素调查问卷，由 4 个维度 22 个题项构成（见附录 3）；第二部分为集群政策调查问卷，由 3 个维度 20 个题项构成（见附录 4）；第三部分为集群绩效调查问卷，由 4 个维度 17 个题项构成（见附录 5）。

调查题项测量量表选用李克特（Likert－type Scale）的5点量表，这是由于人口变量的异质性，对于没有足够鉴别力的人而言，使用李克特7点量表法，反而会导致信度的丧失，所以，问卷测量项目尺度选用李克特的5点量表更为可靠。

2. 资料收集

（1）样本单位的确定。本研究的主要目的是以定量的研究方法考察集群政策对集群成长关键因素、集群绩效的影响，一方面希望通过大样本实测集群政策与集群成长因素的关系，另一方面期待能厘清集群政策对集群绩效的影响机制，从而为集群政策制定和集群企业成长的理论研究及管理实践提供有益的参考。本研究需要的样本是社会组织而不是个人，因此，数据的收集以政府部门、高校或科研院所、企业为单位，主要以集群企业为单位。

（2）调研对象的选择。由于调研资源的限制，本研究并没有完全遵照随机抽样的原则选取样本，而是依据中小企业集群的典型性和数据获取的便利性进行抽样。通过相关博硕士论文、网络搜索白、红、绿、黑四类特色产业集群，再根据集群分布情况，选择调研地区和调研企业。在调研过程中，充分考虑以下因素，来保证样本的多样性和代表意义：第一，企业的选择尽可能兼顾不同的企业类型和行业性质，本研究调查的企业类型包括国有中小企业、民营企业、合资企业。这些企业分别属于制造业、服务业、能源、零售业等，企业的存续期、生命周期等也不同。第二，企业在地理分布上具有代表性，本研究调查的企业分别分布在西部地区的内蒙古、宁夏、陕西、贵州、云南、新疆等省区市。因此，我们预期样本具有足够的多样性，能够满足样本代表性的要求。

（3）样本数量的确定。在本研究中，量表开发与问卷设计、理论模型修正与假设检验都要用到充分数量的样本。本研究用到了因子分析方法，为保证分析效果必须确定至少需要抽取多少个样本。就因子分析而言，Colnrey 和 Lee 研究指出：50个样本，效果很差；100个样本，效果较差；200个样本，效果正常；300个样本，效果较好，500个样本，效果很好，1000个样本，效果最好。不过，Guadagnoli 和 Velicer 研究认为：若经计算表明量表题项的因子载荷非常高（大于0.8），则样本量的要求就可以适当降低，达到150个即可。样本量的大小与变量的多少有关，样本量和变量数之比应该大于5：1，若要获得更为可靠的分析结果，此比率应大于 10∶1。

对于结构方程分析样本数量的研究指出，样本容量最少应该大于 100，最好大于 200。本研究发放问卷 950 份，回收有效问卷 620 份，完全符合进行结构方程分析所需的样本容量的要求。

（4）问卷发放与数据回收。每个集群企业至多发放 3 份问卷，课题组选择企业的董事长、总经理、部门经理等中高层管理者代表企业填写调查问卷。

调查问卷一律采取匿名方式填写，且课题组对问卷信息的保密性做出承诺，以打消填写者的顾虑，获取真实的调研数据。各课题调查小组随身携带调查问卷到被调企业，指导问卷填写者现场填写调查问卷。现场填好的问卷由调查小组直接带回，现场未填写完的问卷待被调查者填完后寄给课题组或以电子问卷形式发给课题组，调查问卷的回收期为两个月。

在课题问卷开发过程中，为谨慎起见，进行了一次小样本预测试，小样本测试发放问卷 300 份，收回有效问卷 220 份，仅对其进行项目分析，以初步确定问卷正式预测试题项。之后，扩大样本量发放问卷 650 份，我们将问卷进行了有效性处理，在对不符合要求的样本包括空白过多、反应趋势明显、单一选择的问卷剔除之后，收回有效正式问卷 400 份，回收率约为 62%，达到了进行因子分析的数量标准，正式测试问卷情况如表 3－1 所示。

表 3－1　　正式测试有效问卷情况一览表（N＝400）

统计学变量	类别	数量（份）	百分比（%）
地区	内蒙古	58	14.5
	青海	41	10.3
	新疆	46	11.5
	四川	46	11.5
	甘肃	42	10.5
	陕西	38	9.5
	宁夏	46	11.5
	云南	41	10.3
	贵州	42	10.5

续表

统计学变量	类别	数量（份）	百分比（%）
调查对象	政府部门/管委会	12	3
	集群/产业园区	378	94.5
	高等院校	10	2.5
集群产业特征	红色产业集群	107	26.7
	绿色产业集群	93	23.3
	黑色产业集群	102	25.5
	白色产业集群	98	24.5

3. 量表的效度和信度分析

（1）效度分析。效度即有效性，指实证测量在多大程度上反映了概念的真实含义。效度分析是评估一组可观测指标能够准确反映不可观测的隐变量的程度，包括内容效度、建构效度和准则效度的分析。

第一，内容效度。内容效度主要侧重于定性分析，它关注的是量表各题项能否确切反映概念的实质性内涵。内容效度通过专家意见法来验证。本研究问卷设计的内容源于已有的研究成果、课题组深入而严格的访谈调研结果和充分的小组分析讨论结论，并邀请3位管理学教授、5位管理学副教授、5位硕士研究生再次就问卷题项的内容与语法进行修订和完善，故此，本研究量表应该具有非常好的内容效度。

第二，建构效度。建构效度（Construct Validity）也叫构念效度，是指测量结构与概念框架的匹配程度，以评估模型的实用性。本研究通过因子负荷来检验建构效度，从因子分析结果来看，量表题项的因子负荷大于0.5，因子特征值都大于1，且选取的因子的累计方差解释率在60%以上，因此，本量表的建构效度良好。

第三，准则效度。准则效度又称为预测效度，指测量分数与效度标准的一致性程度，它是管理学科实证研究经常采用的分析指标。本研究将每个变量作为效标，实证结果表明，每个因子与变量在 $p<0.001$ 水平上显著的正相关，相关系数符合的效度标准，所以，本研究的量表准则效度很好。

（2）信度分析。信度包含稳定性和一致性，一个好的量表，其结果是可靠的，经过多次反复测量，结果能保持一致。内部一致性信度通常等价克朗巴哈系数 Cronbach's α 信度，学界普遍认可以下标准：总量表 α 值大于0.80，信度非常好，α 值介于 0.70 至 0.80 之间，信度可接受；分量表 α 值大于 0.70，信度很好，α 值在 0.60 至 0.70 之间，量表信度可接受。本研究开发的各分量表的信度系数计算结果如表 3-2 所示。

表 3-2　　分量表的信度系数

变量	测量问项数量	克朗巴哈系数 Cronbach's α
扶持政策	6	0.868
促进政策	11	0.768
规制政策	5	0.936
原动力	4	0.761
推动力	4	0.756
提升力	9	0.873
阻力	3	0.721
聚集能力	4	0.781
竞合能力	6	0.895
开放能力	3	0.733
创新能力	3	0.758

Cronbach's α 系数是目前学术界采用最广的一种信度指标，一般认为系数值可接受的限度为 0.7，本研究 11 个变量的内部一致性系数均在 0.70 以上，这表明这些量表的重复度量效果良好，量表的内在信度非常理想，量表具有良好的内部一致性，我们有理由相信本研究的检验结果是稳定和可靠的。

（四）集群政策、集群成长关键因素和集群绩效调查问卷的探索性因子分析

使用 SPSS16.0 对样本数据做探索性因子分析，先进行 Bartlett 球形检验，通过检验则说明样本数据适合进行因子分析，然后运用主成分和方差极大旋转法来确定样本数据的多维结构。采用特征值大于 1，因子负荷不低于 0.50 等标准，去除那些交叉落在不同维度上的题目后，得到合适的因子结构。探索性因子分析的计算结果整理汇总成表 3-3、表 3-4 和表 3-5。

表 3-3 为集群政策 3 因子模型旋转后的因子结构表，从表中看出 Sphericity 检验卡方值为 4689，显著性水平 P-value 为 0.000，KMO 值为 0.933，

总方差解释率为62.87%，b11题项的因子负荷校小于0.5，故应删除这两个题项，其他各因子的负荷均大于0.5，最终得到集群政策的3因子结构，F1为扶持政策因子，F2为促进政策因子，F3为规制政策因子。

表3-3　　集群政策3因子模型旋转后的因子结构表

问卷题项	因子		
	F1	F2	F3
b1 政府在基础设施建设方面应发挥的作用	0.656		
b2 政府在劳动力市场的劳动力培训方面应发挥的作用	0.721		
b3 政府采购本地企业产品对企业的发展	0.702		
b4 政府在财税扶持方面应发挥的作用	0.544		
b5 政府在完善融资市场方面应发挥的作用	0.630		
b6 政府在建立行业协会，促进企业间交流方面应发挥的作用		0.701	
b7 政府在建设公共研发平台，推动产学研结合方面应发挥的作用		0.717	
b8 政府在设立创新基金，鼓励创新方面应发挥的作用		0.602	
b9 政府在建立专家咨询平台，提供咨询服务方面应发挥的作用		0.610	
b10 政府在建立信息收集与发布平台方面应发挥的作用		0.539	
b11 政府在地区产品营销方面应发挥的作用	0.495	0.511	
b12 政府在发挥本地特色资源优势方面应起的作用		0.667	
b13 政府在支持企业的工作效率方面发挥的作用		0.550	
b14 政府在促进银企合作方面应发挥的作用		0.541	
b15 政府在建立技术、政策等服务平台发挥的作用		0.700	
b16 政府在加快现代物流平台建设应发挥的作用		0.724	
b17 政府在创造信任、合作环境方面应发挥的作用		0.762	
b18 政府在管制与配置资源方面应发挥的作用			0.649
b19 政府在产业规划与产业政策方面应发挥的作用			0.772
b20 政府在知识产权保护方面应发挥的作用			0.686
b21 政府在市场监管，规制企业间恶意竞争方面应发挥的作用			0.587
b22 政府在建立质量监管制度，打击假冒低劣产品方面应发挥的作用			0.647
方差解释率（%）	28.669	18.906	15.297
累计方差解释率（%）	28.669	47.574	62.871
KMO	0.933		
Bartlett's Test of Sphericity（Bartlett 球形检验）	卡方值 4689	P值 0.000	

表3-4为集群成长关键因素4因子模型旋转后的因子结构表，从表中看出Sphericity检验卡方值为2664，显著性水平P-value为0.000，KMO值为0.899，总方差解释率为59.25%，a4、a15题项的因子负荷小于0.5，故应删除这两个题项，得到集群成长关键因素的4因子结构，F1为原动力因子，F2为推动力因子，F3为提升力因子，F4为阻力因子。

表3-4　为集群成长关键因素4因子模型旋转后的因子结构表

问卷题项	因子			
	F1	F2	F3	F4
a1 大量同类企业的集中对企业的发展	0.772			
a2 企业之间的协作、配套对企业的发展	0.571			
a3 建立产业园区对企业的发展	0.629			
a4 大企业对中小企业在园区聚集的影响		0.437		
a5 水、电、气等基础设施对企业的发展		0.675		
a6 便利地招聘员工对企业的发展		0.838		
a7 便利融资对企业的发展		0.647		
a8 便利地获取原材料对企业的发展		0.567		
a9 行业协会对企业的发展		0	0.606	
a10 所在区域拥有科研机构、高等院校对企业的发展			0.613	
a11 同行开发新产品对企业的发展			0.671	
a12 物流服务对企业的发展			0.533	
a13 技术服务平台对企业发展方面的影响			0.741	
a14 法律维权服务平台对企业的发展			0.645	
a15 市场、行业信息服务平台对本企业的发展			0.452	
a16 管理咨询与培训服务平台对企业的发展			0.754	
a17 政策咨询服务平台对企业的发展			0.690	
a18 信用担保服务平台对企业的发展			0.612	
a19 企业之间的恶性竞争在阻碍企业发展方面的影响				0.679
a20 其他企业的仿冒在阻碍企业发展方面的影响				0.730
方差解释率（%）	23.844	15.494	11.479	8.434
累计方差解释率（%）	23.844	39.338	50.817	59.251
KMO	0.899			
Bartlett's Test of Sphericity（Bartlett 球形检验）	卡方值	2664	P值	0.000

表3－5企业绩效4因子模型旋转后的因子结构表，从表中看出Sphericity检验卡方值为3006，显著性水平P－value为0.000，KMO值为0.917，总方差解释率为68.11%，c4、c19题项的因子负荷小于0.5，故应删除这两个题项，得到集群绩效的4因子结构，F1为集聚能力因子，F2为竞合能力因子，F3为开放能力因子，F4为创新能力因子。

表3－5　　企业绩效4因子模型旋转后的因子结构表

问卷题项	因子			
	F1	F2	F3	F4
c1 集群内同类企业聚集数量明显增快	0.803			
c2 集群内企业发展速度明显加快	0.823			
c3 当地上下游配套企业数量增长加快	0.592			
c4 当地企业之间协作程度明显提高	0.413			
c5 集群内企业之间的竞争明显促进了企业的发展	0.516			
c6 区域内的产业链配套形成		0.656		
c7 园区管理委员会的服务水平明显提高		0.733		
c8 区域内的法律维权服务水平明显提高		0.729		
c9 咨询与培训服务水平明显提高		0.670		
c10 政策咨询服务水平明显提高		0.664		
c11 区域内的技术服务水平明显提高		0.607		
c12 集群内企业生产要素主要来自本地			0.828	
c13 集群内企业产品一半以上外销（本地外）			0.738	
c14 集群内企业品牌的知名度/影响力明显提高			0.574	
c15 集群内企业研发能力明显提高				0.615
c16 高校、科研院所对集群内企业的作用明显提高				0.827
c17 群内企业技术、市场信息交流机会明显增加				0.352
方差解释率（%）	23.479	18.855	15.668	10.109
累计方差解释率（%）	23.479	42.333	58.001	68.110
KMO	0.917			
Bartlett's Test of Sphericity（Bartlett球形检验）	卡方值	3006	P值	0.000

（五）集群政策、集群成长关键因素和集群绩效调查问卷的验证性因子分析

本研究采用结构方程模型（SEM）对研究假设进行验证因子分析。结构

方程模型是一种多元统计技术，整合了统计学的因素分析和路径分析两大技术，是社会科学研究中一种非常有效的研究方法。

结构方程模型的优势主要在于对多变量间交互关系的定量研究，用来检验观察变量与潜在变量之间假设关系，探讨一组连续变量之间的因果关联。结构方程模型的检验包括拟合优度和路径系数显著性检验。

1. 模型检验的标准

对结构方程模型进行综合分析和评价检验的指标有三类：

一类是绝对拟合指数。绝对拟合指数基于理论模型本身，用以衡量理论模型和样本数据的拟合程度。常用的绝对拟合指数有：卡方值χ^2，卡方自由度比χ^2/df，近似误差的均方根RMSEA、SRMR、调整的拟合优度指数AGFI、拟合优度指数GFI；其中，卡方值χ^2受样本大小的影响，样本越大，使用卡方值χ^2拒绝一个拟合效果良好的模型的概率也越大。为了消除样本大小的影响，常用卡方自由度比χ^2/df来判断模型拟合效果，$2<\chi^2/df<5$，模型可接受；$\chi^2/df<2$，模型拟合较好。RMSEA的值在0—1之间，RMSEA越接近0，表示模型整体拟合越好。RMSEA <0.05，模型拟合非常好，$0.05<$ RMSEA <0.08，模型拟合较好，$0.08<$ RMSEA <0.10，模型拟合可接受，RMSEA >0.10，模型拟合差。AGFI与GFI越接近1，模型整体拟合越好，大于0.9时，模型拟合良好。

二类是相对拟合指数。相对拟合指数是将理论模型和基准模型比较得到的统计量，用以衡量理论模型和虚模型的拟合程度。常用的相对拟合指数有：NFI、IFI、NNFI、CFI，这些指数值越接近1，模型拟合的程度越好，一般认为，大于0.9为较好的拟合。

三类是简约指数。简约拟合指数是前两类指数的派生指数，用拟合指数乘以相应简约比得到，简约比等于理论模型自由度与虚模型自由度之比率，用以更正过度拟合的模型。简约指数包括：PNFI、PGFI，通常，PNFI、PGFI值越大，模型拟合的越好，当PNFI、PGFI大于0.5时，模型可接受。

结构方程模型拟合程度的评价是一个比较复杂的问题，不同的拟合指数受样本大小、模型复杂程度的影响也各不相同。因此，模型拟合的好坏通过一个或几个拟合指数很难做出评判，比较稳妥的做法是从上述三类指数中选择多个拟合指数对模型综合评价。本研究参照公认标准，选择χ^2/df、RMSEA、GFI、CFI、IFI、PGFI等指数对模型的拟合度进行评价。

2. 集群政策量表的验证性因子分析

用验证性因子分析的数据，对所提出的集群政策结构模型进行测算与检验，得到集群政策结构模型的标准化解，如图3－3所示。

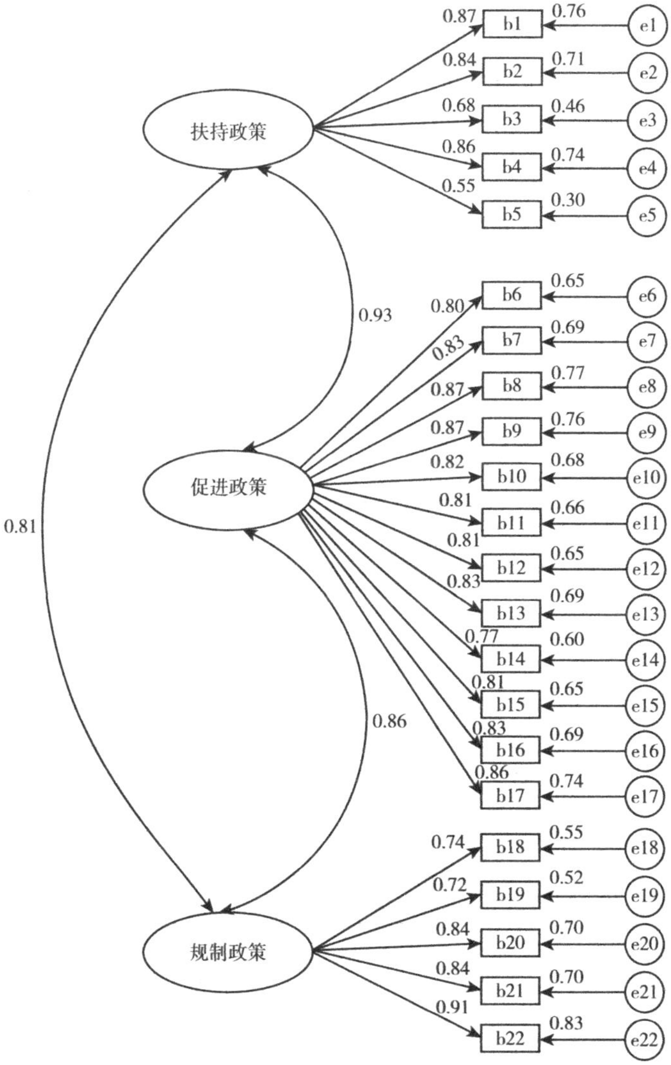

图3－3　集群政策结构模型标准化解

集群政策量表验证性因子分析各拟合指数值如表3－6所示：Chi－Square/df：2.92；RMEA：0.076；GFI：0.905；CFI：0.923；IFI：0.941；PGFI：0.591。

表 3 - 6　　集群政策量表验证性因子分析各拟合指数值

拟合指标	χ^2/df	RMSEA	GFI	CFI	IFI	PGFI
假设模型	2.92	0.076	0.905	0.923	0.924	0.591
判断标准	<5	<0.10	>0.9	>0.9	>0.9	>0.5

从表 3 - 6 中三大类指标与检验标准的比较可以看出，集群政策 3 因子结构模型拟合较好，是比较理想的结构模型。

3. 集群成长关键因素量表的验证性因子分析

用验证性因子分析的数据，对所提出的集群成长关键因素结构模型进行测算与检验，得到集群成长关键因素结构模型的标准化解，如图 3 - 4 所示。

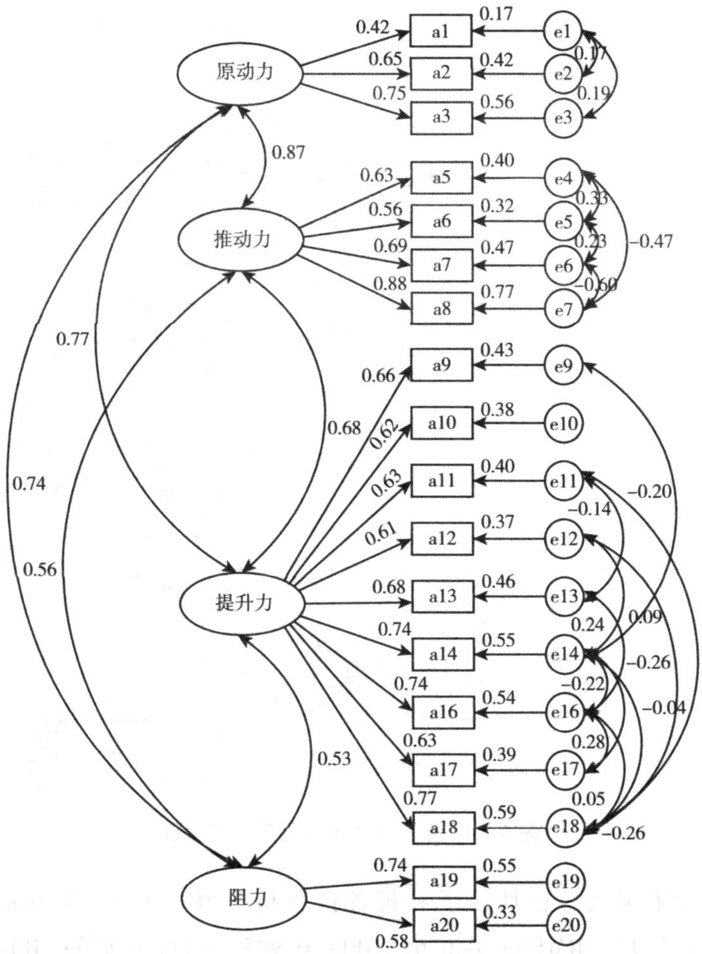

图 3 - 4　集群成长关键因素结构模型标准化解

集群成长关键因素验证性因子分析各拟合指数值如表 3－7 所示：Chi－Square/df：3.00；RMEA：0.080；GFI：0.901；CFI：0.911；IFI：0.905；PGFI：0.584。

表 3－7　集群成长关键因素量表验证性因子分析各拟合指数值

拟合指标	χ^2/df	RMSEA	GFI	CFI	IFI	PGFI
假设模型	3.00	0.080	0.901	0.911	0.905	0.584
判断标准	<5	<0.10	>0.9	>0.9	>0.9	>0.5

从表 3－7 中三大类指标与检验标准的比较可以看出，集群成长关键因素 4 因子结构模型拟合较好，是比较理想的结构模型。

4. 集群绩效量表的验证性因子分析

用验证性因子分析的数据，对所提出的集群绩效结构模型进行测算与检验，得到集群绩效结构模型的标准化解，如图 3－5 所示。

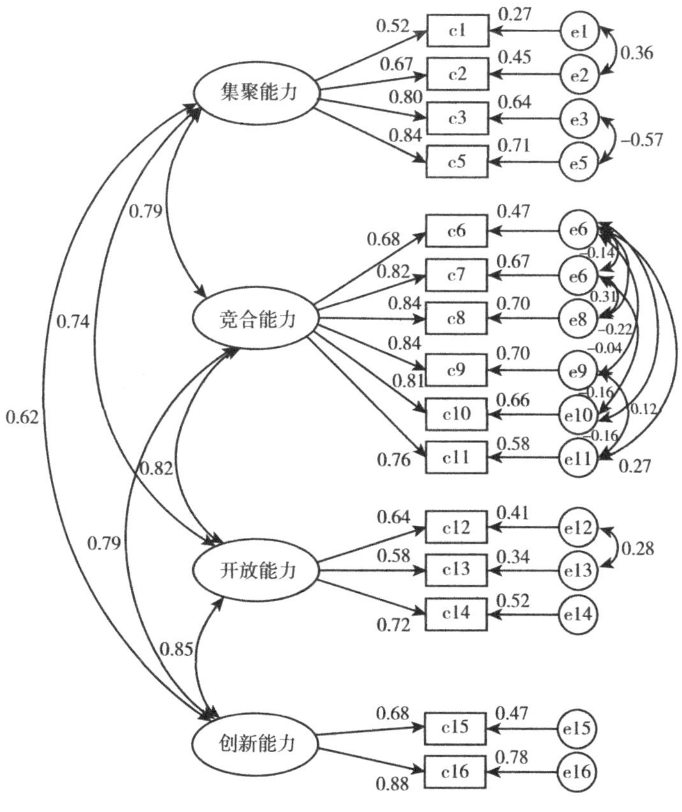

图 3－5　集群绩效结构模型标准化解

集群绩效量表验证性因子分析各拟合指数值如表 3－8 所示：Chi－Square/df：2.448；RMEA：0.070；GFI：0.938；CFI：0.965；IFI：0.966；PGFI：0.500。

表 3－8　集群绩效量表验证性因子分析各拟合指数值

拟合指标	χ^2/df	RMSEA	GFI	CFI	IFI	PGFI
假设模型	2.448	0.070	0.938	0.965	0.966	0.500
判断标准	<5	<0.10	>0.9	>0.9	>0.9	>0.5

从表 3－8 中三大类指标与检验标准的比较可以看出，集群绩效 4 因子结构模型拟合较好，是比较理想的结构模型。

二、假设检验

（一）集群政策与集群成长关键因素之间关系假设检验（H1 假设检验）

按照最初理论模型的假设，建立结构方程，利用 AMOS19.0 软件得到集群政策与集群成长关键因素模型的结构方程图形如图 3－6 所示。

结构方程各拟合指数值如表 3－9 所示：Chi－Square/df：2.763；RMEA：0.076；GFI：0.934；CFI：0.950；IFI：0.921；PGFI：0676。

表 3－9　集群政策与集群成长关键因素结构方程模型各拟合指数值

拟合指标	χ^2/df	RMSEA	GFI	CFI	IFI	PGFI
假设模型	2.763	0.076	0.934	0.950	0.956	0.676
判断标准	<5	<0.10	>0.9	>0.9	>0.9	>0.5

从表 3－9 中三大类指标与检验标准的比较可以看出，集群政策与集群成长关键因素结构方程模型拟合较好，是比较理想的结构模型。模型求解所得结构方程模型路径标准化系数如表 3－10 所示。

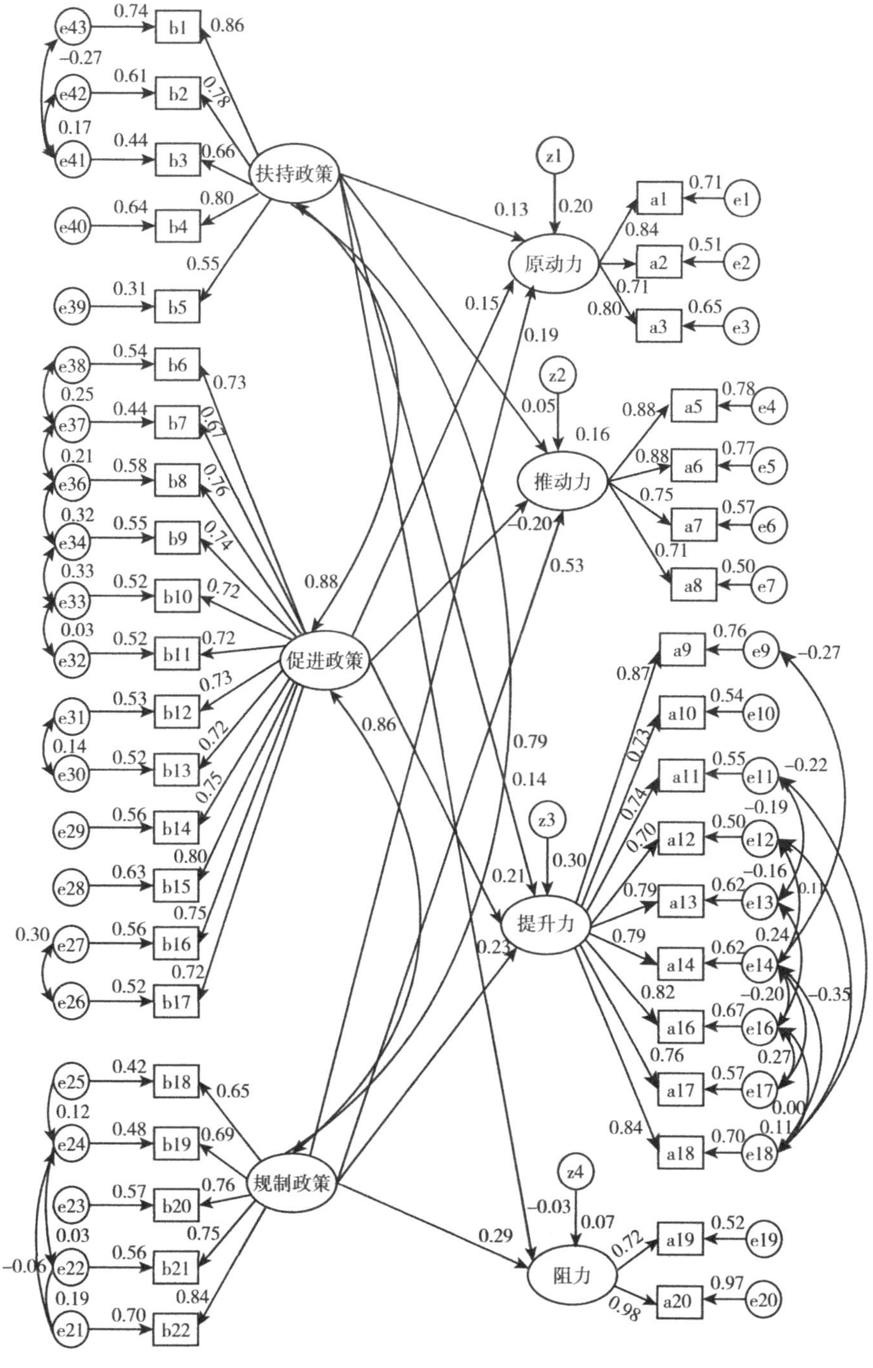

图 3-6　集群政策与集群成长关键因素结构方程模型图

表 3－10　　集群政策与集群成长关键因素结构方程模型路径标准化系数表

路径方向	Estimate（标准化系数）	S. E.（平方误差）	C. R.（临界值）	P 值
扶持政策 → 原动力	0.231	0.222	1.981	**
扶持政策 → 推动力	0.602	0.248	2.430	**
扶持政策 → 提升力	0.218	0.202	2.12	**
扶持政策 → 阻力	－0.046	0.167	－0.277	0.782
促进政策 → 原动力	0.304	0.157	1.978	**
促进政策 → 推动力	0.356	0.268	4.230	***
促进政策 → 提升力	0.443	0.252	3.258	***
促进政策 → 阻力	－0.121	0.200	2.011	**
规制政策 → 原动力	0.887	0.173	5.126	***
规制政策 → 推动力	0.899	0.215	4.174	***
规制政策 → 提升力	0.417	0.197	2.120	**
规制政策 → 阻力	0.467	0.177	2.642	***

（二）集群成长关键因素与集群绩效之间关系假设检验（H2 假设检验）

按照最初理论模型的假设，建立结构方程，利用 AMOS19.0 软件得到集群成长关键因素与集群绩效模型的结构方程图形如图 3－7 所示。

结构方程各拟合指数值如表 3－11 所示：Chi－Square/df：2.828；RMEA：0.078；GFI：0.927；CFI：0.932；IFI：0.933；PGFI：0.564。

表 3－11　　集群成长关键因素与集群绩效结构方程模型各拟合指数值

拟合指标	χ^2/df	RMSEA	GFI	CFI	IFI	PGFI
假设模型	2.828	0.078	0.927	0.932	0.933	0.564
判断标准	<5	<0.10	>0.9	>0.9	>0.9	>0.5

从表 3－11 中三大类指标与检验标准的比较可以看出，集群成长关键因素与集群绩效结构方程模型拟合较好，是比较理想的结构模型。模型求解所得结构方程模型路径标准化系数如表 3－12 所示。

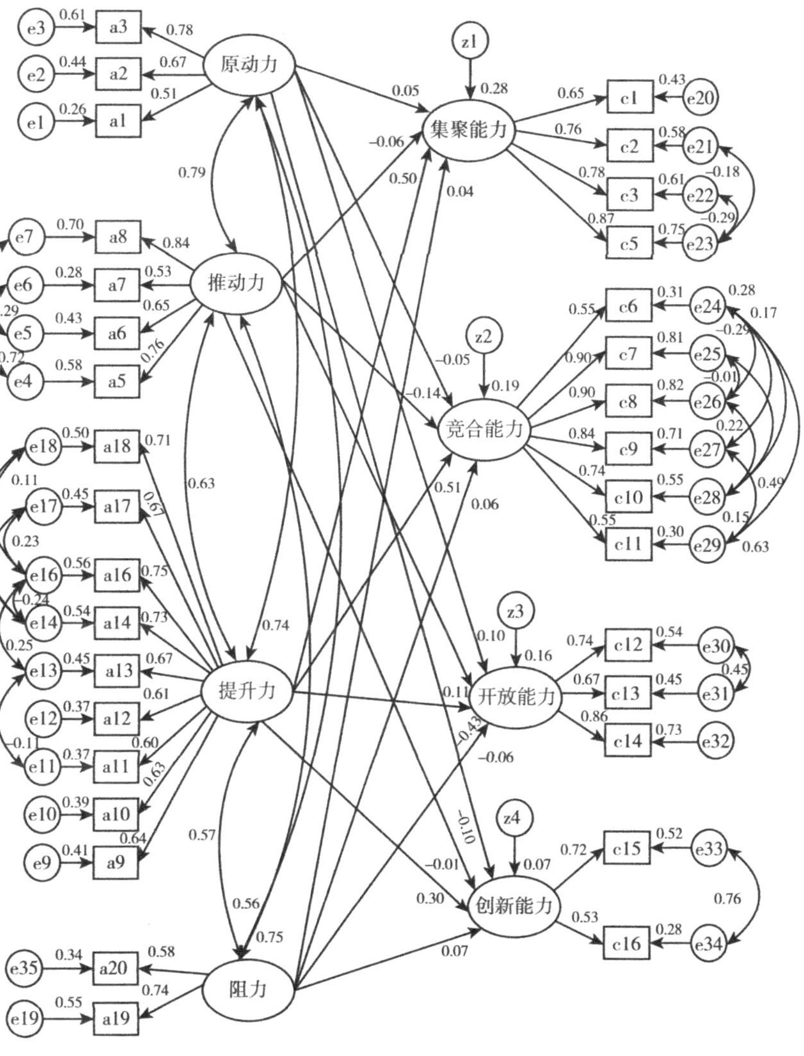

图 3－7　集群成长关键因素与集群绩效结构方程模型图

表 3－12　　集群成长关键因素与集群绩效结构方程模型路径标准化系数表

路径方向	Estimate（标准化系数）	S. E.（平方误差）	C. R.（临界值）	P 值
原动力　→　集聚能力	0. 378	0. 072	3. 207	**
原动力　→　竞合能力	0. 230	0. 065	2. 357	**
原动力　→　开放能力	0. 022	0. 118	0. 304	0. 761
原动力　→　创新能力	0. 032	0. 183	0. 177	0. 859

续表

路径方向			Estimate（标准化系数）	S. E.（平方误差）	C. R.（临界值）	P 值
推动力	→	集聚能力	0.411	0.038	10.775	***
推动力	→	竞合能力	0.463	0.036	13.037	***
推动力	→	开放能力	0.646	0.044	14.684	***
推动力	→	创新能力	0.714	0.073	9.758	***
提升力	→	创新能力	0.300	0.068	4.415	***
提升力	→	开放能力	0.315	0.042	7.567	***
提升力	→	竞合能力	0.194	0.026	7.508	***
提升力	→	集聚能力	0.276	0.033	8.393	***
阻力	→	集聚能力	-0.047	0.027	-1.756	0.079
阻力	→	竞合能力	-0.133	0.025	-5.361	***
阻力	→	开放能力	0.001	0.041	0.035	0.972
阻力	→	创新能力	-0.228	0.069	-3.330	***

（三）集群成长关键因素中介效应假设检验（H3 假设检验）

1. 检验流程

中介变量是介于自变量和因变量之间起媒介作用的变量。考查自变量 X 对因变量 Y 的影响，若 X 通过影响变量 M 进而来影响 Y，则称 M 为中介变量。中介变量的研究旨在以现有理论的某些关系为基础，深入剖析这些关系的内在作用机理。如果在研究中引入中介变量，则要保证引入的中介变量与自变量、因变量之间存在较强的相关关系。

Baron 和 Kenny（1986）① 研究指出：中介变量的作用分为完全中介作用和部分中介作用。若引入中介变量 M 后，自变量 X 对因变量 Y 的直接影响降低为 0，则中介变量 M 起到完全中介作用（见图 3 -8，左图）；若引入中介变量 M 后，自变量 X 对因变量 Y 的影响仍然显著，但小于未引入中介变量 M 时的影响，则 M 起到部分中介作用（见图 3 -8，右图）。

---

① Baron R M, Kenny D A. The Moderator - Mediator Variable Distinction in Social Psychology Research: Conceptual, Strategic, and Statistical Considerations. Journal of Personality and Social Psychology, 1986, 51 (6): 1173—1182.

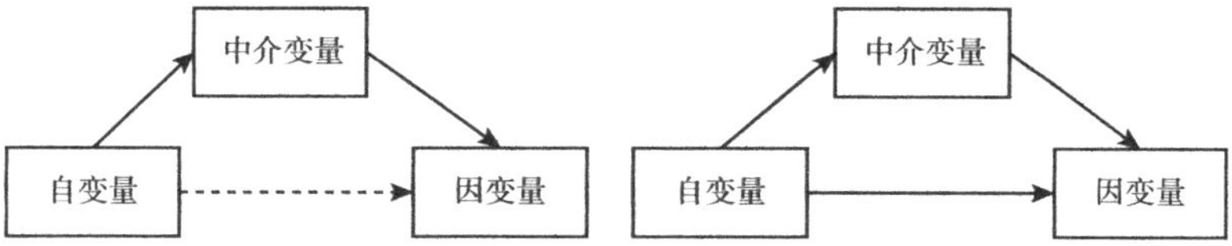

图 3－8　完全中介模型和部分中介模型

Baron 和 Kenny（1986）[1] 提出利用三步回归分析检验四个条件的方法来考察自变量和因变量之间的中介作用。中介作用成立的四个检验条件如下：①路径 c 显著，即自变量 X 变化能够显著的解释因变量 Y 的变化；②路径 a 显著，自变量 X 变异能够显著的解释中介变量 M 的变化；③路径 b 显著，中介变量 M 的变化能够显著的解释因变量 Y 的变化；④同时控制路径 a 和 b，如 $c'=0$，那么 M 起完全中介作用；如果 $c'\neq 0$ 且显著小于 c，则 M 起部分中介作用。

温忠麟等（2004）指出，Baron 和 Kenny（1986）的三步回归分析四条件检验方法不能检验较弱的中介作用。因此，他们给出了一个四步骤的中介作用检验程序（见图 3－9）：

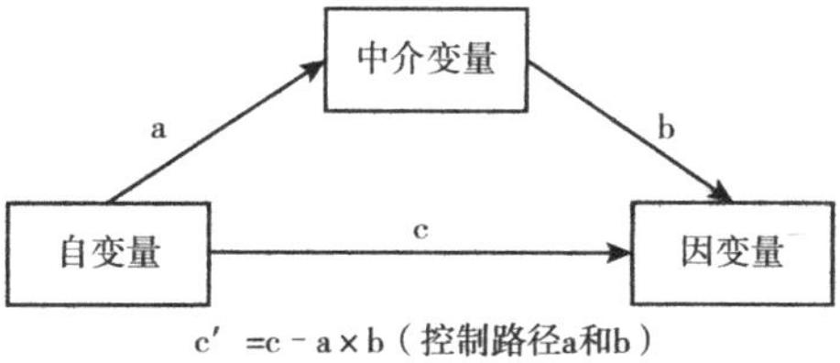

图 3－9　中介作用检验的路径系数关系

①检验回归系数 c 显著性，如果显著，继续第②步分析。否则，中止分析。

②依次检验系数 a、b 的显著性，若均显著，则自变量 X 对因变量 Y 的影响至少有一部分经由中介变量 M 实现的。若系数 a、b 至少有一个不显著，则转到第④步。

---

① Baron R M, Kenny D A. The Moderator－Mediator Variable Distinction in Social Psychology Research: Conceptual, Strategic, and Statistical Considerations. Journal of Personality and Social Psychology, 1986, 51（6）: 1173—1182.

③检验系数 c′的显著性，若 c′=0，则中介变量 M 在自变量 X 对因变量 Y 的影响中起完全中介作用；若显著，则中介变量 M 起部分中介作用，检验结束。

④进行 Sobel 检验，如果显著，意味着 M 的中介效应显著，否则中介效应不显著，检验结束。

2. *原动力在集群政策对集群绩效的中介作用检验*

研究原动力在集群政策和集群绩效之间的中介作用，分下述步骤进行检验：

第一，以集群政策为自变量，以工作绩效为因变量进行回归分析，检验 c 关系，不显著则终止检验。检验结果如表 3－13 中回归 1 所示。

第二，以集群政策为自变量，以原动力为因变量进行回归分析，检验 a 关系，结果如表 3－13 中回归 2 所示。

第三，以原动力为自变量，以集群绩效为因变量进行回归分析，检验 b 关系，如表 3－13 中回归 3 所示。如果 a、b 中至少有一个不显著，就要做 Sobel 检验。

第四，以集群政策与原动力为自变量，探讨其与集群绩效的关系，检验 c′，如表 3－13 中回归 4 所示。

回归分析汇总结果如表 3－13 所示。

表 3－13　原动力在集群政策和集群绩效之间的中介作用检验（N＝420）

变量	集群绩效	原动力	集群绩效		中介作用
	回归 1（c）	回归 2（a）	回归 3（b）	回归 4（c′）	
集群政策	0.710***	0.578***		0.572***	部分中介
原动力			0.339***	0.108*	
调整后判定系数 R^2	0.502	0.332	0.112	0.509	
F 值	301.976***	149.101***	38.469***	155.229***	

注：*** 表示 $p<0.001$，** 表示 $p<0.01$，* 表示 $p<0.05$。

正如表 3－13 所示：

第一，在回归 1 中，集群政策对集群绩效均有显著预测作用，回归系数显示自变量与工作绩效之间存在显著正向关系，即 c 显著，继续中介检验。

第二，在回归2中，以上一步中有显著预测的集群政策为自变量，对原动力进行回归分析。结果显示，集群政策对原动力有显著正向预测作用，表明自变量与中介变量之间存在正向关系，即a显著。

第三，在回归3中，原动力对集群绩效有显著正向预测作用，表明中介变量和因变量之间存在显著正向关系，即b显著。

第四，在回归4中，加入原动力变量后，集群政策的回归系数还是显著的，即c′显著，所以原动力在其中起部分中介作用。即原动力在集群政策对集群绩效的影响过程中起到部分中介作用。

综上所述，假设H3a得到验证。

3. 推动力在集群政策对集群绩效的中介作用检验

检验的步骤与原动力在集群政策对集群绩效的中介作用检验的步骤相同，检验所得到的数据如表3-14所示。

表3-14　　推动力在集群政策和集群绩效之间的中介作用检验（N=420）

变量	集群绩效	推动力	集群绩效		中介作用
	回归1（c）	回归2（a）	回归3（b）	回归4（c′）	
集群政策	0.710***	0.492***		0.626***	部分中介
推动力			0.324***	0.033	
调整后判定系数R^2	0.502	0.239	0.102	0.502	
F值	301.976***	94.6891***	34.789***	150.993***	

注：***表示p<0.001，**表示p<0.01，*表示p<0.05。

正如表3-14所示：

第一，在回归1中，集群政策对集群绩效均有显著预测作用，回归系数显示自变量与工作绩效之间存在显著正向关系，即c显著，继续中介检验。

第二，在回归2中，以上一步中有显著预测的集群政策为自变量，对推动力进行回归分析。结果显示，集群政策对原动力有显著正向预测作用，表明自变量与中介变量之间存在正向关系，即a显著。

第三，在回归3中，推动力对集群绩效有显著正向预测作用，表明中介变量和因变量之间存在显著正向关系，即b显著。

第四，在回归4中，加入推动力变量后，集群政策的回归系数还是显著的，即 c′显著，所以推动力在其中起部分中介作用。即推动力在集群政策对集群绩效的影响过程中起到部分中介作用。

综上所述，假设 H3b 得到验证。

4. 提升力在集群政策对集群绩效的中介作用检验

检验的步骤与原动力在集群政策对集群绩效的中介作用检验的步骤相同，检验所得到的数据如表 3－15 所示。

表 3－15　提升力在集群政策和集群绩效之间的中介作用检验（N＝420）

变量	集群绩效	提升力	集群绩效		中介作用
	回归 1（c）	回归 2（a）	回归 3（b）	回归 4（c′）	
集群政策	0.710***	0.765***		0.608***	部分中介
提升力			0.324***	0.103*	
调整后判定系数 R^2	0.502	0.584	0.102	0.502	
F 值	301.976***	94.6891***	419.637***	150.487***	

注：*** 表示 $p<0.001$，** 表示 $p<0.01$，* 表示 $p<0.05$。

正如表 3－15 所示：

第一，在回归 1 中，集群政策对集群绩效均有显著预测作用，回归系数显示自变量与工作绩效之间存在显著正向关系，即 c 显著，继续中介检验。

第二，在回归 2 中，以上一步中有显著预测的集群政策为自变量，对提升力进行回归分析。结果显示，集群政策对提升力有显著正向预测作用，表明自变量与中介变量之间存在正向关系，即 a 显著。

第三，在回归 3 中，提升力对集群绩效有显著正向预测作用，表明中介变量和因变量之间存在显著正向关系，即 b 显著。

第四，在回归 4 中，加入提升力变量后，集群政策的回归系数还是显著的，即 c′显著，所以提升力在其中起部分中介作用。即提升力在集群政策对集群绩效的影响过程中起到部分中介作用。

综上所述，假设 H3c 得到验证。

5. 阻力在集群政策对集群绩效的中介作用检验

检验的步骤与原动力在集群政策对集群绩效的中介作用检验的步骤相同，检验所得到的数据如表 3－16 所示。

表 3－16　　阻力在集群政策和集群绩效之间的中介作用检验（N＝420）

变量	集群绩效	阻力	集群绩效		中介作用
	回归 1（c）	回归 2（a）	回归 3（b）	回归 4（c′）	
集群政策	0.710***	0.392***		0.518***	部分中介
阻力			0.301***	0.122*	
调整后判定系数 R^2	0.502	0.151	0.087	0.501	
F 值	301.976***	53.901***	29.492***	150.838***	

注：*** 表示 $p<0.001$，** 表示 $p<0.01$，* 表示 $p<0.05$。

正如表 3－16 所示：

第一，在回归 1 中，集群政策对集群绩效均有显著预测作用，回归系数显示自变量与工作绩效之间存在显著正向关系，即 c 显著，继续中介检验。

第二，在回归 2 中，以上一步中有显著预测的集群政策为自变量，对阻力进行回归分析。结果显示，集群政策对阻力有显著正向预测作用，表明自变量与中介变量之间存在正向关系，即 a 显著。

第三，在回归 3 中，阻力对集群绩效有显著正向预测作用，表明中介变量和因变量之间存在显著正向关系，即 b 显著。

第四，在回归 4 中，加入阻力变量后，集群政策的回归系数还是显著的，即 c′显著，所以阻力在其中起部分中介作用。即阻力在集群政策对集群绩效的影响过程中起到部分中介作用。

综上所述，假设 H3d 得到验证。

（四）模型假设检验结果与讨论

1. 模型假设检验结果汇总

本研究通过结构方程模型技术对假设 H1、H2 和 H3 进行检验，检验的结果汇总情况如表 3－17 所示。

表 3－17　　假设检验结果汇总表

假设检验内容	是否得到检验
H1a1：中小企业集群扶持政策对集群成长关键因素之原动力有显著正向影响	是
H1a2：中小企业集群扶持政策对集群成长关键因素之推动力有显著正向影响	是
H1a3：中小企业集群扶持政策对集群成长关键因素之提升力有显著正向影响	否

续表

假设检验内容	是否得到检验
H1a4：中小企业集群扶持政策对集群成长关键因素之阻力有显著负向影响	是
H1b1：中小企业集群促进政策对集群成长关键因素之原动力有显著正向影响	是
H1b2：中小企业集群促进政策对集群成长关键因素之推动力有显著正向影响	是
H1b3：中小企业集群促进政策对集群成长关键因素之提升力有显著正向影响	是
H1b4：中小企业集群促进政策对集群成长关键因素之阻力有显著负向影响	是
H1c1：中小企业集群规制政策对集群成长关键因素之原动力有显著正向影响	是
H1c2：中小企业集群规制政策对集群成长关键因素之推动力有显著正向影响	是
H1c3：中小企业集群规制政策对集群成长关键因素之提升力有显著正向影响	是
H1c4：中小企业集群规制政策对集群成长关键因素之阻力有显著正向影响	是
H2a1：原动力对集群绩效之集聚能力有显著正向影响	是
H2a2：原动力对集群绩效之竞合能力有显著正向影响	是
H2a3：原动力对集群绩效之开放能力有显著正向影响	否
H2a4：原动力对集群绩效之创新能力有显著正向影响	否
H2b1：推动力对集群绩效之集聚能力有显著正向影响	是
H2b2：推动力对集群绩效之竞合能力有显著正向影响	是
H2b3：推动力对集群绩效之开放能力有显著正向影响	是
H2b4：推动力对集群绩效之创新能力有显著正向影响	是
H2c1：提升力对集群绩效之集聚能力有显著正向影响	是
H2c2：提升力对集群绩效之竞合能力有显著正向影响	是
H2c3：提升力对集群绩效之开放能力有显著正向影响	是
H2c4：提升力对集群绩效之创新能力有显著正向影响	是
H2d1：阻力对集群绩效之集聚能力有显著负向影响	否
H2d2：阻力对集群绩效之竞合能力有显著负向影响	是
H2d3：阻力对集群绩效之开放能力有显著负向影响	否
H2d4：阻力对集群绩效之创新能力有显著负向影响	是
H3a：原动力在集群政策对企业绩效的影响中起中介作用	是
H3b：推动力在集群政策对企业绩效的影响中起中介作用	是
H3c：提升力在集群政策对企业绩效的影响中起中介作用	是
H3d：阻力在集群政策对企业绩效的影响中起中介作用	是

2. 假设检验结果分析与讨论

第一，集群政策对集群成长关键因素的影响。研究显示：扶持政策对集群成长的原动力、推动力有显著的正向作用，对提升力的作用不显著，对阻力有显著的负向作用，其中，扶持政策对推动力的作用最为显著；促进政策对集群成长的原动力、推动力和提升力有显著的正向作用，对阻力有显著的负向作用，其中，促进政策对提升力的作用最为显著；规制政策对集群成长的原动力、推动力和提升力有显著的正向作用，对阻力有显著的负向作用。检验结果与理论假设基本吻合，假设检验H1成立。

第二，集群成长关键因素对集群绩效的影响。研究显示：原动力对集聚能力、竞合能力有显著的正向作用，对开放能力、创新能力的作用不显著；推动力、提升力均对有集聚能力、竞合能力、开放能力、创新能力有显著的正向作用；阻力对竞合能力、创新能力有显著的正向作用，对集聚能力、开放能力的作用不显著。检验结果与理论假设基本吻合，假设检验H2成立。

第三，集群成长关键因素的中介作用。研究显示：原动力、推动力、提升力和阻力在集群政策对集群绩效的影响过程中起部分中介作用，这与理论假设基本吻合，假设检验H3成立。

综上所述，中小企业产业集群政策的作用机理P－F－E基本模型成立。

本章假设检验表明：（1）本研究提出的产业集群P－F－E通用模型同样适用于西部地区中小企业集群，即西部地区中小企业集群的政策作用机理与一般企业集群的政策作用机理是相同的，都是遵循引导政策、促进政策和规制政策三类集群政策作用于11个集群成长关键影响因素，11个集群成长关键影响因素再作用于四个集群绩效的作用路径。（2）西部地区中小企业集群与一般企业集群的政策作用机理差别仅在于引导政策、促进政策和规制政策三类政策对不同产业集群成长的11类关键影响因素的作用程度有所不同（见表3－18、表3－19）。（3）本假设检验研究结论是规范性结论，这为后续研究提供了理论依据，具体而言，我们首先考察和评价西部地区中小企业集群的集群绩效水平（也即分析和评价西部地区中小企业集群现有的集聚能力、竞合能力、开放能力和创新能力），从中找出绩效水平低的能力，其次根据政策作用机理P－F－E模型中F－E的关系重点分析和识别导致该能力低的集群成长关键影响因素，最后根据政策作用机理P－F－E模型中P－F的关系并结合第二、第三章的研究结果进行西部特色产业中小企业集群的集群政策配置，构建西部特色产业中小企业集群的政策体系。

第三节　支持西部地区中小企业集群化成长的政策体系配置理论分析

通过第二节的研究分析，可以看出，集群政策作用于集群成长关键因素，进而推动集群的发展和成熟。集群政策很多，内容也比较庞杂，集群成长的关键因素也很多。只有分析清楚集群成长的11类关键因素与集群绩效的4种能力之间的相关程度，集群政策的具体政策内容和集群成长的各种动力和阻力之间相关程度，才能指导集群政策的配置，从而制定出行之有效的集群政策以利于完善集群政策体系。

一、集群成长的关键因素与集群绩效相关矩阵（F－E相关矩阵）

利用SPSS19.0统计分析软件对回收的调查问卷进行相关分析，可以求得集群成长关键因素与集群绩效各变量之间的相关系数（见附录6），然后分析整理得到集群发展关键因素与集群绩效相关矩阵（见表3－18）。

表3－18　　集群成长的关键因素与集群绩效相关矩阵

集群发展能力及其构成因素或指标		影响集群发展的关键因素			
		原动力因素	推动力因素	提升力因素	阻力因素
集聚能力	集群内企业从业人员增长率	企业的集聚	—	创新和学习的环境、专业的咨询与服务（行业协会、政策及管理咨询服务）	—
	集群内同一或相关产业链企业数目增长	集聚企业间的协作、配套企业的集聚、自然资源禀赋	要素市场	专业的咨询与服务（行业协会，技术、信息、法律、政策及管理咨询服务）、知识外溢	—
竞合能力	产业链	集聚企业间的协作、配套企业的集聚	要素市场	专业的咨询与服务机构（行业协会）	恶性竞争 市场垄断
	区域内企业竞争程度	—	—	—	恶性竞争

续表

集群发展能力及其构成因素或指标		影响集群发展的关键因素			
		原动力因素	推动力因素	提升力因素	阻力因素
竞合能力	区域内行业协会/园区管理委员会	—	—	专业的咨询与服务（行业协会，信息、管理咨询服务）	—
	区域内专业金融、咨询、物流机构	—	—	专业的咨询与服务（信息、管理咨询服务）	—
开放能力	区域内获取生产所需资源、劳动力等	—	基础设施	专业的咨询与服务（信息服务）、专业的咨询与服务机构（管理咨询服务）	—
	企业品牌影响力	—	—	创新和学习的环境、专业的咨询与服务（物流服务）	—
创新能力	利用高等院校或科研机构的创新	—	基础设施	专业的咨询与服务机构（管理咨询服务）	—
	研发能力	—	要素市场	知识外溢、专业的咨询与服务（技术咨询服务）	市场垄断
	企业间技术信息交流	—	—	专业的咨询与服务（技术咨询服务）	—

二、集群政策与集群成长的关键因素相关矩阵（P－F相关矩阵）

利用SPSS19.0统计分析软件对回收的调查问卷进行相关分析，可以求得集群成长关键因素与集群绩效、集群政策与集群成长关键因素之间诸变量的相关系数（见附录7），然后分析整理得到集群政策与集群成长的关键因素相关矩阵［见表3－19（a）、3－19（b）］。

表3-19（a）　集群政策与集群成长的关键因素相关矩阵

<table>
<tr><th colspan="2" rowspan="2">影响集群发展的关键因素</th><th colspan="3">支持“关键因素”的重点政策（支持程度高的政策）</th></tr>
<tr><th>重点扶持政策的配置</th><th>重点促进政策的配置</th><th>重点规制政策的配置</th></tr>
<tr><td rowspan="3">原动力</td><td>企业的集聚</td><td>完善要素市场</td><td>①搭建信息收集与发布平台；②建立专家咨询团队，提供专业咨询与服务</td><td>建立质量监管制度与体系</td></tr>
<tr><td>集聚企业间的协作、配套</td><td>提供资金援助与财政扶持</td><td>建立公共研发机构，推动产学研结合体系建立</td><td>①市场监管，规制恶意竞争与垄断；②建立质量监管制度与体系</td></tr>
<tr><td>自然资源禀赋</td><td>完善基础设施建设</td><td>建立专家咨询团队，提供专业咨询与服务</td><td>①市场监管，规制恶意竞争与垄断；②管制珍惜资源（包括土地）的合理配置与利用</td></tr>
<tr><td rowspan="2">推动力</td><td>要素市场</td><td>①提供人力资源培训；②完善要素市场</td><td>①引导、推进建立行业协会，促进企业间交流；②设立创新基金与专项投资，鼓励创新；③建立专家咨询团队，提供专业咨询与服务</td><td>建立质量监管制度与体系</td></tr>
<tr><td>基础设施</td><td>完善基础设施建设</td><td>设立创新基金与专项投资，鼓励创新</td><td>—</td></tr>
<tr><td rowspan="4">提升力</td><td>企业间基于信任的非正式交流与合作</td><td>实施政府采购</td><td>搭建信息收集与发布平台</td><td>管制珍惜资源（包括土地）的合理配置与利用</td></tr>
<tr><td>专业的咨询与服务机构</td><td>①实施政府采购；②提供人力资源培训；③完善要素市场，使资金、人力、自然资源等合理配置与流动；④完善基础设施建设</td><td>①建立公共营销体系；②引导、推进建立行业协会，促进企业间交流</td><td>—</td></tr>
<tr><td>创新和学习的环境</td><td>—</td><td>①搭建信息收集与发布平台；②建立公共研发机构，推动产学研结合体系建立；③建立专家咨询团队，提供专业咨询与服务；④完善融资市场，促进企业与金融机构合作</td><td>①管制珍惜资源（包括土地）的合理配置与利用；②市场监管，规制恶意竞争与垄断</td></tr>
<tr><td>知识外溢</td><td>—</td><td>引导、推进建立行业协会，促进企业间交流</td><td>—</td></tr>
</table>

续表

影响集群发展的关键因素		支持“关键因素”的重点政策（支持程度高的政策）		
		重点扶持政策的配置	重点促进政策的配置	重点规制政策的配置
阻力	市场垄断	—	搭建信息收集与发布平台	①完善知识产权保护体系；②管制珍惜资源（包括土地）的合理配置与利用
	恶性竞争	—	—	①完善知识产权保护体系；②管制珍惜资源（包括土地）的合理配置与利用

表 3-19（b）　集群政策与集群成长的关键因素相关矩阵

影响集群发展的关键因素		支持“关键因素”的重点政策（支持程度中的政策）		
		重点扶持政策的配置	重点促进政策的配置	重点规制政策的配置
推动力	要素市场	—	①搭建信息收集与发布平台；②建立公共研发机构，推动；③产学研结合体系建立	—
阻力	市场垄断	—	①设立创新基金与专项投资，鼓励创新；②建立公共研发机构，推动产学研结合体系建立；③完善融资市场，促进企业与金融机构合作	①市场监管，规制恶意竞争与垄断；②建立质量监管制度与体系
提升力	企业间基于信任的非正式交流与合作	提供人力资源培训	①建立专家咨询团队，提供专业咨询与服务；②设立创新基金与专项投资，鼓励创新	①市场监管，规制恶意竞争与垄断；②完善知识产权保护体系
	专业的咨询与服务机构	—	①搭建信息收集与发布平台；②建立专家咨询团队，提供专业咨询与服务；③完善融资市场，促进企业与金融机构合作	①管制珍惜资源（包括土地）的合理配置与利用
	创新和学习的环境	①完善基础设施建设；②实施政府采购；③提供资金援助与财政扶持	设立创新基金与专项投资，鼓励创新	①完善知识产权保护体系；②建立质量监管制度与体系
	知识外溢	—	①完善融资市场，促进企业与金融机构合作；②建立公共研发机构，推动产学研结合体系建立	①管制珍惜资源（包括土地）的合理配置与利用；②完善知识产权保护体系；③建立质量监管制度与体系

三、集群发展能力——集聚能力提升之重点政策配置

通过对表 3－18、表 3－19 的对比分析，提升集聚能力的重点政策包括：

1. 促进集群内企业从业人员增长的重点政策

第一，扶持政策：完善要素市场，完善基础设施建设。第二，促进政策：①搭建信息收集与发布平台；②建立专家咨询团队，提供专业咨询与服务。第三，规制政策：建立质量监管制度与体系。

2. 促进集群内同一或相关产业链企业数目增长的重点政策

第一，扶持政策：①提供人力资源培训；②完善要素市场；③提供资金援助与财政扶持。第二，促进政策：①引导、推进建立行业协会，促进企业间交流；②设立创新基金与专项投资，鼓励创新；③建立专家咨询团队，提供专业咨询与服务，④建立公共研发机构，推动产学研结合体系建立。第三，规制政策：①市场监管，规制恶意竞争与垄断；②建立质量监管制度与体系。

集聚能力提升之重点政策配置情况，如表 3－20 所示。

表 3－20　集聚能力提升之重点政策配置表

集聚能力的构成因素或指标	重点集群政策的配置		
	重点扶持政策配置	重点促进政策配置	重点规制政策配置
集群内企业从业人员增长率	完善要素市场	①搭建信息收集与发布平台；②建立专家咨询团队，提供专业咨询与服务	建立质量监管制度与体系
集群内同一或相关产业链企业数目增长	①提供人力资源培训；②完善要素市场；③提供资金援助与财政扶持	①引导、推进建立行业协会，促进企业间交流；②设立创新基金与专项投资，鼓励创新；③建立专家咨询团队，提供专业咨询与服务，④建立公共研发机构，推动产学研结合体系建立	①市场监管，规制恶意竞争与垄断；②建立质量监管制度与体系

四、集群发展能力——竞合能力提升之重点政策配置

通过对表 3－18、表 3－19 的对比分析，提升竞合能力的重点政策包括：

1. 促进产业链形成的重点政策

第一，扶持政策：完善要素市场政策。第二，促进政策：①引导、推进建立行业协会，促进企业间交流；②建立专家咨询团队，提供专业咨询与服务。第三，规制政策：市场监管，规制恶意竞争与垄断。

2. 优化区域内企业竞争程度的重点政策

规制政策：市场监管，规制恶意竞争与垄断。

3. 促进区域内行业协会/园区管理委员会完善的重点政策

第一，扶持政策：完善要素市场政策。第二，促进政策：①引导、推进建立行业协会，促进企业间交流；②建立专家咨询团队，提供专业咨询与服务；③搭建信息收集与发布平台。

4. 促进区域内专业金融、咨询、物流机构发展的重点政策

第一，扶持政策：完善基础设施建设。第二，促进政策：①引导、推进建立行业协会，促进企业间交流；②建立专家咨询团队，提供专业咨询与服务；③搭建信息收集与发布平台。

竞合能力提升之重点政策配置情况，如表3－21所示。

表3－21 竞合能力提升之重点政策配置表

竞合能力的构成因素或指标	重点集群政策的配置		
	重点扶持政策配置	重点促进政策配置	重点规制政策配置
产业链	完善要素市场	①引导、推进建立行业协会，促进企业间交流；②建立专家咨询团队，提供专业咨询与服务	市场监管，规制恶意竞争与垄断
区域内企业竞争程度	—	—	市场监管，规制恶意竞争与垄断
区域内行业协会/园区管理委员会建立与运行状况	完善要素市场	①引导、推进建立行业协会，促进企业间交流；②建立专家咨询团队，提供专业咨询与服务；③搭建信息收集与发布平台	—
区域内专业金融、咨询、物流机构建立与运行状况	—	①引导、推进建立行业协会，促进企业间交流；②建立专家咨询团队，提供专业咨询与服务；③搭建信息收集与发布平台	—

五、集群发展能力——开放能力提升之重点政策配置

通过对表3－18、表3－19的对比分析，提升开放能力的重点政策包括：

1. 优化区域内获取生产所需资源、劳动力指标的重点政策

第一，扶持政策：完善基础设施建设。第二，促进政策：①搭建信息收集与发布平台；②建立专家咨询团队，提供专业咨询与服务。

2. 促进企业品牌影响力的重点政策

促进政策：①建立公共研发机构，推动产学研结合体系；②设立创新基金与专项投资，鼓励创新；③建立公共营销体系。

开放能力提升之政策配置情况，如表3－22所示。

表3－22　开放能力提升之重点政策配置表

开放能力的构成因素或指标	重点集群政策的配置		
	重点扶持政策配置	重点促进政策配置	重点规制政策配置
区域内获取生产所需资源、劳动力等	完善基础设施建设	①搭建信息收集与发布平台；②建立专家咨询团队，提供专业咨询与服务	—
企业品牌影响力	—	①建立公共研发机构，推动产学研结合体系；②设立创新基金与专项投资，鼓励创新，③建立公共营销体系	—

六、集群发展能力——创新能力提升之政策配置

通过对表3－18、表3－19的对比分析，我们可以看出，提升创新能力的政策包括：

1. 利用高等院校或科研机构创新的政策

第一，扶持政策：完善基础设施建设。第二，促进政策：建立专家咨询团队，提供专业咨询与服务。

2. 促进研发能力提升的政策

第一，扶持政策：完善要素市场。第二，促进政策：①建立公共研发机构，推动产学研结合体系；②建立专家咨询团队，提供专业咨询与服务；

③设立创新基金与专项投资，鼓励创新。第三，规制政策：市场监管，规制恶意竞争与垄断。

3. 促进企业间技术信息交流的政策

促进政策：建立专家咨询团队，提供专业咨询与服务。

创新能力提升之政策配置情况，如表3－23所示。

表3－23　创新能力提升之政策配置表

创新能力的构成因素或指标	重点集群政策的配置		
	重点扶持政策配置	重点促进政策配置	重点规制政策配置
利用高等院校或科研机构的创新	完善基础设施建设	建立专家咨询团队，提供专业咨询与服务	
研发能力	完善要素市场	①建立公共研发机构，推动产学研结合体系；②建立专家咨询团队，提供专业咨询与服务；③设立创新基金与专项投资，鼓励创新	市场监管，规制恶意竞争与垄断
企业间技术信息交流	—	建立专家咨询团队，提供专业咨询与服务	—

七、小结

第一，尽管集群政策包括扶持政策、促进政策与规制政策三类，但是针对不同的集群成长关键因素，重点集群政策只是这三类中的一部分，只有区分出重点集群政策，才能够有效提高集群政策的绩效。

第二，政府集群政策既要加强集群的推动力和提升力，同时也要削弱集群发展的阻力，前者即使再强也无法削弱后者。

第三，集群政策主要通过作用于集群成长的关键因素而作用于集群，因而衡量政策的有效性首先是通过衡量政策作用于这些关键因素的针对性（即关键政策配置）实现的。

第四章

西部地区中小企业集群化成长的瓶颈及其形成原因

从国际和国内产业发展的规律来看，产业集群已经成为推动产业发展、提升地区经济竞争力和促进地区经济增长的主要动力，也成为西部地区加快发展的主要方向和手段。但中西部地区中小企业集群还存在诸如集群处于“雏形阶段”、集群成长依赖初级生产要素、一般均缺乏自主创新能力等问题。正是这些问题的存在，制约了西部地区的成长活力和发展潜力，本章将就西部地区集群发展中的关键限制因素——瓶颈作进一步的分析。

第一节　西部地区中小企业集群化成长的瓶颈

一、集群化成长瓶颈的内涵及构成因素

瓶颈常比喻为事情进行中容易发生阻碍的关键环节，集群成长瓶颈是指制约集群成长，导致集群“雏形期”成长绩效与成熟期绩效差距的关键限制因素。表4－1是根据本研究前3章研究成果，比照集群绩效，分析四种能力，即集聚能力、竞合能力、开放能力、创新能力，再依照提升这四种能力的原动力、推动力、提升力以及阻力，列出了用于对照分析产业集群瓶颈的因素构成，即这些制约集群成长的关键因素，如果成了导致集群“雏形期”成长绩效与成熟期绩效差距的根本因素时，就成了中小企业集群化成长的瓶颈。例如，若集群成长的集聚能力比较差，就对应分析原动力、推动力、提升力、阻力中哪些因素是导致集群“雏形期”成长绩效与成熟期绩效差距的根本因素，这样就能够找到中小企业集群化成长瓶颈。

表 4－1　　中小企业集群化成长瓶颈的因素对照诊断表

集群成长绩效	制约集群成长绩效提升所对应的根本因素	
集聚能力	原动力	企业集聚
		集聚企业间的协作、配套
		自然资源禀赋
	推动力	生产要素配置
	提升力	创新和学习的环境
		知识或技术外溢
		社会化服务体系
竞合能力	原动力	集聚企业间的协作、配套
		企业集聚
	推动力	生产要素配置
	提升力	社会化服务体系
	阻力	市场垄断
		企业恶性竞争
开放能力	推动力	基础设施
	提升力	社会化服务体系
		创新和学习的环境
创新能力	推动力	基础设施
		生产要素配置
	提升力	社会化服务体系
		创新和学习的环境
		知识或技术外溢
	阻力	市场垄断

资料来源：根据第三章实证研究结论“表 3－18 集群成长的关键因素与集群绩效相关矩阵”概括。

根据第三章的研究成果，西部地区红色、黑色、白色和绿色等四类特色产业中小企业集群的绩效能力，与处于发展期的集群相比，都存在着差距，按照研究中产业集群“雏形期”与发展期的临界值相比，就可以发现其差距。具体情况如表 4－2 所示。

表 4-2　　四类特色产业集群四能力得分表及与发展期临界值的差距

绩效能力 / 集群类型	集聚能力			竞合能力			开放能力			创新能力		
	临界值	实际值	差距	临界值	实际值	差距	临界值	实际值	差距	临界值	实际值	差距
黑色集群	2	1.71	0.29	2	1.62	0.38	2	1.72	0.28	1	0.96	0.04
白色集群	2	1.84	0.16	2	1.69	0.31	2	1.82	0.18	1	0.93	0.07
红色集群	2	1.65	0.35	2	1.55	0.45	2	1.58	0.42	1	0.95	0.05
绿色集群	2	1.72	0.28	2	1.60	0.40	2	1.93	0.07	1	0.98	0.02

资料来源：根据课题组访谈评价得分与第三章实证研究结论。

二、西部特色产业四类中小企业集群成长瓶颈分析

（一）红色产业集群成长瓶颈

红色产业集群一般属于农畜产品加工等资源开发和现代化特色农业产业集群；根据前期对陕西富县苹果产业、宁夏中宁枸杞产业、红枣产业和新疆番茄产业集群的调研结果，红色产业集群绩效能力与西部所调研的集群总体水平对比如表 4-3 所示。

表 4-3　　红色特色产业集群绩效能力对比表

	集聚能力	竞合能力	开放能力	创新能力
红色集群	1.65	1.55	1.58	0.95
与临界值的差距	0.35	0.45	0.42	0.05

2. 红色产业集群竞合能力提升的成长瓶颈因素

根据表 4-1，竞合能力与集聚能力原动力、推动力、提升力的一些因素是一致的，分析过程略，西部地区红色产业中小企业集群的成长瓶颈包括：

第一，集聚能力的提升存在成长瓶颈因素：一是企业集聚程度不够，红色产业由于加工企业较多，但是市场分散，具备该类特色资源的地区较多，在“雏形期”，往往无法形成具有规模的大型深加工企业；二是产业发展起步晚、创新模仿快，企业之间的协作和配套欠缺，产品结构雷同；三是高等级要素，如融资、技术和信息方面获得不足；四是产前、产中和产后社会化服务体系不能够满足产业升级的需求。

第二，竞合能力的提升存在成长瓶颈因素：一是红色产业集群产业升级的综合物质技术及配套服务要素还存在较大的差距；二是产品环节的“小而全”，品档次低、重复建设严重以及生产过程的同质化导致了价格方面的恶性竞争，形成了对集群提升竞合能力的阻力。

第三，开放能力的提升存在成长瓶颈因素：一是枸杞、苹果、红枣等作为鲜果，成熟期非常集中，储存条件缺乏；二是现有主要的技术交流依靠非正式的“技术扩散”，来自外部的技术交流和合作较少，创新和学习的环境非常稀缺，造成技术落后，绿色和有机产品发展较慢。

（二）白色产业集群的成长瓶颈

西部地区白色产业中小企业集群的成长瓶颈主要集中在集聚能力、竞合能力和开放能力上。

第一，集聚能力的提升存在成长期瓶颈因素。白色产业的内蒙古乳业产业集群、甘肃定西马铃薯产业集群发展程度较高，已形成生产布局区域化、种植（养殖）规范化、加工精细化、营销组织化的产业格局，但产业集群升级成为发展期或者成熟期的集群，企业集聚程度还需要提升，白色产业往往是农业产业，该产业链的越往下游，平均利润率越高，但是乳业、棉花、羊绒、马铃薯等产业集群中西部地区的企业往往占据产业链的上游，利润较薄，因此企业协作和配套程度越发需要提高。西部白色产业集群所拥有的生产要素几乎全部是初级生产要素，主要基于对地上地下资源的利用，因此自然禀赋对产业集群的原动力作用非常明显。

第二，竞合能力的提升存在成长期瓶颈因素。白色产业集群竞合能力提升的阻力主要体现在恶性竞争和市场垄断上。白色产业集群内在某些市场领域，特别是原料市场上存在着过度竞争。

第三，开放能力的提升存在成长期瓶颈因素：一是在白色产业集群的基础设施不适应产业的快速发展；二是更多的白色产业集群创新的主要问题集中在产业链短，产品的技术附加值低上。

（三）绿色产业集群成长瓶颈

绿色产业集群一般属于农畜产品加工等资源深度开发产业链和现代化特色农业产业集群，是利用重要经济价值、文化价值及生态价值的可持续型产业集群。如贵州和新疆的瓜果加工、内蒙古和宁夏牛羊肉加工、陕西和四川的旅游业、云南的花卉等产业集群。根据前期调研结果，绿色产业集群绩效能力与所调研的集群总体水平对比如表 4-4 所示。

表 4-4　　绿色特色产业集群绩效能力对比表

	集聚能力	竞合能力	开放能力	创新能力
绿色集群	1.72	1.60	1.93	0.98
与临界值的差距	0.28	0.40	0.07	0.02

由表 4-4 可以发现，西部绿色产业集群的绩效能力中集聚能力评价为 1.72，竞合能力评价为 1.60，与“雏形期”进入发展期的临界值的差距较大。绿色产业集群的成长瓶颈主要是制约集聚能力和竞合能力提升所对应的根本因素，结合表 4-1，分析如下：

第一，集聚能力提升存在的瓶颈因素：一是具备该类特色资源的地区较多，绿色产业深加工企业较多，市场又分散，企业聚集性比较差；二是由于自然资源的制约，特别是水资源的制约，形成的产业集群也相对比较分散；三是大多数企业集中在资源开发、加工和营销的产业链上，还未形成相互协作的集群式发展；四是专用物资配套供应，产业发展缺乏统一的社会化服务体系的支持；五是在高等级要素，如融资、技术和信息方面获得不足。

第二，竞合能力提升存在的瓶颈因素：一是对产业支持体系等尚未有专门机构进行系统开发；二是没有完善的技术培训网络和推广队伍；三是在生产要素配置问题上融资困难突出；四是缺乏社会化生产服务，尚未形成能够符合绿色产业发展规律的产业组织体系。

（四）黑色产业集群

黑色产业一般属于矿产资源深度开发产业集群，根据前期对内蒙古稀土、煤化工和石油化工产业的调研结果，黑色产业集群绩效能力与西部所调研的集群总体水平对比如表 4-5 所示。

表 4-5　　黑色特色产业集群绩效能力对比表

	集聚能力	竞合能力	开放能力	创新能力
黑色集群	1.71	1.62	1.72	0.96
与临界值的差距	0.29	0.38	0.28	0.04

西部地区黑色产业中小企业集群的成长瓶颈主要是集聚能力和开放能力提升存在的瓶颈因素：

第一，集聚能力提升存在的瓶颈因素：一是企业只是在地域上的集中，还没有产生集聚导致的社会分工细化、企业联系加强、区域资源利用提高所产生的成本节约效应；二是自然资源的可持续利用方面存在问题；三是大企业和中小企业之间的协作配套关系有待提高。四是相对独立和专业化的金融、物流、质量认证、信息咨询、基础设施建设和政府派出机构等服务保障部门需要增强。

第二，竞合能力提升存在的瓶颈因素：一是黑色产业集群的生产要素往往比较集中，但是高层次的生产要素还并不完备，如高新技术的研发部门、企业家精神和高素质的员工队伍；二是黑色产业集群因为一般是矿产资源开发利用型的产业集群，集群内大企业的规模较大，往往涵盖了较多的社会化服务机构，市场化的服务体系还正在发育当中，并没有形成一种有效的机制促进交流合作，企业大多处于“独立作战”的状态；三是有大量生产水平接近的企业从事初级生产和相关业务，在原材料获取等方面区域内企业间竞争比较激烈。

第三，开放能力提升存在的瓶颈因素：一是大部分黑色产业企业之间的竞争关系强、合作关系弱；二是专业咨询和服务机构、行业协会、高校和科研院所等没有形成开放条件。

第二节　西部地区中小企业集群成长瓶颈形成原因

一、中小企业集群成长瓶颈的形成原因归类

综上所述，红色产业中小企业集群的成长瓶颈主要表现在集聚能力和开放能力上；白色集群的成长瓶颈主要表现在创新能力上；绿色产业中小企业集群的成长瓶颈表现集聚能力和竞合能力上；黑色产业中小企业集群的成长瓶颈主要表现在集聚能力和开放能力上。

根据上述对影响集聚能力、竞合能力、开放能力和创新能力的瓶颈因素

进行编码处理，共有十大因素。

表 4－6　西部地区中小企业集群成长瓶颈分析表

序号	集群成长瓶颈因素	瓶颈说明
1	自然资源禀赋	发挥资源优势仍然存在着交通条件、气候条件等方面的约束，使资源性产业往往在资源接续利用方面存在瓶颈
2	企业集聚	由于企业较多，市场分散，往往无法形成具有规模的深加工配套企业；融资、技术和信息等高等级要素不足造成集聚推力不足
3	集聚企业间的协作、配套	产业发展起步晚、创新模仿快，企业之间的协作和配套欠缺，产品结构易雷同
4	知识或技术外溢	大多数企业集中在资源开发、加工和营销的产业链上，还未形成相互协作的集群式发展；企业之间的模仿比较多，创新不足
5	创新和学习的环境	高校、科研机构、技术开发机构较少、企业之间的交流不足，专业咨询和服务机构、行业协会、高校和科研院所等没有形成开放条件，易导致产业集群的创新性不足，学习环境有待完善
6	生产要素配置	西部特色资源产业集群中的企业与生产基地的契约连接关系不紧密，抵御风险能力不强，企业之间缺乏根植性；资金、人才、土地、技术、信息生产要素配置方面存在不合理或者缺位现象
7	市场垄断	黑色产业中的一些企业基于市场规模和产业政策对某些市场存在垄断性
8	企业恶性竞争	非商业的、不正当手段获取市场份额；农业资源产业集群由于资源分布比较分散且易得，存在着过度竞争或恶性竞争
9	社会化服务体系	公共信息、技术、人员培训、融资、劳务、政策等社会化服务需要增强
10	基础设施	欠发达地区在交通运输、产业基础等基础设施方面存在不足

分析西部地区中小企业产业集群发展瓶颈因素，按照集群内行动主体主要是企业和政府的角度，不可控和可控两个方面的原因，例如第 1 个因素自然资源禀赋，如果从初始资源禀赋角度讲，就属于不可控因素，而其他因素都属于可控因素。在可控因素中，企业集聚、集聚企业间的协作和配套、知识或技术外溢、创新和学习的环境、生产要素配置、市场垄断、企业恶性竞争等属于企业因素，当然政府也可以创造环境，施加影响，而社会化服务体系和基础设施则是政府可以直接施加影响的因素。

二、瓶颈产生的初始自然资源禀赋原因

资源禀赋无疑是西部特色中小企业产业集群成长的基石，没有资源禀赋为保证的产业集群是没有条件成为成功的产业集群，即使勉强成型，但也难以持续。虽然西部地区的特色资源禀赋优异，但是发挥这些特色还需要一些必要条件，突出地表现在交通条件方面，这些地区远离市场中心和消费目的地，产品运输条件和运输方式劣势会使具有适宜性的特色资源产品生产变得经济上不可行。由于远离沿海港口和主要消费中心加上生产服务业发展滞后导致物流成本偏高。西部地区的特色资源，像内蒙古乳制品的资源外送，主要是包装技术突破了远距离外运的限制才得以获得集群式的发展，但是正如上文中所谈到的，云南花卉业的物流成本问题高就成为云南花卉业发展国内市场乃至国际市场的主要限制因素。

三、瓶颈产生的企业原因

在可控因素中，企业集聚、集聚企业间的协作、配套、知识或技术外溢、创新和学习的环境、生产要素配置、市场垄断、企业恶性竞争等属于企业因素，当然政府也可以创造适宜的发展环境，施加间接影响。

（一）企业主动融入产业集群的意识不足

产业集群的最大效应是行动主体的共同行动，作为一种主动的、动态的、持续的效应，需要集群内的企业主动融入产业集群，在发达的国家中，一个经过10年发展的产业集群趋于成熟，而成熟的产业集群是以获得较强的共同行动效应为特征的。而西部地区集群总体上内部企业之间的行业关联度不高，难以形成合力推动建立各种企业间在市场机制之外的正式或非正式互动机制。企业产业集群中的定位要么只愿意做整合供应链的大企业，排斥其他企业的竞争与合作，要么形成同质化非常严重的低层次竞争，导致西部地区的企业间未形成发达的分工协作网络，影响到企业享有基于经济外部性所产生的集群效应。

（二）人才和创业型企业家缺乏

受自然环境的影响，西部地区引进高技术人才相对较难，导致产业集群发展的高级要素缺乏。创业型企业家是企业创业和发展的中坚力量，同时也是产业集群内一种非常宝贵的人才资源，产业集群不仅会对创业企业的发展具有很好的促进作用，同时其本身作为一种“孵化器”，也能对集群内的创业人才进行有效的“孵化”。总体而言，产业集群关系网络的存在，能够有效地促进创业人才的成长。西部地区集群中多数是中小企业集群，由于科研体制的限制，科研单位和大专院校存在的科技计划立项机制、科技成果评价制度、职称评审制度，使高校、科研机构的专利发明人主要关注专利的附加效应如名誉效应、职称效应、奖励效应、资助效应、考核效应等，同时这些科研单位往往因制度原因去规避市场风险，不愿进行专利交易，常常把科技成果“束之高阁”。研究院所通过专利产业化促进社会财富增长的激励效应严重不足，也没有形成“鼓励创新、容忍失败”的文化，技术成果转化较少。

对于西部地区产业发展而言企业家是稀缺的资源，尤其是创业型、创新型的企业家更是稀缺资源。西部地区企业家人力资本的一个特点就是技术型人才居多，这和西部地区企业家队伍的成长演变历程有一定的关系。缺乏具备经营管理能力的，类似于马云、乔布斯这类创新型的企业家：一方面中东部地区的企业家人力资本无法进入西部地区，而西部地区本地培养的企业家人力资本大量流失；另一方面西部地区经济比较落后，无法支付高昂的人力成本，特别是西部地区优秀企业家的流失，对于西部地区经济发展的影响更为严重。陕西苹果产业、榆林红枣产业等在此问题上表现明显。

（三）合作意识不强

西部地区中小企业产业集群内尚未建成良好的集体行动规则和内部沟通的渠道，缺乏包容开放的社会人文氛围，企业间过度的竞争造成了敌意的心态，加大了企业间的合作难度。特别是某些地方的保护主义，歧视和限制外来企业和人口，阻碍了信息、资源的自由有效的流动和配置。合作意识淡薄表现在多个方面，比如集体或者区域品牌的建立上体现非常明显。西部红色产业集群和绿色产业集群主要是由特色农牧业产品生产构成，这些产业的产业链前端主要由小规模农户进行，面向消费市场，竞争激烈，加之农业资源的独特性应当建立区域品牌。知名度高，美誉度好的农产品区域品牌具有“晕轮效应”，会使当地的特色农产品戴上一个神秘美好的光环，从而很快被消费者接受和喜爱。农产品的区域品牌的一个难以克服的问题是“搭便车”现象，即人们可以自由地享受区域品牌带来的好处，而不需要支付任何费用。但由于农户规模小、农业合作组织发育迟缓，集群中的企业中缺少一大批像有较强市场影响的流通和加工龙头企业，在区域品牌建设上投入不足，地域品牌影响力不强，影响到特色农产品市场拓展。白色产业中，比如乳品行业由于产品特殊，是消费者日常生活中的必需品，基本形成充分竞争，有利于区域品牌的形成。西部特色黑色产业集群主要集中在能源矿产资源的开采加工业，由于产品同质性强，也不利于品牌形成。

（四）企业缺乏创新和产权保护意识

西部特色产业集群近年来虽然发展迅速，但与浙江温州模式、台州模式、广州天河模式、山东诸城、寿光模式相比，至今没有形成自己的特色道路。究其原因，与其因循守旧的文化和意识不无关系。特色产业集群学习只是表面的模仿，表现为“跟风”或“扎堆”，缺乏协同创新行为。大部分产业集群的潜在创新优势都没有得到发挥。对比国外高新技术产业集群，形成了极大的差距。作为培育高新技术产业典范的硅谷，成功地孕育出了大批优秀的高科技企业，如苹果、微软、Cisco 等著名企业。硅谷的成功，归于鼓励承担风险，也容忍失败的“硅谷文化”。在硅谷，企业普遍推崇的理念是“允许失败，但不允许不创新”，“要奖赏那些敢于冒险的人，而不是惩罚那些因冒险而失败的人”。

中西部地区特色产业集群小企业普遍存在着知识产权保护意识淡薄，许多地方的产业发展需要向国内其他地区，甚至是世界推销自己的产品的时候，也不知道用法律保护自己，进而通过专利创造利润。

四、瓶颈产生的政府原因

（一）政府缺乏系统集群战略管理

目前我国的产业集群基本上都是由市场自发形成的，政府虽然对产业集群有所认识，但还没有将其作为一种新的发展理念和发展道路。在实践中，产业集群固有其市场失灵的地方，政府还没有有意识地弥补的系统缺陷和市场失灵。在决策层面，对有关产业集群发展的国家战略和政策，城市战略和政策，行业战略和政策都还不清晰和健全，集群内交易成本大幅增加。一些产业刚刚萌芽或产生的产业集群，可能由于缺乏公共支持而很快夭折。

即使有些政府接受了集群思想，但在执行时还存在一些问题，比如部分地方政府在规划产业园区时“乱点鸳鸯”，地方政府对许多企业“行政捏合”，半强制性地外部“植入”，市场机制难以发挥作用，不能形成良性循环效果。产业集群“名不副实”，企业仅仅是空间的集聚，而缺乏关联、配套与协同效应。也有的地方政府希望加快集群发展，盲目直接参与，但是事与愿违，出现了“拔苗助长”现象。以自身掌握的资源直接介入经济活动，难以适应市场机制的要求和变化。

（二）制度环境有待优化

产业之间分工协作网络是产业集群效应产生的重要基础，但由于传统条块分割体制改革滞后及近年来招商引资中的盲目性，致使西部地区集群置于区位劣势的制约下，该类产业集群大多通过依靠提供土地和优惠政策来吸引企业进区的手段而形成企业的空间聚集，入区企业并非都是特色企业，且这种方式集聚形成的产业缺少关联性，提高产业效益所必需的专业化分工协作网络并未形成。

西部特色产业集群的绿色、红色、白色产业集群作为农业产业，产业链前端主要由小规模农户构成，在实践中尽管出现了类似种植大户、家庭农场以及农业专业合作组织，但综合实力还不能构成影响力，而且在流通、加工阶段，企业规模小、实力弱，也影响特色农产品生产和加工乃至产业集群的发展。

黑色产业集群我国矿产资源开发主要由国有大中型企业垄断，地方企业及民营经济很难参与、分享资源开发利益，分工体系水平低下的局面仍未得到根本改观。

（三）地方政府难以提供高等级集群要素

在经济转轨和体制转型的经济中，西部欠发达地区的政府在经济活动中能够支配巨大的资源，拥有制定规章的权力，地方政府权力在某种程度上可能变成集聚的主要驱动力。由于西部特色资源产业的投资规模大、产业链条广、加工程度较高、增长持续时间长，要求固定资产投资较快增长，所以政府多支持该类产业发展，而且西部地区多是欠发达地区，区域后发优势促使政府推动经济快速增长，出台了比较完整的产业促进政策。但是类似财政政策、税收政策以及开发区的优惠用地政策多数比较雷同，区域之间为了争夺企业落户本地，相互之间展开激烈竞争。赵海东等学者认为，政府集群政策的主要任务就是在集群中支持创新，促进网络化的进程和创建一种制度，以激励市场诱导的集群形成以及新兴和成熟集群的相互作用方式。受到资源和行政能力限制，政府能够为企业提供产业升级的基础设施和高级要素却相对比较少，导致集群内低水平重复建设较多。

在西部特色产业集群中，围绕着产业集群的相关政策体系和健全的社会化服务体系等配套设施的发展水平也有待增强。很多集群内部公共产品供给不足，不少集群缺少关联产业和支持产业，缺少社会化服务体系的有效支撑。

当前，缺乏的是融资扶持服务，中小企业特别是在风险比较大，商业性资本尚不具备进入条件的创业初期，普遍存在“融资难”现象。西部地区的直接融资受到股票市场扩容限制和繁杂的审批手续的制约，上市公司和融资融券较少；间接融资困难主要是因为缺乏企业信用评估和企业经理人评价制度体系的缺乏，造成了银行等金融机构的“惜贷”和风险机构的望而却步。银行贷款往往考虑企业注册资本金大小和企业信用程度，以及相应的抵押物。由于产业本身的特色，集群内企业的注册资本金一般来说规模较小，又没有很好的信用记录，固定资产相对较少，发展资金是西部地区中小企业产业集群重要的制约因素之一。

第五章

支持西部地区中小企业集群化成长的政策缺失及其原因

由第四章可知，西部地区中小企业集群化成长取决于集群的集聚能力、竞合能力、开放能力和创新能力。但是，西部地区中小企业集群在集聚能力、竞合能力、开放能力和创新能力比较薄弱，其原因在很大程度上是由于西部地方政府对集群这四个方面的绩效能力的支持政策存在较多方面的缺失和不足。

西部地区中小企业集群化成长的支持政策缺失是指西部地区中小企业集群化成长的现有支持政策与期望的理想状态下的政策之间所存在的差异。本章综合了第三章的研究内容进行论述，前半部分阐述了西部地区中小企业集群化成长的现有支持政策特征，后半部分论证了西部地区中小企业集群化成长的理想状态的预期政策，即西部地方政府应该从哪些方面来制定政策，应该具有哪些支持政策内容。本章分析西部地区中小企业集群化成长的现有支持政策与理想状态下的政策之间的差距与不一致性。这种预期政策与现有政策之间的差距即是政策的缺失或政府行为的失灵与存在的需要正视和解决的问题。同时，本章还根据产业集群相关研究文献成果和实地访谈及调查问卷结果，来分析西部地区中小企业集群化成长的支持政策缺失的原因。

具体而言，本章首先界定西部地区中小企业集群化成长支持政策缺失的内涵及分析框架；其次分析西部地区中小企业集群化成长支持政策缺失情况及其原因，主要从扶持政策、促进政策和规制政策的缺失进行阐述；最后对西部四类特色产业中小企业集群化成长支持政策缺失的共同点和不同点进行归纳总结。

第一节　支持西部地区中小企业集群化成长的政策缺失的类别及分析框架

一、支持西部地区中小企业集群化成长的政策缺失的类别

在中小企业集群化的发展过程中，地方政府不仅要积极作为，更重要的是科学作为、正确作为。因此，所谓西部地区中小企业集群政策缺失，是指以集群为服务对象的政策及其体系所存在的不完善和不合理的问题，政府没有做到积极作为、科学作为和正确作为，致使政府作用没有有效发挥，主要表现为政策缺位、政策不足和政策越位三方面。根据第二章“支持中小企业产业集群成长的政策作用机理研究”的内容，支持西部地区中小企业集群化成长的政策缺失可以从扶持政策、促进政策和规制政策三种政策类型来分析，这就构成了政策缺失的3种类型：

第一，政策缺位，是指缺乏某方面或某些能够引导扶持政策、促进政策和规制政策中小企业集群化发展的政策，政府没有做或者没有做好原本应当做而且应当做好的事情。即政府在制定中小企业集群化成长的支持政策的过程中，出现了职能缺位问题，一些该有的政策却没有，一些应该管的反而没有管，政府政策出现了“不作为”。

第二，政策不足，是指相关政策已经制定，但是政策包含的内容不全面、不完整，或者只有指导性意见，没有操作性细则或没有执行政策的政策；或者已有政策，但针对性不强；或者出现政策的不连续，虎头蛇尾。政府对于中小企业集群化发展没有充分履行其职能，没有很好地发挥现有政策的作用。换句话说，政府应该管好的问题却没有管好，政府政策出现了“少作为”。

第三，政策越位，是指在中小企业集群化发展过程中，政府超出其职能范围，导致政策过度干预企业和市场，政府做了原本可以不做甚至不应该做的事情，或者说，不该政府管的事情，政府却管得过多，政府政策出现了“乱作为”。

二、支持西部地区中小企业集群化成长的政策缺失的分析框架

根据第二章“支持中小企业产业集群成长的政策作用机理研究”，政府政策应该支持和帮助中小企业不断提升集群化成长所需要的集聚能力、竞合能力、开放能力和创新能力，而每种能力的支持政策又包括3种类型，即扶持政策、促进政策和规制政策。我们可以将支持西部地区中小企业培育和提升其集聚能力、竞合能力、开放能力和创新能力的扶持政策、促进政策和规制政策的缺失从政策缺位、政策不足和政策越位进行分析。扶持政策缺失、促进政策缺失和规制政策缺失的分析要素具体如表5－1所示。

表5－1　　支持西部地区中小企业集群化成长的政策缺失的研究框架

政策缺失分类	政策缺失分析的要点			
	针对集聚能力提升的政策要点	针对竞合能力提升的政策要点	针对开放能力提升的政策要点	针对创新能力提升的政策要点
扶持政策的缺位、不足或越位	完善要素市场、完善基础设施、提供人力资源培训、资金援助与财政扶持方面政策的缺位、不足或越位分析	完善要素市场、完善基础设施、提供人力资源培训、资金援助与财政扶持方面政策的缺位、不足或越位分析	完善要素市场、完善基础设施、提供人力资源培训、资金援助与财政扶持方面政策的缺位、不足或越位分析	完善要素市场、完善基础设施、提供人力资源培训、资金援助与财政扶持政策的方面缺位、不足或越位分析
促进政策的缺位、不足或越位	搭建信息平台、建立专家咨询团队、提供专业咨询与服务、建立行业协会、设立创新基金与专项投资、建立专家咨询团队并提供专业咨询与服务并建立公共研发机构、推动产学研结合体系建立方面政策的缺位、不足或越位分析	建立行业协会、建立专家咨询团队并提供专业咨询与服务、搭建信息收集与发布平台方面政策的缺位、不足或越位分析	搭建信息平台、建立专家咨询团队并提供专业咨询与服务、建立公共研发机构并推动产学研结合体系、设立创新基金与专项投资、建立公共营销体系方面政策的缺位、不足或越位分析	建立专家咨询团队并提供专业咨询与服务、建立公共研发机构并推动产学研结合体系、建立专家咨询团队并提供专业咨询与服务、设立创新基金与专项投资方面政策的缺位、不足或越位分析
规制政策的缺位、不足或越位	市场监管、规制恶意竞争与垄断、建立质量监管制度与体系方面政策的缺位、不足或越位分析	市场监管，规制恶意竞争与垄断、建立质量监管制度与体系方面政策的缺位、不足或越位分析	市场监管、规制恶意竞争与垄断、建立质量监管制度与体系方面政策的缺位、不足或越位分析	市场监管、规制恶意竞争、建立质量监管制度与体系方面政策的缺位、不足或越位分析

注：本表根据第三章实证研究的结论分析整理。

第二节　支持西部地区中小企业集群化成长的政策缺失状况

根据上一节研究结论，西部地区中小企业集群化成长政策的缺失应该分别从政策缺位、政策不足和政策越位进行分析。西部地区中小企业集群化成长政策的缺失情况总结为表5－2、表5－3、表5－4、表5－5。

表5－2　　集聚能力政策各地缺失情况

地区	政策缺失	扶持政策				促进政策							规制政策			是否成体系
		完善基础设施	人力资源培训	完善要素市场	财政扶持	搭建信息平台	相关产业链培育	建立行业协会	创新基金	企业间协作	建立专家咨询团队	公共研发机构	质量监管	投机行为规制	规制恶意竞争与垄断	
云南	缺位						√			√				√		×
	不足	√	√	√	√	√		√	√		√	√				
	越位	√		√				√								
贵州	缺位						√			√				√		×
	不足	√	√	√	√	√		√	√		√	√				
	越位	√		√				√								
内蒙古	缺位						√			√				√		×
	不足	√	√	√	√	√		√	√		√	√				
	越位	√		√				√								
陕西	缺位						√			√				√		×
	不足	√	√	√	√	√		√	√		√	√				
	越位	√		√				√								
新疆	缺位						√			√				√		×
	不足	√	√	√	√	√		√	√		√	√				
	越位	√		√				√								

续表

地区	政策缺失	扶持政策				促进政策							规制政策			是否成体系
		完善基础设施	人力资源培训	完善要素市场	财政扶持	搭建信息平台	相关产业链培育	建立行业协会	创新基金	企业间协作	建立专家咨询团队	公共研发机构	质量监管	投机行为规制	规制恶意竞争与垄断	
甘肃	缺位						√			√				√		×
	不足	√	√	√	√	√		√	√		√	√				
	越位	√		√				√								
宁夏	缺位						√			√				√		×
	不足	√	√	√	√	√		√	√		√	√				
	越位	√		√				√								
四川	缺位						√			√				√		×
	不足	√	√	√	√	√		√	√		√	√				
	越位	√		√				√								
重庆	缺位						√				√			√		×
	不足	√	√	√	√	√		√	√			√	√			
	越位	√		√				√								
青海	缺位						√				√			√		×
	不足	√	√	√	√	√		√	√			√	√			
	越位	√		√				√								
广西	缺位						√				√			√		×
	不足	√	√	√	√	√		√	√			√	√			
	越位	√		√				√								

注：本表是以本研究收集的政策资料为基础进行分析的。

表 5－3 竞合能力政策各地缺失情况

地区	政策缺失	扶持政策		促进政策					规制政策			是否成体系
		完善基础设施	完善要素市场	搭建信息发布平台	建立行业协会	培育企业间合作关系	建立专家咨询团队	相关产业链培育	质量监管	规制恶意竞争与垄断	规制投机行为	
云南	缺位					√		√			√	×
	不足	√	√	√	√		√	√	√	√		
	越位	√	√									
贵州	缺位					√		√			√	×
	不足	√	√	√	√		√	√	√	√		
	越位	√	√									
内蒙古	缺位					√		√			√	×
	不足	√	√	√	√		√	√	√	√		
	越位	√	√									
陕西	缺位					√		√			√	×
	不足	√	√	√	√		√	√	√	√		
	越位	√	√									
新疆	缺位					√		√			√	×
	不足	√	√	√	√		√	√	√	√		
	越位	√	√									
甘肃	缺位					√		√			√	×
	不足	√	√	√	√		√	√	√	√		
	越位	√	√									
宁夏	缺位					√		√			√	×
	不足	√	√	√	√		√	√	√	√		
	越位	√	√									
四川	缺位					√		√			√	×
	不足	√	√	√	√		√	√	√	√		
	越位	√	√									
重庆	缺位					√		√			√	×
	不足	√	√	√	√		√	√	√	√		
	越位	√	√									

续表

地区	政策缺失	扶持政策		促进政策					规制政策			是否成体系
		完善基础设施	完善要素市场	搭建信息发布平台	建立行业协会	培育企业间合作关系	建立专家咨询团队	相关产业链培育	质量监管	规制恶意竞争与垄断	规制投机行为	
青海	缺位					√		√			√	×
	不足	√	√	√	√		√	√	√	√		
	越位	√	√									
广西	缺位					√		√			√	×
	不足	√	√	√	√		√	√	√	√		
	越位	√	√									

注：本表是以本研究收集的政策资料为基础进行分析的。

表 5-4　开放能力政策各地缺失情况

地区	政策缺失	扶持政策	促进政策					规制政策			是否成体系
		完善基础设施	搭建信息发布平台	建立公共研发机构	建立专家咨询团队	创新基金	建立公共营销	质量监管	规制恶意竞争与垄断	规制投机行为	
云南	缺位									√	×
	不足	√	√	√	√	√	√	√	√		
	越位	√									
贵州	缺位									√	×
	不足	√	√	√	√	√	√	√	√		
	越位	√									
内蒙古	缺位									√	×
	不足	√	√	√	√	√	√	√	√		
	越位	√									
陕西	缺位									√	×
	不足	√	√	√	√	√	√	√	√		
	越位	√									

续表

地区	政策缺失	扶持政策	促进政策					规制政策			是否成体系
		完善基础设施	搭建信息发布平台	建立公共研发机构	建立专家咨询团队	创新基金	建立公共营销	质量监管	规制恶意竞争与垄断	规制投机行为	
新疆	缺位									√	
	不足	√	√	√	√	√	√	√	√		×
	越位	√									
甘肃	缺位									√	
	不足	√	√	√	√	√	√	√	√		×
	越位	√									
宁夏	缺位									√	
	不足	√	√	√	√	√	√	√	√		×
	越位	√									
四川	缺位									√	
	不足	√	√	√	√	√	√	√	√		×
	越位	√									
重庆	缺位									√	
	不足	√	√	√	√	√	√	√	√		×
	越位	√									
青海	缺位									√	
	不足	√	√	√	√	√	√	√	√		×
	越位	√									
广西	缺位									√	
	不足	√	√	√	√	√	√	√	√		×
	越位	√									

注：本表是以本研究收集的政策资料为基础进行分析的。

表 5-5　　创新能力政策各地缺失情况

地区	政策缺失	扶持政策		促进政策				规制政策			是否成体系
		完善基础设施	完善要素市场	搭建信息平台	创新基金与投资	建立专家咨询团队	培育公共研发机构	质量监管	规制恶意竞争与垄断	规制投机行为	
云南	缺位									√	
	不足	√	√	√	√	√	√	√	√		×
	越位										
贵州	缺位									√	
	不足	√	√	√	√	√	√	√	√		×
	越位										
内蒙古	缺位									√	
	不足	√	√	√	√	√	√	√	√		×
	越位										
陕西	缺位									√	
	不足	√	√	√	√	√	√	√	√		×
	越位										
新疆	缺位									√	
	不足	√	√	√	√	√	√	√	√		×
	越位										
甘肃	缺位									√	
	不足	√	√	√	√	√	√	√	√		×
	越位										
宁夏	缺位									√	
	不足	√	√	√	√	√	√	√	√		×
	越位										
四川	缺位									√	
	不足	√	√	√	√	√	√	√	√		×
	越位										
重庆	缺位									√	
	不足	√	√	√	√	√	√	√	√		×
	越位										

续表

地区	政策缺失	扶持政策		促进政策				规制政策			是否成体系
		完善基础设施	完善要素市场	搭建信息平台	创新基金与投资	建立专家咨询团队	培育公共研发机构	质量监管	规制恶意竞争与垄断	规制投机行为	
青海	缺位									√	×
	不足	√	√	√	√	√	√	√	√		
	越位										
广西	缺位									√	×
	不足	√	√	√	√	√	√	√	√		
	越位										

注：本表是以本研究收集的政策资料为基础进行分析的。

第六章

国外产业集群政策借鉴

基于我国西部产业集群大部分还处于“雏形阶段”，相应的集群政策还不太系统，有必要借鉴国内外产业集群政策。

第一节　国外支持中小企业集群化成长的政策目标与政策取向

一、国外支持中小企业集群化成长的政策目标

所谓政策目标，是指政府制定的政策所预期达到的成效。对于西部地区中小企业集群化成长而言，其政策目标是政府制定的关于促进中小企业集群化成长的政策所希望达到的效果。政策目标是西部地方政府制定中小企业集群化成长政策时首先要明确的内容，因为西方地方政府要制定中小企业集群化成长的支持政策，政策目标是否明确、科学与合理，是决定政策可行性以及政策执行效果的重要因素。为了支持西部地区中小企业集群化发展，地方政府必须明确及合理化扶持政策的目标，这直接影响着政府政策的措施及内容。

世界很多国家和地区都非常注重支持中小企业集群化成长，都制定了相应的支持政策，而且都明确了其政策目标。世界各国关于中小企业集群化成长的支持政策的目标各不相同，如有的主要是减少市场失灵影响，为中小企业集群化成长提供信息服务、优化相关政策、营造良好环境。有的主要是鼓励创新，将产业集群作为国家创新体系的重要组成部分，如美国

中小企业集群化政策。有的主要目标是提高产业竞争力，促进区域经济发展，如日本中小企业集群化政策目标主要表现为以下方面：第一，保持、提高和维护集群的创新能力，如通过设立产业集群地域的“产官学”合作网络以有效地培养优秀的技术人才、新型创业企业。第二，为集群发展营造和建设一个开放度较高和地位平等的市场。第三，在集群地域创造出更多的就业机会。又如素有“中小企业王国”之称的我国台湾地区，对中小企业集群化成长政策作出了明确规定，如通过各种策略与措施来营造良好的经营环境，包括维护公平合理竞争、协助取得经营要素、畅通资金渠道等；协助企业间相互合作，如推动同业、跨业交流，协助合作组织发展并辅导其自立发展等。

综合美国、英国、意大利、日本、印度等国家的做法，中小企业集群化成长政策的目标概括起来主要表现为以下3个方面：

(1) 解决集群的市场失灵问题。集群的市场失灵问题主要有：集群内部的市场垄断；企业间不正当竞争；资源配置效率低下；集群内部发展环境封闭；集群缺乏目标协同性。政府制定集群政策的目标是有效地解决由于市场失灵阻碍集群发展的问题，确保集群快速健康发展。

(2) 优化集群发展动力机制。Brenner 基于波特钻石模型将集群的成功发展归因于人力资本积累、非正式接触引起的信息流动、公司间相互合作、当地资本市场、公众舆论和当地政策等动力机制，其中，有的属于集群发展的内生动力机制，有的属于外生动力机制，如政府政策，外生动力机制可以更好地激发集群内生动力机制。集群的内生动力被激发，聚集效应将发挥作用，集群将获得发展。因而，中小企业集群化成长的政策目标之一是帮助企业获取和增强集群化成长的动力源泉。

(3) 改善集群的发展环境。政府要通过税收、金融、劳动力市场、竞争等方面的政策制定、调整和完善，大力发展基础设施，规划土地使用，加大高等院校、研究机构和企业协作关系的制度化建设力度，从而为集群发展创造良好环境。

二、国外支持中小企业集群化成长的政策取向

所谓政策取向，是政府支持政策的倾向性或政策理念。西部地区中小企

业集群化成长的支持政策取向，是指西部地方政府在制定中小企业集群化成长政策时，应把握的基本理念、扶持方向和政策的倾向性。政策取向是对西部地区中小企业集群化成长政策目标的进一步细化和具体化，政策取向是实现政策目标的根本保证。

世界发达国家在制定中小企业集群化成长政策时，不仅注重政策目标的制定，而且也非常重视明确中小企业集群化的支持政策取向。

欧盟支持中小企业集群化成长的政策比较注重企业创新和竞争力培养。这在欧盟的多个政策文件中均有体现，如在《欧洲集群备忘录》中就提到集群“是创新和繁荣的关键驱动力，帮助区域建立独特的、专业化的能力，以加强其在全球经济中活跃的和有吸引力的角色”。具体而言，欧洲各国在支持中小企业集群化成长的政策取向方面各有特色。例如，比利时侧重于支持企业间的合作研究与创新，关注集群活力、培训与教育等方面，进而提升了集群中小企业的创新能力和竞争优势。法国发起的“SPL（本地化生产系统）”政策，关注的是集群管理、企业联网与合作，助扶培育和发展了100多个集群。英国较为注重培育企业的创新能力，注重基础设施投资，强调识别、消除中小企业集群化成长的障碍。同时，欧盟各国非常注重明确政府在中小企业集群化成长中的地位与角色，如欧盟委员会企业总司的《专家组对企业集群和网络的最终报告》，就认为政府应充分发挥催化剂、政策框架制定者、信息交流枢纽和资金提供者的作用，推动企业集聚和关系网络的发展，将自己定位于扶助及支撑者而非主导核心力量。

美国支持中小企业集群化成长的政策取向是要充分发挥市场机制作用，其集群化政策主要以环境面的政策为主，注重为促进中小企业集群化发展提供配套、完善的产业基础设施和消费基础设施，从而引导并促进中小企业集群化成长的良性发展。

意大利支持中小企业集群化成长的政策虽然同样以市场导向为主，但和美国的集群化政策有一定的区别。意大利中央政府主要采取供给面的政策，如税收减免政策，鼓励企业开展员工培训活动及积极推行以鼓励创新为核心的政策。意大利地方政府主要实施环境面的政策，大力推进集群地区品牌，开展技术预测研究，提供咨询、信息和指导、建议，从而促进中小企业集群发展。

第二节　国外产业集群政策及其特征

一、欧盟各国产业集群政策及其特征

（一）欧盟各国产业集群政策

许多欧洲国家在制定经济发展政策的时候，非常注重区域集群政策。欧盟专门设立了欧洲区域发展基金（ERDF），以支持集群的创建及发展。欧洲各国根据各自的文化、商业环境和制度框架，制定并实施了各种产业集群政策。

英国实施苏格兰企业网络计划，意大利早在 1991 年和 1994 年通过 317 号和 598 号法令来发展区域产业集群政策，葡萄牙实施联合创新支持计划，以创新和产业集群为核心着重发展创新集群，瑞典的产业集群推出培育计划（Emerging Cluster Program），挪威创立了区域创新系统计划（Regional Innovation System）；此外，德国（REKON Project）、荷兰（National Cluster Policy）、奥地利（Upper Austria）、芬兰（The Centre of Expertise Program）、比利时（Flanders Cluster Policy）、法国（Support Local Productive Systems）、西班牙（Basque Cluster Policy）等国都实施了针对集群的公共政策。欧盟各国集群政策比较如表 6－1 所示[①]。

表 6－1　　欧盟各国集群政策与措施比较

政策类别	国家	政策与措施
创新规划	法国，意大利，挪威，瑞典，葡萄牙，英国，芬兰	技术商业化计划；创新支持计划；产业研究动态计划；集群政策规划；创新文化培养计划
信息失灵	荷兰，瑞典，英国，丹麦，芬兰，奥地利，德国	技术预测研究；战略集群市场研究；特殊网站/专用网址；特别研究小组

① 主要参考：李力，曹雄军，宋姣英．欧盟产业集群政策及其启示［J］．科技管理研究，2008（1）。胡蓓，李小康．欧盟产业集群政策分析及对我国的启示［J］．科技管理研究，2011（9）。郑准，张凡．战略性新兴产业集群国际化的理论阐释与政策构建——以德国 InterClust 集群国际化计划为例［J］．科技与经济，2021（5）。丛德龙，廖嗨烽，高雷．法国葡萄酒产业集群政策支撑体系［J］．中国果树，2022（2）。

续表

政策类别	国家	政策与措施
需求不足	奥地利，荷兰，丹麦，瑞典	公共采购政策
创新系统中参与者互动有限	奥地利，丹麦，芬兰，荷兰，德国，瑞典，比利时，英国	建设性对话平台；促进网络合作；经纪人/网络中介组织
产学研合作	英国，法国，丹麦，芬兰，荷兰，德国	促使企业合作计划；大学技术转移机构；领先技术协会；促进中介机构的发展
知识基础设施与市场需求不匹配	丹麦，瑞典，西班牙，瑞士，比利时，芬兰，德国，荷兰	人力资本开发；技术转移项目；产研联合中心；促进产业与研究机构合作
政府失灵	荷兰，丹麦，英国，意大利	同业政策制定；公共资讯服务；减少政府干预合理化业务

（二）欧盟产业集群政策特点

欧盟各国由于在政治体制、经济基础和文化背景方面存在差异，产业集群发展水平也参差不齐，从而形成了各具优势和特色的产业集群政策。总体来说，欧盟国家所实施的集群政策具有以下特征：

1. 因地制宜地制订具有针对性的集群政策和措施

在欧盟各成员国中，集群的发展政策和组建模式不尽相同，亦没有通用的模式可循。因此，欧盟国家会根据不同类型、不同阶段的产业集群制定有针对性的政策。如英国对于以高新技术为特征的生物技术产业集群，在起步阶段主要通过培育良好的商业环境，来触发集群形成的自发性动力；在成长阶段则专注于网络的创新，保障其制度条件；在遇到瓶颈时期，政府投入大量资金，助其渡过难关。欧盟国家集群政策围绕其产业集群的演进规律而进行政策重心的转移，这都很好体现出集群政策和措施的针对性特征。

2. 市场主导，政府辅助

欧盟国家的集群政策主要立足于市场的主导功能，政府只作为市场运作的助动器或缓和器，着重培育动态的市场功能、改进市场的不完善。欧盟委员会企业总司的《专家组对企业集群和网络的最终报告》认为政府是产业集群发展的催化剂，是政策框架的制定者，是信息交流的枢纽和资金提供者。这些说明政府在推动集群发展中的定位是辅助者而非主导者，市场调节干预不到的地方，政府才发挥其作用。

3. 注重创新和竞争力培养

欧盟各国的产业集群政策都以鼓励创新为核心，如挪威创立了区域创新系统计划（Regional Innovation System），通过发展特色产业中的产学研合作，达到提高区域集群和重点产业创新能力的目的。葡萄牙实施联合创新支持计划，以创新和产业集群为核心，着重发展创新集群。意大利分别设立技术中介机构、科学园区、产业技术中心等机构，由区域内金融机构、区域政府、私人公司和企业家共同管理，主要目的是通过为研发、询问、产业升级、人员培训等方式提供平台来提高中小企业的技术水平以及创新、竞争能力。芬兰和加拿大也重视在产业集群政策制定中的制度创新。

4. 注重扶持跨国合作和中小企业发展

欧盟许多国家都积极支持中小企业和有关机构间的合作，创立了很多合作创新的项目。不仅构造合作平台、建立各种协会、搭建集群网络化平台等，而且还提供合作研发资金支持。如瑞典的产业系统方法、英国区域发展机构和荷兰中介政策，都为其中小企业集群的发展提供了平台。

5. 注重建立完备的政策体系

欧盟的集群政策研究和管理涉及集群和集群政策发展的各个方面，从战略方向设定、专家顾问支持、执行机构设置、资金支持、具体政策及启动项目的设定、执行、管理和评估，到理论研究和调查报告，构建了完善的政策体系，并为集群政策体系提供相应的保障措施。如荷兰政府集群政策的定位之一就是提供“集群监控器”，用以分析各地产业集群发展状况，为产业集群提供较为完备的政策保障体系。意大利对外贸易协会、地区商会体系也十分健全，英国产业集群政策也从组织、金融、税收、创新促进和人才吸引等政策，形成一个完整的框架体系，英国产业集群政策的全面性和整体性也正体现了英国产业集群完备的政策体系。

6. 注重实证分析、强调市场驱动及反馈评估

欧盟不仅重视集群政策启动阶段的战略分析定位和执行阶段的监控，还定期对政策的执行效果进行评估以检视政策得失。如欧盟委员会从目标、行动、影响和教训 4 个维度进行了全面评估。英国工业与贸易发展局（DTI）从网络和伙伴关系（社会资本的发展程度）、创新和研发能力、技能水平以及产出角度构建了集群绩效评估框架，用定量分析的方法对集群绩效进行评估。

二、美国产业集群政策及其特征

（一）美国产业集群政策

美国的产业集群政策类型呈多样化，出台的政策基本都是与产业集群发展密切相关的政策措施，地方政府制定的集群政策比较具体且针对性较强。相对来说，美国的产业集群政策比较完善①（见表6－2）。

表6－2　　　　目前美国政府支持的集群项目和扶持政策

部门	项目	领域	对合作或集群的支持
就业和培训局	对社区进行的岗位培训给予扶持拨款； 劳动力技能提升和创新能力培养		竞争性的拨款推动社区学院与私营部门的合作，使针对于区域产业集群所使用的额外资金起到杠杆作用
经济发展局	进行经济调整和经济援助； 对能促进经济发展的公共岗位给予拨款	战略规划 土地或基础设施	经济发展的规划应该是以产业集群发展为导向的
国际标准和技术研究所	扶持相关的延伸项目	资本援助 技术援助	私营部门推动政府参与
	高级技术教育	研究和开发	企业与高校和科研机构的合作
	财政扶持集群创新项目	研究和开发	推动了政府与集群企业和科研机构之间的沟通合作
	建立公共的科研共享平台	研究和开发	推动了政府与集群企业和科研机构之间的沟通合作

（1）重视特色产业集群发展的政策。美国产业集群政策偏向于围绕核心产业，发展与之相关联的配套关联产业，各州政府主要通过供给面的政策对各个集群的发展提供支持。

（2）鼓励小企业发展的各项政策。美国不但注重大企业发展的政策，也非常支持和重视对中小企业发展的政策，同时，在税收、促进企业网络化和协作等方面也都有相关的政策。

（3）促进创新的政策。美国创新政策在科学研究领域加大投资，促进教

① 刘泉红，刘健．国外中小企业政策比较及对我国的启示［J］．中国中小企业，2017（7）．

育和研究相结合；在技术领域，以提高国际竞争力，促进经济增长为目标，政府和企业共同致力于关键技术的创新。

（4）提供公共服务的政策。如健全咨询服务团队促进信息发展的政策；设立专项投资扶持资金的政策；建立新的网络交流公共平台；扶持网络构建的政策；激活社区就业中介组织、建立相关的技能培训中心、地区熟练劳动力联盟，提升劳动技能，培养特殊劳动力的人力资源政策。

（5）促进区域发展政策。美国政府在区域发展规划中，对地方基础设施等投入较大，为地方产业发展创造了良好条件，并且为产业集聚进一步发展成为产业集群奠定了基础。

（二）美国产业集群政策特点

1. 区域性特征明显

美国产业集群政策具有较突出的地域特征。受集群的参与人、目标规划、类型等各种因素差异的影响，难以制定适合所有集群发展的国家层面政策。美国州政府制定的地方政府层面的集群政策较为具体，且具有一定的针对性，比如，加州经济战略小组专门制定地区经济发展战略，并跟踪研究全州产业集群的发展，提出援助政策的建议。这些州政府制定的比较完善的产业集群政策正是美国产业集群政策的区域性特征的体现。

2. 针对不同集群类型制定其政策

虽然国家层面针对产业集群的政策较少，但针对产业集群的不同类型，政府也出台不同的政策。如圣地亚哥技术创新集群，政府政策重点资助集群创新和研发、吸引较多的风险投资和科研机构在本地落户，能够使圣地亚哥技术创新集群的商业化持久运转；而北卡罗来纳针织品集群，为了提升集群的抗市场风险能力，制定促进网站建设的集群政策，以此来加强供销商和制造商之间的信息互动。

3. 支持服务体系的政策多

美国有斯坦福大学、加州大学伯克利分校、圣克克拉大学及相关研究机构的世界一流的研发服务体系，有风险投资、商业银行等完善的金融服务体系，有律师业、会计师事务所、猎头公司、行业协会（商会）等配套的专业化服务机构，以及健全的劳动力市场和用人机制，这些提供公共政策配套服务体系的政策为美国产业集群的发展起到了重要作用。

4. 功能边界界定明确

美国政府认为市场需求和企业驱动是集群成长的核心动力，也认识到自己在集群发展中发挥其催化剂的作用。因此，为了促进本地集群的发展，美国竞争力委员会在《创新集群——美国竞争力的区域性基础》的报告中，明确界定了联邦、州以及地方政府集群的功能边界，使其各级政府机构发挥各自的优势，对市场、企业、政府分别定位，各司其职，以避免各级政府滥用政策资源和政策的雷同。

三、日本产业集群政策及其特征

（一）日本产业集群政策

2001 年日本政府出台了区别于日本传统政策旨在促进产业区域发展的产业集群新政策，主要包括“产业集群”和“知识集群”两个政府行动计划。行动计划是由日本经济产业省（METI）和日本文部科学省（MEXT）分别制定、推动和颁布的。由于这两个计划的目标、措施有重叠之处，因此 MEXT 与 METI 这两个项目在组织上和工作上都展开了合作，共同构成了日本政府的产业集群政策。

日本经济产业省为了对全国的产业集群的发展提供整体指导，制定了产业集群的中长期发展目标，设立主管机构和专门的集群促进机构和研发平台，制定全国产业集群发展的中长期计划和法律法规，为产业集群的发展提供公共资金支持和产业集群内的企业解决资金瓶颈问题，培育产业集群发展的人才，促进产业集群的形成和发展。日本政府扮演着主导产业发展的角色，这种国家干预的方式促进集群内各主体间紧密合作，推动了日本产业集群的发展进程。所以，科学的发展规划是日本产业集群发展的重要因素。

日本产业集群政策与欧洲国家的产业集群政策相比，体现出以建立官产学交流网络为目标，自上而下制定政策的特征；具有显著的政府干预的特点，政策面广泛，为其提供财政支持和人事支持，形成“产业—学术—政府”的模式，并采用了企业创新与孵化；以区域优势为基础的技术；跨地区网络“三股螺旋”方式的集群战略。

（二）日本产业集群政策特点

1.“自上而下”的政府干预

“自上而下”的思路首先是由政府，通常在与企业和研究机构协商后，确定产业优先的领域、规划目标、参与对话的主体，并率先发起对话过程，然后逐步组建和发展相应的产业或产业集群。日本的产业集群政策主要体现为两个政府行动计划是日本产业集群政策较为典型的特征。而这种典型特征就是政府居于主导地位，带有明显的“自上而下”的政府干预特点。

2. 政策覆盖面广且目标明确

日本经济产业省从2001开始执行“产业集群计划”，在全国共启动了19项集群计划项目。这些项目中，既包括了高技术产业集群，也包括了传统产业集群。与此同时，日本政府分别制定了不同时期产业集群发展的中长期目标，在产业集群启动期（2001—2005年），国家起主导作用，目标是建立起“看得见的网络”；在产业集群发展期（2006—2010年），继续完善网络，同时开始发展特色商业，推动企业管理改革和新企业的创立；产业集群自由成长期（2011—2020年），政府角色由主导变为服务，产业集群活动的独立性增强，产业集群开始实现自由发展。

3. 支持与促进集群的合作

日本已形成了“大学间、政府间、企业间的互动以及分工合作的网络”，具备了“长期产业集群政策的积累”，并且拥有“技术创新等核心力量”以及“促进技术转移与合作的个人及组织”，促进与相关组织合作。促成集群参与者在融资、人力资源开发以及集群活动中，与金融机构、商品流通机构和教育机构的合作关系。

4. 重视促进集群企业创新

日本产业集群政策的初衷就是为了使日本的工业能够继续在日益激烈的国际竞争中占有一席之地，不断提高创新能力，推动全国各区域利用本地资源来积极发展新产业和创办新企业，因此，日本集群政策的主要任务是通过产业、政府、企业环境的“新融合”，加快新企业的创建、创新和发展，促进企业合作，完善管理创新支持体系。

第三节 我国西部地区与东部地区及国外集群政策比较与借鉴

所谓"南橘北枳"，在一个地方被证明是成功的集群政策，如果被机械地照搬到另一个地方，并不能保证其成功。成功的集群政策不能简单地被复制。政府应该尽可能发展制定基于自身区域特点和文化特征的产业集群政策。鉴于我国西部地区中小企业集群还处于"雏形阶段"，相应的集群政策还不太系统和完善，因此，有必要认真分析国内外产业集群政策的优点，有所借鉴，制定适宜的政策措施。

一、西部中小企业集群政策差距和不足：基于与国内外政策的比较

分析我国西部地区特色中小企业集群政策，并与欧美发达国家以及我国东部先进地区的相关政策进行比较，容易发现如下差距和不足：

（一）缺乏协调

日本的产业集群政策基本是由通产省顶层设计，政府对其集群政策进行了全国性的统筹规划，又根据地方的特点，使产业集群政策能够充分发挥各地的现有优势，尽可能缩小国内地区的贫富差距和差异。日本在产业结构转移过程中双管齐下，步调一致，这都体现了日本集群政策的协调性。欧洲和美国的政策也都具备有效的协调一致的特征，使各级政府能够发挥各自的职能优势，共同促进集群成长。

我国西部地区各省、市之间由于各自竞争的地方格局，缺乏区域层面的协调、统一的产业政策，难以形成产业链效应。如陕西榆林红枣产业集群暂无有效运行的行业协会组织，赤峰红山经济开发区内暂时没有非常有效运行的行业协会组织。因此，中小企业集群政策的制定应从宏观层次上进行，在国家统一规划的基础上制定出区域合理分工、互补互促的中小企业行业协会组织，以保证集群政策体系的健全。

（二）缺乏信任机制

从意大利的经验中，基于文化传统的协作与信任也是其成功经验不可分割的一部分。意大利每一个中小企业专业化生产区或中小企业群内，彼此诚实、信任、合作，促进了分工与协作的深化，能通过相互合作与不断地创新使中小企业充满生机和活力，工业区得以不断发展壮大。我国西部地区缺乏完善的行业协会和相关政策，导致信任机制缺失，不利于促进企业之间的合作交流。我国西部地区还没有出台规制企业间合作与履行承诺的相关规则或法规，以约束集群内某些企业的不合作行为，从而导致整个区域缺乏一种诚信与合作的理念和氛围。产业集群之间甚至产业集群内部缺乏基本的信任基础，企业之间不能形成共同的行为原则和长远目标，导致企业之间地过度甚至恶意竞争，已有的信任也越来越淡漠，造成相互之间产生敌意的心态，从而损害整个产业集群的利益。更为突出的是一些地方政府采取了地方保护主义，歧视和限制外来企业和人口，阻碍了信息资源自由有效的流动和配置。

（三）缺乏政府、企业角色定位的规制政策

欧洲和美国都明确政府作为扶助支撑者的角色定位，避免政府对竞争过程进行直接及过度干预；都对政府的作用和行为边界加以明确限定；突出市场和企业的主导作用及政府的扶助支撑定位。我国广东、浙江、江苏三省也都体现出政府引导产业集群发展，日本带有明显的“自上而下”的政府干预特点。相比之下，我国西部地区缺乏政府、企业角色定位的规制政策，政府角色或者“失位”或者“越位”，企业主体地位难以体现。政府的无作为和乱作为，都将体现在不恰当的集群政策上，损害产业集群的发展。如我国西部地方政府在创建行业协会的时候，是通过行政命令来控制，而不是在因势利导、沟通协调中发挥地方政府的指挥作用，没有在协会组织的良性发展为其营造完善的法律法规的政策环境，而是直接干预协会组织的管理和运作。对于西部地区中小企业集群而言，行业协会成了官办机构，许多原本应由民间性的行业协会开展的事务还基本由政府代行，行业协会的作用无从发挥。

（四）缺少监管政策

近年来，珠三角、长三角两地在重视改善基础设施环境的同时，都把着

力点放在改善政策环境和市场环境上。公开的资料显示，我国西部地区只有陕西、西藏、重庆、内蒙古出台相关的监管、规制政策，我国西部地区尚属欠发达地区，竞争环境较差，缺乏市场监管、规制恶意竞争和垄断行为的政策措施，不利于形成公平有序竞争的良好市场环境，政府部门行为更需要规范和约束。如在促进宁夏农畜产品中小企业集群发展政策中，政府虽然采取措施进一步提高产业发展的整体质量和效益，增强产业发展的市场竞争力，但是力度不足，设立的专门的产品质量检测机构不多，农产品质量安全追溯、农残检测设施建设不够，制约着农产品质量安全水平的提高。

（五）缺乏重视创新和配套服务体系的政策

日本集群政策的主要任务是促进企业创新环境的发展，通过产业、政府、企业环境的“新融合”，加快新企业的创建、创新和发展，促进企业合作，完善管理创新支持体系。欧盟产业集群政策注重创新和竞争力的培养，美国也多侧重于提供公共政策服务。我国江苏省出台完善各种配套设施、服务体系和技术创新政策，提高政府办事效率，广东省也多出台促进技术创新、劳动密集型企业的产业转移及升级、配套服务各项政策。相比而言，我国西部地区缺乏完善的知识产权保护体系，挫伤企业自主创新积极性。我国西部地区特色产业中小企业集群或工业园区内，政府出资建设的公共研发机构比较少，难以集聚创新要素，大型科学仪器、科技信息网络、科技文献、自然科技资源、科学数据五大科技资源平台建设与共享机制也较为缺乏。如甘肃安定区马铃薯技术创新不足，还需要出台鼓励企业和社会机构探索研发适合本地气候、土壤、水肥条件的政策才能扩大良种种植面积提高良种占有率。

（六）缺乏评价指标体系

欧盟国家都比较注重实证分析、强调市场驱动及反馈评估，美国对集群政策也进行监督评估并根据相关反馈和集群内产业动态来适时调整政策运作模式。相比起来，我国西部地区的产业集群由于缺少关于产业集群的分布情况与传统产业的比较优势、与经济增长的关系、与结构调整的关系等涉及产业集群发展与宏观经济发展的数量指标缺失权威部门科学的统计工作，也没有为了集群竞争力的可持续发展而针对特定的产业集群制定一系列具有说服力的模型设计与数量统计的科学指标体系，各地盲目跟风、不切实际地发展产业集群政策就难以有效地加以规制和避免。因此，我国西部地区要进一步研究产业集群发展的评价指标体系，尽量避免跟风冒进。

（七）缺少专门针对中小企业集群的政策

我国东部发达地区相应的出台一些针对中小企业集群的政策，而从收集整理的资料来看，我国西部欠发达地区专门针对中小企业集群的政策较少，尤其是公开资料关于中小企业集群政策的信息更少。如新疆因其特有的兵地分割的行政管理体制，多种中小企业经济类型，多个管理职能部门，这类多头管理、政出多门、政企不分的现象最终导致了对企业扶持力量的分散，缺乏一个总体的综合管理机构，从而严重影响了中小企业的资产重组和专业化协作体系的形成。

通过以上比较，我国西部地区的产业集群政策，从局部来看虽不乏特色和亮点，但总体而言，还缺乏协调性和统一性，难以形成完善的特色产业集群政策体系。

二、国内外集群政策目标与政策取向借鉴

（一）支持西部地区中小企业集群化成长的政策目标借鉴

通过借鉴国内外支持中小企业集群化成长的政策目标，可以制定出我国西部地区支持中小企业集群化成长的政策目标，即通过地方政府制定的一系列政策措施，解决集群市场失灵问题，为中小企业的集群化成长提供有利的条件和环境，消除不利于中小企业集群化成长的障碍和困难。换句话说，西部地区中小企业集群化成长的支持政策目标要注重生态文明建设为中小企业集群化成长提供优质的公共服务、维护集聚市场的公平秩序、创造良好的发展环境。

根据第四章的研究结论，我国西部地区中小企业集群化成长的支持政策目标，是帮扶中小企业不断提高其集群化成长必需的集聚能力、合作能力和竞争能力、开放能力及创新能力，帮助中小企业获得和增强其集群化成长的原动力、推动力和提升力，消除中小企业集群化成长的阻力因素，帮助中小企业不断提高竞争力和实力。

（二）支持西部地区中小企业集群化成长政策总取向借鉴

通过借鉴国内外中小企业集群化成长政策取向的成功经验，西部地区中小企业集群化政策取向总体上可以表述为：为了给中小企业集群化成长营造良好的外部环境，帮助中小企业提高其集群化成长的集聚能力、竞合能力、开放能力和创新能力，西部地区中小企业集群化政策要围绕产业集聚、专业分工协作、创新驱动与服务支撑等方面，重点建设集群基础设施，完善公共服务体系，加强企业技术创新，提高企业间配套协作水平等，加快引进、培育一批生产专业化、经营精细化、产品特色化的“小巨人”和“专精特新”中小企业以及具有行业示范和带动作用的大型企业和龙头企业，全面助扶中小企业增强综合竞争力。具体内容如下：

1. 要注重基础设施和公共服务平台建设

根据西部地区中小企业集群化成长仍处于“雏形阶段”的现实情况，集群或园区内的基础设施和公共服务平台建设直接影响着中小企业集群化成长的速度与质量，因此对于西部地方政府政策来说，应该关注集群或园区基础设施和公共服务平台的建设与完善，加大扶持力度，夯实中小企业集群化成长的基础。

2. 要注重培育壮大产业链和支持企业间专业化协作配套

中小企业集群是指在地理位置邻近的条件下，众多企业与其他机构在交易关系和人际关系的共同作用下所形成的中间性组织。因而，中小企业化集群成长的本质，是群中企业与其他组织间所形成的一种互依、互赖和互动的相生关系。针对西部地区中小企业集群化发展过程中的企业间关联度不高的问题，西部地方政府在制定中小企业集群化成长政策时，要注重引导、鼓励和扶持集群内组织网络的构建，使企业间形成紧密的专业化协作配套关系，要积极引进和培育关联性大、带动性强的企业，发挥其产业龙头的作用，带动产业集聚和延长产业链，克服“集而不群”“集而不聚”的现象。

3. 要注重引导企业技术创新和创新平台建设

技术创新是西部地区中小企业集群化发展的关键因素。因而，政府政策扶持的侧重点应要鼓励、引导和扶持中小企业的技术创新。同时，中小企业集群的本质体现在网络化合作创新模式，群内中小企业应与供应商、客户、同行企业、科研院所相互合作以实现协同创新。因而，西部地方政府在制定中小企业集群化成长政策时，应鼓励和大力扶持、促进中小企业通过合作的方式提升自身的创新能力。由于中小企业存在着先天的创新能力不足的问题，政府应该加大公共创新平台建设的扶持力度。

4. 要注重区域品牌培育

区域品牌是中小企业集群化成长的重要保证。因此，西部地区中小企业集群化成长的支持政策，应从扶持单个企业转变为扶持区域品牌培育和宣传，这样更有利于中小企业的集群化成长。

5. 要注重生态文明建设

环境保护是保证中小企业集群化成长的前提。因此，在制定中小企业集群化成长政策时，西部地方政府应基于发展循环经济和生态型产业，确立有助于节能降耗和环保的政策取向，鼓励企业形成保护环境的意识和行为。

第七章

支持西部地区中小企业集群化成长的政策体系框架构建

西部特色资源产业中小企业集群化成长与发展受制于关键因素的影响，诸如企业集聚、企业间协作与配套、自然资源禀赋构成的原动力因素；生产要素构成的推动力因素；创新和学习环境、知识或技术外溢、社会化服务体系等构成的提升力因素都会影响中小企业集群化发展的绩效，也会对集群的集聚能力、竞合能力、开放能力和创新能力产生一定的促进作用，而同时市场垄断和企业恶性竞争构成的阻力因素又会对集群的发展产生一定制约，影响到集群绩效。支持西部地区中小企业集群化成长的政策体系构建就是要通过政策制定，作用于关键因素，促进中小企业集群化成长的绩效，提升其集聚能力、竞合能力、开放能力和创新能力，进而推动其快速合理发展。

第一节　支持中小企业集群化成长政策体系构建的必要性及其影响因素

中小企业和中小企业集群的发展是相互促进的，正如前文所述，支持中小企业集群政策的目的是促进中小企业集群的成长，从而促进中小企业成长。中小企业集群的成长是一些关键影响因素作用的结果，政府支持政策若能够对这些关键因素起到应有的作用，那么支持中小企业产业集群政策的目的就达到了。基于此推理，本研究建立并验证了中小企业产业集群政策的作用机理 P－F－E 模型（见第二章内容）。该模型认为由扶持政策、促进政策和规制政策构成的集群政策集合，通过作用于中小企业成长关键因素的原动力、提升力、推动力和阻力，对中小企业集群的绩效（表现为集聚能力、竞合能力、创新能力和开放能力）产生一定的作用。因此，支持西部地区的中小企业集群化成长政策就理所当然成为非常重要的自变量因素，而作为推动中小企业集群化成长的重要因素，政策就不应该以零散、僵化的形式出现，应该是作为能对中小企业集群化成长切实起到促进功能的、有一定内部秩序和相互联系的体系出现，因此构建支持西部地区的中小企业集群化成长的政策体系就成为非常重要的环节。

一、支持中小企业集群化成长的政策体系构建的必要性

目前国内有关中小企业集群政策体系构建主要是从政策扶持类型上进行探讨，多数研究认为扶持政策体系主要是由金融、培训、财税、人力资源、公共服务等部分组成，本研究主要是从推动中小企业集群化发展的政策的功能和作用机理，对于支持西部地区中小企业集群化成长的政策体系构建进行研究。

体系是指若干有关事物或某些意识相互联系的系统构成的一个有特定功能的有机整体，泛指一定范围内或者同类事物按照一定的秩序和内部联系方式组合而成的整体。政策是国家机关、政党及其他特定的政治团体在特定时期为实现一定的社会政治、经济和文化目标所采取的政治行为或规定的行为准则，它是一系列谋略、法令、措施、办法、条例等的总称。政策体系则是指为了实现一定的目标，有关机构在特定时期制定的一系列有特定功能、相互联系的法律、法令、措施、办法、条例的有机集合。支持西部特色产业中小企业集群化发展的政策体系指西部地区各级政府和有关部门在与相关各方充分交流的基础上，为了促进西部特色产业中小企业集群化发展，依法做出的有关扶持政策、促进政策和规制政策的规范性安排，在政策目标指导下，构成有相互联系和一定秩序的系统化的政策集合。由此可见，政策体系也就不再是所有政策的简单累加，不再是单一、零散政策的集合。相互联系的政策之间，其有机联系和一定秩序也就成为政策体系构建的核心要素来源。

（一）政策体系构建是促进中小企业集群化成长的必要条件

中小企业产业集群对于地区经济发展有重大作用，在由自然资源禀赋、

地理因素和市场机制自发形成中小企业集群后，处于“雏形阶段”的中小企业集群在进一步发展壮大的过程中遇到了各种各样的障碍，为了促进中小企业集群进一步的发展壮大，需要政府根据地区经济发展规划和中小企业集群的需求，提供政策供给，满足集群中的中小企业对于政策以及其他各项环境的需求，确保能进一步发展而不是衰退和消失。

支持产业集群化发展的政策体系应该是以政府机构为主体，为了达到一定的经济运行目标，进行的全局性规划、协调、服务和监管等功能的各种方式方法的总称。政策体系构建的主体是各级政府，政府是产业和集群发展环境的创造与维护的主要力量。

产业集群在“雏形期”的发展，不仅需要改善一般的商业环境，必要时还要改变影响集群企业和产业发展的政府政策。在波特的六大互动要素互动形成的钻石体系中，即生产要素状况、市场需求状况、相关与辅助产业发展水平以及企业战略、结构和同业竞争力、基于因素、政府作用互动形成钻石体系，政府有非常多的方法调整与影响产业集群的要素条件、需求条件、企业战略、支持性产业及其他机构，制定支持政策就是其中一种。产业集群的升级和发展不是单纯由产业集群本身决定的，是企业、科研机构、中介组织和政府多个主体互动的结果。政府具有调动、协调集群内几乎所有主体的能力，所以协调各主体互动的最重要角色是政府，同时还是创造良好软硬件环境的关键力量。尤其是在西部特色产业中小企业集群处于“雏形期”的阶段，政府政策在产业集群发展中将很长时间扮演十分重要的角色。

（二）政策体系构建是解决中小企业集群化成长过程中现有政策出现问题的必要途径

根据第五章研究结论，发现不管是扶持政策、促进政策还是规制政策都不同程度存在着政策缺位、政策错位和政策不到位现象，严重影响了中小企业集群集聚能力、竞合能力、开放能力和创新能力的提升，阻碍了中小企业集群走出“雏形期”的快速发展。造成政策缺失的主要原因就是政策的体系性不强，政策比较零散，不够系统，集群政策的执行力不够，从根本上改变或扭转这些原因的只有构建系统科学的政策体系，而且需要进一步明确政府在促进产业集群化发展中的不可替代的重要作用。

至今为止我国还没有真正形成系统的具有中国特色的扶持中小企业集群化成长的政策体系，相关法律条文大部分也缺乏实施细则，我国的中小企业及其集群的行政管理机构还不健全，扶持政策还远远没有形成系统化的框架，不利于我国中小企业集群化成长。要对政府扶持中小企业发展的方式、方法、政策进行系统整体的研究，对构建我国现阶段政府扶持中小企业的政策扶持体系，有着十分重要的现实意义和研究价值。目前，政策体系的构建弥补我国政府支持中小企业集群化成长并没有一个全面完整的架构，无论是在理论上还是在实践上，政策的制定或体系的构建往往局限于财税、金融等具体领域。

学者们的研究结果和产业集群发展过程均表明，为了促进产业集群的发展，政府作用应该形成一系列科学完整的扶持政策体系。在所有产业集群发展支持政策体系中，在相互关联、相互促进的产业引导、资源要素、市场监管、公共服务等方面，政府政策的作用尤为重要。产业引导政策主要包括产业布局（园区、开发区建设）、技术创新和扶持中小企业的发展，资源要素主要包括基础设施建设和生产要素提供等，市场监管主要包括营造诚信、法制、有序竞争环境等，公共服务包括政府软环境和鼓励中介服务业发展等。

二、支持中小企业集群化成长的政策体系构建的影响因素

为了更好地构建适应中小企业集群发展的中小企业集群化成长政策体系，必须把握产业集群尤其是中小企业集群的特征，同时也需要了解支持集群化成长的政策特点和集群政策的制定动机。

（一）中小企业产业集群特征

1. 产业集群的一般特征

有关产业集群的基本特征，最早来自马歇尔对产业区的认识。马歇尔认为产业区具有6个特征：（1）与当地社区同源的价值观念系统和协同创新的环境；（2）生产垂直联系的企业群；（3）最优的人力资源配置；（4）产业区理想的市场：不完全竞争市场；（5）竞争与协作并存；（6）富有特色的本地信用系统。

Rabellotti认为集群具有4个主要特征（Rabellotti R.，1997）：（1）主要由中小企业构成，并在空间上集聚，产业上具有专业化特征；（2）各个关联

的经济参与者具有浓厚的、趋同的文化和社会背景，由此产生了共同的、能被普遍接受的行为准则，虽然它们之间有的清晰可见，有的比较隐含，但是都发挥着一定的作用；（3）基于市场交换或非市场行为，能促进商品、服务、信息和人员等生产要素流动，产生强烈的后向、前向、水平和劳动力联系；（4）本地公共和私营机构网络对集群内部经济实体的行为起支撑作用。

对于产业集群的特征需要把握以下4个方面：（1）地理集中的特征。（2）专业化特征。集群内单个企业的生产总是集中于有限的产品和过程，形成专业化的特点，专业化的分工是与生产的技术可分性以及垂直分离的生产组织方式相关的。（3）企业网络。产业集群内的企业频繁地进行贸易性或非贸易性的交易、交流、互动、合作，共同促进地区的发展和企业的持续创新。（4）企业的根植性。根植性的概念来源于经济社会学，是指经济行为深深嵌入社会关系中①②。

2. 中小企业产业集群的特征

从以上一般产业集群的特征分析，中小企业产业集群首先也具备这些特征，其独特之处在于集群的构成是以中小企业为主的。因此，中小企业的特征会给中小企业产业集群打上烙印，即中小企业产业集群特征从根本上说是由中小企业特征决定的。

中小企业发展的先天不足表现为企业规模小、规模效益差、市场势力弱、融资渠道少、人才储备不足、创新能力差、缺少信用担保、低水平重复与无序竞争现象突出、无序发展、环境污染严重、信息资源欠缺等。但是，中小企业又具有明显的优势③：第一，管理者能迅速掌握信息、做出决策，比大企业更具敏捷灵活性，因而具有调头快转向灵活适应市场能力强的特点；第二，中小企业专业化程度高，经营更专一；第三，服务能力有限，但是管理效率高，执行力强。

中小企业的这些特征一定程度地影响到产业集群，使中小企业产业集群与大企业集群比，呈现出以下特征：（1）聚集特征。集群企业由众多中小企业构成或者围绕几个大企业由众多与之配套的中小企业企业构成，这些企业比

① 王缉慈等. 创新的空间——企业集群与区域发展［M］. 北京：北京大学出版社，2001.

② 李胜连，杨兆廷. 产业集群类别再划分、特征、治理启示与判定方法［J］. 商业经济研究，2020（9）.

③ 蔡迪武. 基于内生能力的我国中小企业竞争优势构建［J］. 管理观察，2009（16）.

较灵活，集群成员的稳定性、成员之间关系稳定性较差。(2) 经营特征。中小企业产业集群内产业专业化程度更高，单个企业的生产规模小，同质化可能比较大，成本较低；服务能力有限，但是沟通与服务效率高。(3) 交易特征。集群网络中的中小企业之间以正式或非正式的关系不一定稳定，甚至出现恶性竞争；虽然交易频繁，但是交易的主体往往易发生变动，信用面临考验。

(二) 支持中小企业产业集群的政策类别的特征

支持中小企业产业集群的政策与支持大企业集群的政策相比较要求更高，重要表现在：(1) 扶持政策。由于中小企业的实力比较弱，需要更完善基础设施建设、需要更好的生产要素配置，在资金、人力、自然资源方面有更多的支持。中小企业还一般不设立人力资源管理部门，无条件进行人力资源培训，所以更需要帮助开展员工培训。(2) 促进政策。由于中小企业规模小，自身经营资源有限，管理水平比较低，技术研发能力差，人员素质不高，信息化程度地，需要配套服务多。对行业协会、公共研发机构、产学研结合、专业咨询、融资服务的依赖性更强。对各类服务及其体系的完善程度要求更高。(3) 规制政策。由于中小企业集群的稳定性比较差，竞争激烈，甚至出现恶性竞争，需要更强的市场监管，规制恶意竞争；建立质量监管制度与体系、完善知识产权保护体系等对提高中小企业产品与服务质量、规范经营、规范企业之间的合作非常重要。

(三) 中小企业产业集群政策动机

1. 获取集体效率

Schmitz (1995, 1999) 曾将由于产业集中而产生的效应称为产业集群的集体效率 (Collective Efficiency)，并将其概括成两大方面外部经济与联合行动 (合作)。源于外部经济性的竞争优势称为被动性的集体效率，源于合作行动的竞争优势称为主动性的集体效率，前者是无意识的结果，而后者是生产者们有意识的行动[①]。集群有助于中小企业克服其主要弱点是孤立和分散，

---

① Schmitz H. Collective Efficiency and Increasing Returns J. Camb. J. Econ., 1999, 23 (4): 465－483. Schmitz H. Collective Efficiency: Growth Path for Small－scale Industry J. Journal of Development Studies, 1995, 31 (4): 529－566.

而且通过企业之间的联系获得的规模经济和范围经济可以提升中小企业的竞争力。由于联合行动的主动性，企业之间的联合行动应该成为产业集群培育过程中关注的焦点内容。产业集群集体效应主要体现在产业集群的生产配套能力与多边学习与互动中。由于中小企业承担经营风险的能力薄弱，集体效率还可以使集群中的中小企业企业更好地应付外界市场环境的变化[①][②]。因此，获取集体效率是中小企业产业集群政策一个重要动机。

当经营同一行业的企业在特定的区域集聚后，往往能自动地产生积极的外部经济效应，例如知识的溢出效应、劳动力的专业化、中间投入的专门化、共用基础设施、促进企业间的竞争、信息更加集中从而吸引消费者和更多的厂商加入、对后进企业的积极影响等，这都能够大大降低企业的生产成本。地方政府的政策作用主要是投资“公共产品”领域，促进企业间的合作与交流以促进被动的集体效率。

陈昌笋认为主动的集体效率在发达国家的企业集群中往往是企业间自发形成的，而在发展中国家“网络经纪人”等公共机构的介入也成功地促进了企业间分工与合作关系的发展。因此，促进企业集群成长的一项重要的干预措施，就是由地方政府促进企业间的横向合作以及纵向分工的形成和发展。因此，需要地方政府来承担“网络中介人”的职能，培育企业间建立合作与交流以诱发主动的集体效率。

2. 降低中小企业的运行成本

政府可以制定政策，以改善集群企业或者园区的基础设施为出发点，发挥公共产品的规模经济优势，达到公共设施和服务平均使用成本的最低化。政府政策在促进信息化方面发挥作用，中小企业就可以充分运用产业集群中的信息集聚效应，如市场信息、资金信息、政策信息、人才信息、企业信誉方面的信息等，减少集群内信息的搜寻成本。扶持或者引进配套企业，有利于降低企业之间配套产品的采购、运输和库存费用以及人才招聘成本。

---

① 龙开元. 产业集群集体效率及其指标体系：基于企业视角的实证研究［J］. 中国科技论坛，2010（7）.

② 孙剑，李飞飞. 建筑产业集群竞争力评价指标体系构建［J］. 统计与决策，2017（11）.

3. 增强中小企业的经营能力

中小企业存在的一些不足是难以通过自身的努力独立改变的，如融资难、人才招聘难、抗风险能力小等。这就需要中小企业集群政策立足于“弥补”中小企业的不足，集群支持政策直接改善中小企业经营条件，或者通过第三方支持改善中小企业经营条件。

4. 建立区域品牌优势

政府可以制定区域品牌发展政策，建立优势特色产业品牌优势。集群内中小企业可以利用“区位品牌”从事商务，降低企业的营销费用，营造市场优势。企业通过集聚，集中广告宣传的效果，利用群体效应，形成“区位品牌”。单个企业没有集聚时，尽管企业规模大，但是单独发布广告也会花费巨大的费用，小企业根本就没有实力发布广告，但是企业集聚后，就可以实现广告效应的规模经济，每个企业都会受益。因此“区位品牌”与单个企业品牌相比，更具有广泛的、持续的品牌效应。

5. 增强中小企业的创新能力

在集群内部，企业通过地理接近和业务间的紧密联系，能够加速知识和技术的创新和扩散，对区域主导性产业创新发挥积极作用。政府部门对集群创新的作用，旨在：（1）制定能够引导产业集群发展的法律法规、劳动力供给、金融财政、产权保护等一系列政策，通过改善基础设施改造企业发展和创新的硬件环境，营造能够适合创新主体发展的氛围和软环境。（2）依托研究机构如大学、研究所等，在政府优惠政策和资金的扶持下，建立产学研平台，快速将知识和技术信息转化为生产力。（3）在政府优惠政策和资金的扶持下，中小企业集群服务中介机构提高服务能力，促进创新企业的发展；行业协会联系企业技术、管理人员，举行各种正式和非正式的活动，加强知识和技术间的交流、扩散。

6. 规范中小企业经营行为

由于中小企业集群的稳定性比较差，竞争激烈，甚至出现恶性竞争，需要更强的市场监管，规制恶意竞争；建立质量监管制度与体系、完善知识产权保护体系等对提高中小企业产品与服务质量、规范经营、规范企业之间的合作非常重要。

第二节　支持中小企业集群化发展的政策体系框架及内容

一、支持中小企业集群化成长的政策体系构建的核心要素

中小企业政策支持体系是政府为了促进中小企业的发展，专门制定的系统配套的公共政策和管理体制，它一般由融资政策支持体系、法律支持体系、行政管理支持体系、财政政策支持体系、创新支持体系等内容组成。本研究的政策体系的核心要素不仅是从政策内容上界定，如融资政策、人力资源政策、培训政策、公共服务政策，而且从推动中小企业集群化发展的政策的系统性和整体功能的视角，对于支持的政策体系的作用层次进行深入剖析，提炼支持政策体系的核心要素。支持中小企业集群化发展的政策体系中首先要有系统和明确的政策目标，根据系统的目标确定政策的重点支持取向，然后根据目标和取向确定具体的政策类别，最后制定政策措施进行政策的实施和落实保障，因此，政策目标、政策取向、政策类别、政策措施以及政策保障就构成支持政策体系的核心要素。

（一）支持中小企业集群化成长的政策目标

支持中小企业集群化成长的政策体系中，总会有明确的政策目标，以指导具体政策措施的制定和实施工作。政策目标一定是以推动中小企业集群和中小企业发展为最终目的，是政策制定者对政策实施效果的预期。我国地方经济部门和学术界的大量报道和分析显示，制定并实施地方集群政策，正在成为我国各省、市政府一个非常显著的施政热点。突出的表现在：一是地方产业集群政策的出台规格不断提高；二是集群政策出台频率不断加快；三是集群政策的影响不断加强。政策体系中的政策目标与国家发展、地区发展以及产业发展目标应该是一致的。

传统的产业政策比较关注国民经济中重要部门和企业，集群政策关注的则不仅是产业，而是集群所包括的各种价值链，它的作用方式也与传统产业政策“自上而下”的强迫执行不一样，而是“由下而上”的主动接受。集群

政策是地方政府为了促进集群发展而制订的众多政策措施的总和或集合体。为了集群的发展，它可以包括财政、金融、法律甚至行政等手段。它的规定包括了为了集群可持续发展的许多方面，是一个复杂的、多层次、多方面的政策体系。此外，还应注意到产业集群政策与财政政策、货币政策的异同点，通过与其他政府各项经济政策的辨析，可以更好地加深对产业集群政策概念的理解。

（二）支持中小企业集群化成长的政策取向

取向是选择确定事物的某个部分、方面或者方向。支持中小企业集群化成长的政策取向应该是顺应形势，结合目前中小企业集群化发展过程中比较薄弱环节，根据政策目标确定的主要扶持方向。着眼于解决那些重大问题，需要的是政策目标的简单细化和分解。一般而言，集群政策是国家或地区产业政策、科技政策和区域发展政策的综合和延伸，其作用是保持和促进集群的健康发展，并发挥集群对繁荣当地经济的牵动效应，政策取向则是对落实政策目标的具体化，将政策目标与集群化发展的实践相结合，加强政策针对性。

（三）支持中小企业集群化成长的政策类别

不同的政策类别取决于集群政策的基本作用差异，根据前文研究结论和上文提到的支持中小企业政策集群的影响因素，应该包括三种政策类型：一是提供集群成长的初级条件与动力，也即解决集群成长的推动力问题，这类政策以政府直接扶持产业集群为特征，可以称为扶持政策；二是针对影响产业集群成长的系统因素，特别是完善相关服务体系及水平服务的提高，这类政策以驱动集群服务体系提升服务能力和引导中小企业集群化成长为特征，可以称为促进政策；三是解决市场失灵时产生的问题，也即解决产业集群成长的阻碍力的问题，此类问题集群已无法仅仅依靠自身而得到解决，就需要政府的及时强势介入，这类政策以政府的规制为中心，可以称为规制政策。这三类政策中，有的是政府直接支持集群内的企业，有的是支持服务于集群的各类主体。

（四）支持中小企业集群化成长的政策措施

政策措施是政策目标和政策取向指导下的若干具体专项或者综合政策的

集合。产业集群政策的特点主要表现在集群政策的关注对象不是个别企业、个别产业，而是将企业和产业作为一个系统予以考虑，针对的是系统和环境；另外支持中小企业集群化成长的政策措施意味着对大企业依赖的降低和对地方中小企业关注的增加。具体集群政策措施在不同类别下体现了不同的作用和重点，更加重视本地区具有优势或者具有潜在优势的产业部门。每一类具体政策措施都结合不同取向的关键成长因素，发挥着促进中小企业集群快速成长的作用，因此政策措施应该具有可操作性和针对性。

（五）支持中小企业集群化成长的政策保障

政策保障落实政策措施的根本，保证前述的各项政策措施能落到实处，而且利用各种办法对政策措施的执行过程进行协调，并且监督政策的具体执行情况和作用功能的发挥结果，通过一些奖惩手段保障政策的实施，避免“虽然有政策，但是相关机构不作为、少作为和选择性作为”的现象。所以，政策保障实际上就是“执行政策的政策”，服务于政策措施。由于不同规模，不同类型的企业、机构和实体，在同一地理位置上的集中，不可避免地会出现各种摩擦。由此，政府要积极协调中小企业集群中相关利益群体的关系，构造良好的产业合作关系，通过一系列的政策保障充当协调者、仲裁者、监督者的角色。另外政策保障需要确保政策体系的系统性、完整性、长期性、可执行性，多角度保证政府不再单纯为了追求政绩，而忽略了中小企业集群化成长的长远目标。

二、支持中小企业集群化发展的政策体系框架构建

中小企业集群化发展过程中出现的问题较多，尤其是政府政策供给与企业对政策需求不能有效对接，造成中小企业集群出现政策缺位、越位、不到位的现象，严重影响了中小企业集群化发展的速度。集群化成长过程中诸多问题的出现需要构建系统的政策体系而不是单纯依赖单一零散的政策来解决。

从世界范围来看，大部分发达国家对中小企业扶持政策都已形成了一个比较系统的政策体系，形成了中央政府、地方政府、民间组织和社会团体有机结合的政策网络组织结构；形成了财政金融、税收、人力资源、政府采购、行政指导等多种政策工具的政策手段与内容，对中小企业进行方方面面的系

统扶持。确保政策制定的针对性这是优化政府政策的关键所在。它可以帮助政策制定者厘清企业在生命周期的不同阶段的不同需求，可以针对企业在不同阶段面临的最主要问题出台政策措施，只有政府诊断和“用药对症”，企业的问题才能得到准确的医治，政府政策对中小企业的支持作用也才会得到发挥。政府官员因此要了解企业发展的不同阶段，依据中小企业不同时期对实际政策的不同需求，进一步完善政府政策支持体系。

以往的政策存在被动性和滞后性的问题，往往是出了问题之后利用出台政策进行弥补，缺乏系统的政策目标；以往的政策往往利用政府的高强制性，有些政策会产生与市场的对抗和不一致的特点；以往的政策执行性较差，没有政策监管机制的保障，造成有政策但是流于形式，该享受的没享受，该制约的没被制约。这些问题的出现往往是因为政策的不成体系，系统性不强导致。政策体系的目标构建要以政策需求研究为基础，在问题出现之前进行预测和研判，以政策来预防将出现的问题，来解决已出现的问题。

支持中小企业集群化成长的政策体系构建是在前文核心要素提取的基础上，按照层层分解的方式，以政策目标为导向、政策取向为重点，确定对应于取向的政策类别和结合集群实际的政策措施，并同时辅以切实可行的政策保障，利用一系列相互联系相互制约的系统化政策，引导、促进中小企业集群化的发展。一般化的政策体系构建如图7－1所示。

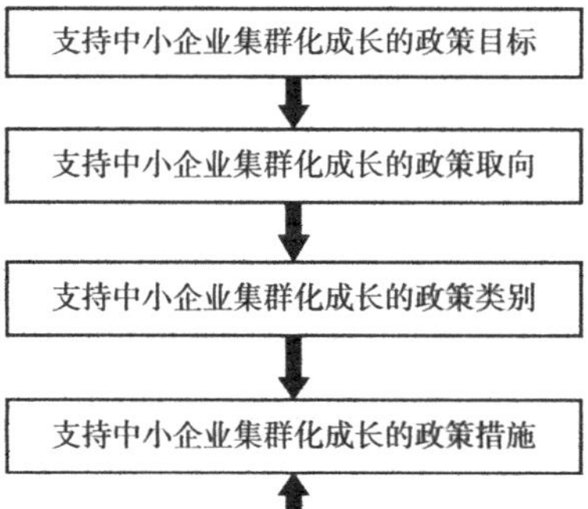

图7－1　支持中小企业集群化成长的政策体系简图

政策体系构建中政策措施是中小企业政策需求和政府政策供给的集中体现，体系中的政策措施不是孤立存在的，而是为了完成政策类别中某个具体的政策作用，以实现总体的政策目标而制定的措施和政策，同时需要比较完善的政策保障进行支撑，创造良好的政策环境，以及执行政策的一些措施。因此在体系中发挥关键作用的最容易被评价和被诟病的就是具体的政策措施内容。政策措施同时也是中小企业了解政策意图的层面，是最能直接反映政策目标和政策取向的部分，所以政策措施的制定不能造成理解的分歧，必须保证企业能从同样的角度理解政策的内涵，是政策需求方和政策供给方直接联系的关键点，也是政策保障监督的重要内容和参照系。

三、支持西部地区中小企业集群化成长的政策体系具体内容

在第二章中所介绍的P－F－E模型（见图2－2）进一步表明，支持中小企业集群化发展政策体系的构建会受到三大因素的影响，包括产业集群政策、中小企业集群特征、支持中小企业集群的政策动机。目前中小企业集群化成长的支持政策呈现零散、不连续、缺失状态，而且没有厘清西部特色中小企业集群的“雏形期”特征，更没有系统科学研究中小企业集群对于政策的需求，因此政策制定动机和目标的确定比较盲目和短视。因此需要加大力度进行环境的营造，构建系统科学的政策体系，使西部特色中小企业支持政策体系一方面直接发挥作用，另一方面通过中小企业服务体系间接发挥作用。所以构建政策体系中，培育产业集群和维持竞争优势的政策目标是导向。

西部中小企业集群化成长的绩效主要表现为集聚能力、竞合能力、开放能力和创新能力的提升，这四种能力有别于大中企业集群和非“雏形期”的中小企业集群，针对四种不同绩效能力提升的方向就形成了政策体系构建中的政策取向，它是指向四种能力的政策目标的具体分解。明确了政策目标，并对目标进行分解确定政策取向，就要区别要制定哪种具体的政策类别进行具体的支持，如扶持政策、促进政策和规制政策。针对不同类别的政策，结合影响中小企业集群化发展的关键因素，即前文研究显示的原动力、推动力、提升力和阻力因素，制定对应的政策措施，更有针对性地进行政策扶持，帮助中小企业集群及早走出“雏形期”，实现快速发展。有了具体的支持政策措施，还需要有力的政策保障和营造良好的政策制定和实施的氛围，保证支持政策和企业之间进行有效对接，否则政策就是镜中月水中花，无法实现政策体系构建的初衷。

结合前文的文献梳理与实际调研结果，发现支持西部地区的中小企业集群化发展政策体系构建是在良好有效的环境支持下，以中小企业集群的政策需求为出发点、以政策目标为依据、重点政策取向为导引、设置相互关联的能够系统地促进中小企业集群化发展的一系列具体政策，并同时提供保障措施，保证政策效果的过程。各项政策之间相互关联、相互促进、相互补充，做到资源要素优化配置、产业科学引导、市场监管、公共服务支持，以核心要素为基础，构建科学合理的支持西部地区政策体系。

根据支持中小企业产业集群化成长的政策机理研究和支持西部特色中小企业产业集群的政策配置的研究结论，本章对于支持西部特色中小企业产业集群化成长的政策体系分层构建如图 7－2 所示。

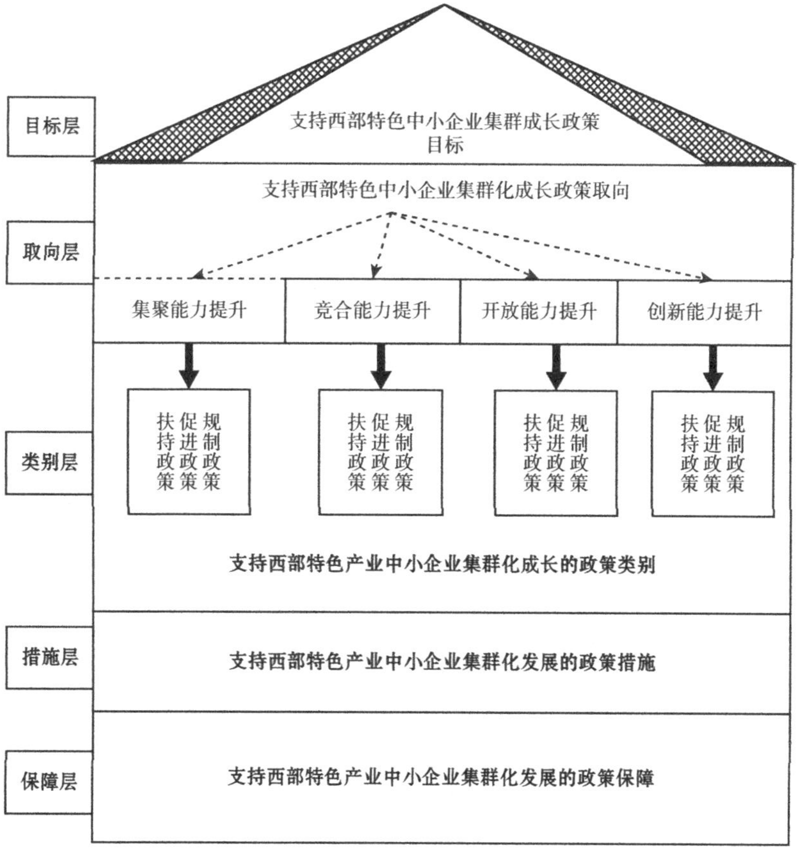

图 7－2　支持西部特色产业中小企业集群化成长的政策体系层级示意图

西部地区中小企业集群多处于集群发展的“雏形阶段”，其发展的绩效主要表现为集聚能力、竞合能力、开放能力和创新能力的水平，而这些能力的提升主要受扶持政策、促进政策和规制政策的影响，因此，在政策体系构建过程中，居于中心位置的就是针对四种绩效能力提升的三种政策类别相对应的政策措施，当然这些政策措施一定是在政策目标引导下，政策环境的影响下以及政策保障的支持下发挥作用，达到最大程度的促进中小企业集群快速发展的目的。在支持西部地区中小企业集群化成长的政策体系构建中，企业集群的发展，集群内部企业之间的交流和合作，产生了强大的外溢效应，带动了区域经济的发展，针对“雏形期”中小企业集群的政策供给应该有别于集群其他发展阶段的政策供给，要明确此阶段中小企业集群化的发展方向和战略目标，以确定该集群的政策目标。政策体系构建过程中，一定注意关注企业需求和系统化政策供给，借助国家和地方政府有关中小企业以及园区和开发区的扶持重点，制定符合本地方实际需求的政策措施。

（一）支持西部地区中小企业集群化发展政策体系目标层的内容

处于政策体系构建顶层，起到方向性作用的是政策目标层，这是决定中小企业集群成长与发展的关键层级，是政策设计的出发点，进行政策目标分析主要是论证目标的合理性和可行性，以及建立政策系统目标的指标体系。也是我们进行集群政策体系设计的出发点。

支持西部地区中小企业集群化成长的政策体系构建中，政策目标层是基础。针对西部地区中小企业集群的雏形期阶段和目前面临的主要问题，政策目标层主要解决当前政策零散、不成体系和实施效果差的问题，所以政策目标的界定主要针对政策体系的系统性、连续性、针对性以及全局性进行明确。支持西部地区中小企业集群政策应该是以推动西部地区中小企业集群化发展为目标，由政府或公共管理机构设定政策效果预期。产业集群的发展对于区域经济发展会带来许多好处，国家和地方政府都从不同层面关注产业集群政策的制定辐射作用，因此政策目标的制定其实是一个系统过程，明确的目标会对于政策的连续性和系统性起到重要的作用。

在明确政策目标之前，需要进行全面调研，对于西部地区中小企业集群的“雏形期”特点、中小企业及其所在集群对于政策的需求进行分析，而且要注意把握全局整体性，不能以某些企业或者某种政策为主，不能以偏概全。

政策目标的确立应该是以中小企业集群快速发展为基础，以现有问题为制定政策重点，具体政策目标视集群情况而定。借鉴发达国家对于中小企业集群支持政策的经验和西部地区中小企业集群化发展的特点，政策体系构建的目标应该包括以下 4 个方面：

1. 促进西部地区的发展目标

集群化发展的政策体系目标之一是促进西部地区发展，在现有基础上，科学进行产业定位。尽管产业选择是产业集聚发展成败的关键，也是区域经济发展战略的核心，但是并非所有的产业都可以发展成为集群，必须要根据区域的实际情况，综合考虑资源环境、市场、产业、区位条件等因素，科学决定优先可以集群化发展的产业和产品线，并且将选中的产业作为产业结构调整的重点，以此推动地方经济的发展。

2. 促进中小企业集群的发展目标

通过政策体系实现对中小企业集群的规划引导，建立西部特色的中小企业工业园区或者开发区。科学地支持地区集群化发展的政策体系可以积极引导建设具有较强竞争力的特色园区，产业集群的规划不是一件容易的事情，少数企业短时间内不可能形成集群，集群形成和发展需要政府政策的扶持和引导，以产业园区为载体，引导布局分散的中小微企业逐步集中到特色工业园区，同时把园区形成为产业集群的生产基地和创新研发基地。政府公共产品的有效供给也是企业集群化发展的基本前提，因此政府应该根据市场实际、地区经济、企业需求和科学发展观的要求，提供更好的政策支持体系，保证中小企业集群化发展。

3. 改善中小企业发展的服务环境目标

通过政府政策的作用，完善社会化服务体系，建设有利于企业集群化发展的外部环境。从国际上看，强化政策引导的社会化服务体系建设，能够加强集群内外各方的联系，促进企业间的合作与效率。概括起来，这些社会化服务体系的建设目标包括：（1）各种规范的咨询和中介服务机构建设目标。（2）创业服务机构建设目标。（3）科技人才支持体系建设目标。（4）人才教育培训体系建设目标。将发展集群作为鼓励创新的国家创新系统和创新政策的一个组成部分，更大限度地利用国家创新资源，提高国家和区域的创新能力。

4. 减少市场失灵目标

西部地区中小企业集群大多是依托资源优势和地理环境发展起来，政府应该构建合理的政策体系，为中小企业长远发展提供服务，消除因为市场失灵造成的不利影响，主要是为集群化发展做协调和服务工作，而不是强制性干预。减少市场失灵的政策目标包括诸如监管市场合理竞争的目标、规制企业集群良性发展的目标、监管中小企业集群垄断的目标。

（二）支持西部地区中小企业集群化发展政策体系取向层内容

现实中，支持中小企业集群发展的政策制定初衷与实际运行效果之间经常存在严重的错位现象。政策取向层的存在就是为了避免这种现象的出现，使得目标有更为明确的目标指向，达到更好的执行效果。

西部地区中小企业集群“雏形阶段”的四种能力识别分别为集聚能力、竞合能力、开放能力和创新能力①。因为四种能力对于中小企业集群非常重要，而且需要不同程度的提高，因此政策体系构建中的政策取向就是针对集群四种能力提升的选择。

1. 提升集聚能力的政策取向

主要是侧重于提升从事同一或者相关产业链上的企业或者部门在某一地理空间区位上的集聚程度，可以从企业数量、雇员数量、区位商等方面进行衡量和判断②。从有助于提高或者改善以下指标方面制定政策取向：集群内从业人员的增长率、集群内企业固定资产投入增长率、集群内同一或者相关产业链企业数目增长。

2. 提升竞合能力的政策取向

主要是提升集群内部企业与企业之间的竞争及企业与企业、企业与服务部门之间的协作与服务能力。从有助于提高或者改善以下指标方面制定政策取向：产业链、区域内企业竞争的程度、区域内行业协会或者园区管理委员会、区域内专业金融咨询和物流机构。

3. 提升开放能力的政策取向

主要是提升中小企业集群与外部的交流和影响能力，从有助于提高或者

①② 李兴旺等．我国“雏形期”产业集群的识别指标体系及判别方法［J］．财经问题研究，2011（4）．

改善以下指标方面制定政策取向：区域内获取生产所需资源和劳动力、企业品牌影响力、区域经济特色影响力、历史因素造成的区位声誉等。

4. 提升创新能力的政策取向

需要从提升科研机构、科研人员、专利数量、新产品营销比例等方面进行政策倾斜，从有助于提高或者改善以下指标方面制定政策取向：利用科研机构或者高校的创新、同行业相比研发能力、企业间技术信息交流。

（三）支持西部地区中小企业集群化发展政策体系类别层内容

由于西部地区中小企业集群多数处于“雏形期”，所以支持中小企业产业集群的政策要求更高，不仅要尽力扶持、促进中小企业集群的发展，还要规制一些影响其发展的因素。

1. 扶持政策

由于中小企业的实力比较弱，需要更完善的基础设施建设、更好的生产要素配置，在资金、人力、自然资源方面有更多的支持。中小企业一般不设立专门人力资源管理部门，没有条件进行人力资源培训，所以更需要帮助其开展员工培训。从中小企业集群化发展的角度看，扶持政策是中小企业集群化发展的推动力，有了好的扶持政策才会促成和推进中小企业集群化发展，包括政府对于基础设施建设的扶持政策、生产要素配置扶持政策、在人才资金资源等方面的扶持政策。

2. 促进政策

由于中小企业规模小，自身经营资源有限，管理水平比较低，技术研发能力差，人员素质不高，信息化程度低，需要配套服务多、对行业协会、公共研发机构、产学研结合、专业咨询、融资服务的依赖性强，因而，中小企业集群发展对各类服务及其体系的完善程度要求更高。引导与促进政策在中小企业集群化发展过程中主要包括中小企业集群化的快速发展政策，这些政策多是利用一定的机构如行业协会、咨询机构、科研机构，利用政府搭建促进中小企业集群化成长的政策平台，以引导中小企业集群快速合理的发展。

3. 规制政策

由于中小企业集群的稳定性比较差，竞争激烈，甚至出现恶性竞争，这需要政府建立规制政策，需要更强的市场监管，规制恶意竞争；建立质量监管制度与体系、完善知识产权保护体系等对提高中小企业产品与服务质量、规范经营、规范企业之间的合作非常重要。

（四）支持西部地区中小企业集群化发展政策体系措施层内容

1. 政策体系中措施层的重要作用

影响中小企业集群成长的关键影响因素从其作用的性质分析，可分为动力与阻力两类。一个产业集群的成长一定是处于动力因素增强与阻力因素削弱的过程中，因而政府实施集群政策的根本目的是激发、增强其动力，削减、消除其阻力。这就是说政府的集群支持政策与集群成长的关键影响因素存在密切关系：政策瞄准发挥作用的关键点即“政策作用点”是中小企业产业集群成长的关键影响因素。因此，制定中小企业集群成长的政策的前提是要首先明确政策应该针对哪些集群成长的关键影响因素或者哪些动力与阻力因素发挥作用，这样才能够保障中小企业集群支持政策可以有效促进中小企业集群化成长，否则支持政策就可能无的放矢。所以这一层的政策措施就成为整个政策体系中的重点。

2. 政策体系中措施层的具体内容

支持西部地区中小企业集群政策体系中的扶持政策、促进政策和规制政策分别作用于集群成长的原动力、推动力、提升力和阻力四个关键因素，在集群政策的作用下，集群成长关键因素进而作用于集群成长，表现在集聚能力、竞合能力、开放能力和创新能力四种能力的提高。由关键因素作用的性质可知，扶持政策、促进政策和规制政策三类集群政策是推动企业集群化成长的自变量，集群成长关键因素是推动企业集群化成长的中间变量，集群化成长（集群绩效）是因变量。集群政策很多，内容也比较庞杂，因此，有必要研究具体的政策内容和集群成长的各种动力和阻力之间相关程度，从而制定出行之有效的集群政策，完善集群政策体系内容。

政策措施层的具体政策是完成政策目标、体现政策取向的最重要层次，具体包括所有扶持中小企业集群化形成、促进中小企业集群化快速发展、规制中小企业集群化发展中不利因素的所有政策。

（五）支持西部地区中小企业集群化发展政策体系保障层内容

1. 政策体系中保障层的意义

在纵向形成政策体系的层级之外，还有时刻对中小企业集群发展的支持政策实施和执行保障起到重要影响作用的政策环境。有些产业集群是通过市场机制的力量，在专业化及分工过程中自发形成的，形成之前没有被发现，因此对产业集群的研究大多是事后行为。也有些产业集群是在政府政策创造了适宜的外部环境后形成的。尽管对产业集群的成长研究都多为事后行为，但通过对此问题的考察得出一些经验，对政府制定相应的产业政策，培育和促进集群的成长还是具有重要指导意义。

目前我国很多政策出自国家层面，地方政府要对其进行因地制宜的细化，当前，无论是政府部门还是中小企业家，对政策执行情况和实施效果是否有监督评价不是十分了解。金融、财税支持体系成效甚微，社会化服务体系不健全，政策宣传力度不够。在西部地区中小企业集群的调查中发现，很多中小企业根本不知道现在具体有哪些相关的支持政策，更不必说如何进一步享受优惠政策。社会潜规则中关系有时候居主导地位。因此，监督、约束、激励保障措施非常必要，能保证政策制定出来能落到实处。

2. 政策体系中保障层的内容

保障政策是执行政策的政策，具体视情况不同包括监督政策措施、组织政策措施、激励约束政策措施、宣传贯彻政策措施。

任何产业集群的发展都离不开科学有效的支持体系，尤其是政策保障，政府在集群化发展过程中起着重要的作用，政府通过政策的支持和引导，不仅提供了技术支持、金融支持、服务支持，而且通过政策引导创造公平竞争环境和创新氛围，推动中小企业产业集群化的快速发展。

四、支持西部地区中小企业集群化成长的政策体系内部协调关系

创建协调机制是完善支持西部地区中小企业集群化成长政策体系系统性和层次性的需要。美国学者卜·约翰（John P. Burns）认为政策协调就是两种以上政策得以融合演进，并取得共同的政策目标的过程。海帕（Nina P. Halpern）所解释的政策协调，一方面是不同部门政策制定过程中的协调，另一方面是不同的政策建议演进成为一项共识。总之，政策协调是通过系列的协调机制运作，其他主体与政府之间进行相互交流信息、利益协调并达成共识，实现不同层面政策的融合，并形成政策有效供给和实施的过程。

这是一个动态过程，既包括政策制定过程，又包括政策执行、政策评估反馈等政策落实过程。进行协调的目的是防止政策体系中各层次的政策出现冲突。

机制是指有机体各部分的构造、功能、特性及其相互联系和相互作用等。“机制作为潜藏于各种社会表象之后的运行机理和内在逻辑，本身是抽象的，通过一定的制度、体制、规范、政策等表现出来”。支持西部地区中小企业集群化成长的政策体系协调机制则指通过一系列政策制度安排形成政策各层次之间的相互联系、相互作用的模式。本节中研究的政策协调机制，在内容上包括政策目标、政策取向、政策类别、政策措施、政策保障等方面的相互协调。协调机制运行的最终目的是通过政策目标、政策取向、政策措施、政策环境、政策需求分析的衔接与协调，政策制定主体在中小企业集群化发展的立场，制定统一政策，从根本上解决已有政策零散、相互联系不紧密的状态。

现实中，由于某种原因，可能会造成政策之间的失调、矛盾，实现政策目标困难的现象，研究协调机制就是为了解决上述问题。政策协调机制对于中小企业集群化成长的作用，需要一系列制度设计来建立各层次良好的协调关系，以及资源、人才、信息、技术等顺畅的流动空间。政府提供政策的基本问题就是如何创设制度环境，使西部地区中小企业集群利益收入最大化、利益分配合理化、成长快速化。从行为学角度分析，人的利益追求是人类行为的动因，通过制度可以协调利益关系，在原有利益格局的基础上形成新的利益结构。

政策体系的协调机制显示政策制定阶段和政策的各环节的举措相互影响，企业与集群的政策博弈往往是在政策过程的各个不同部分中展开的。同时，一切事物都处在发展变化的状态中，随着中小企业集群的需求不同，政策协调也要谋求不断地创新，包括政策目标、政策手段、政策过程、政策内容、政策能力等方面的创新，以适应发展变化的中小企业集群化发展实际。

（一）政策目标与政策取向的协调

产业集群的主体是企业及机构，但集群的发展规模、集群的竞争力状况等与政府的干预及政策密不可分。从某种意义上，可以说政府对集群起着设计和规划的作用，因为政府的主要职能之一，就是要做好社会经济发展的宏观管理和总体规划。地方政府应认识到产业集群对于促进地方经济发展的重要作用，通过制定全面的集群发展战略，将其融入产业政策中去，以土地、税收、企业保护等方面的优惠政策，可为集群的发展创造宽松的外部条件。

政策取向是以政策目标为导向，两者的协调关系主要表现在政策取向对于政策目标的分解程度，以及政策取向是否能实现将政策目标转化为提升中小企业集群的集聚能力提升、竞合能力提升、开放能力提升和创新能力提升的具体政策措施，二者之间的协调离不开政策需求的评价，与其说政策体系是由上而下的制定过程，不如说其应该是由下而上的需求评价、环境调查、措施保障、政策制定以及政策效果验证的过程。因此政策目标与政策取向之间的协调不仅取决于区相对于目标的分解，更取决于政策需求的研究。

（二）政策取向与政策类别之间的协调关系

西部地区中小企业集群多处于“雏形期”，集聚能力、竞合能力、开放能力和创新能力都处于需要加强的状态，不同的政策类别对于集群成长的作用方向有所区别，所以要研究西部地区中小企业集群化发展的特点，每个特定地区不同的政策需求，选取不同的政策类别重点，才能收到更好的政策促进的效果。政策类别包括扶持政策、促进政策和规制政策，通过作用于集群成长的关键因素进而作用于集群的集聚能力、竞合能力、开放能力和创新能力。根据前文研究结果显示，不同政策取向的重点政策类型也有所区别，如集群开放能力提升的更重要的政策类别配置（根据相关系数确定）主要是扶持政策和促进政策。尽管有扶持政策、促进政策、规制政策三种政策类别，但是由于针对集群成长不同的关键因素，政策取向不同，所以要明确不同政策类别的不同作用，确定针对不同政策取向的不同类别，实现对于关键因素的影响。

针对四种不同能力的不同表现，西部地区经济发展水平不同，地区中小企业集群的发展阶段虽然均处在“雏形期”，但是各种能力的表现长短不一，与各个能力水平的标准值相比，白色集群在创新能力、集聚能力、开放能力表现都比较好，竞合能力最弱，则政策取向就会侧重竞合能力的提升政策，应该重点研究制定哪些扶持政策、规制政策和促进政策来重点提升竞合能力。

因此政策取向和政策类别之间的协调就在于后者是否能真正成为提升弱项能力的政策。

（三）政策类别与政策措施之间的协调关系

具体的政策措施是针对政策类别的具体分解，按照前文的研究结果显示，扶持政策、引导政策和规制政策作为三种政策类别，每种类别对应着多种政策措施，如扶持政策的措施包括完善要素市场、完善基础设施建设、提供人力资源培训、提供资金援助与财政扶持的具体政策措施；促进政策包括搭建信息收集与发布平台、建立专家咨询团队、提供专业咨询与服务、设立创新基金与专项投资，鼓励创新、建立公共研发机构、推动产学研合作的具体政策措施；与规制政策相匹配的政策措施包括建立质量监管制度与体系、市场监管、规制恶意竞争。

（四）政策措施与政策保障之间的协调关系

政策措施的实施与落实所依赖的重要基础就是政策保障，如上文提到的约束监督机制、激励机制、宣传贯彻力度、政策的评价、政策的需求研究等。没有政策保障，政策措施就无法落地生根，也不能真正提高四种绩效能力，政策保障对于政策措施的实施起到了助推作用，通过政策保障的监督和协调，促进了具体政策的执行。政策保障层的保障范围和措施落实范围一致，措施涉及哪些部门哪些环节，保障措施也会涉及哪些范围，并且对政策执行的进度和程度进行推动。

政策保障还通过营造良好的政策环境对政策的实施起到更好的推动作用。政策环境是指支持西部地区的政策制定、实施和产生效果过程中的一切条件的总和，西部地区各省份环境差异较大、环境复杂多样，具有不稳定和不可复制的特点，各省的政策体系框架相同，但是受到环境差异的影响，政策目标、政策取向、政策措施会有所区别，这些都取决于各地区的政策环境不同，包括自然环境差异、社会经济环境差异、体制或者制度条件差异、政治文化差异、面临的国际环境差异。政策环境对于政策措施落实的影响就像空气一样，无时不在、无处不在，会影响到政策体系涉及的所有主体。政策措施和政策环境之间的协调不仅仅依赖政府，还包括企业、社会，甚至中小企业的员工素质。

第三节　以提高集群绩效能力为导向的政策体系构建

根据前文对于西部地区中小企业集群的研究，发现四种颜色的产业集群均处于“雏形阶段”，政策明显不成体系（详见表5－2、表5－3、表5－4、表5－5），各项能力提升的扶持政策主要表现为政策不足，其次为政策越位；促进政策主要表现为政策不足，其次为政策缺位；规制政策主要表现为政策缺位。

根据四类特色产业集群绩效能力对比表和第三章研究的集群发展关键因素和集群绩效关系研究（表3－18和表3－19的结果显示），本节构建西部地区中小企业集群化成长政策体系主要是针对不同的集群的不同政策取向，结合不同产业集群的集体情况制定政策目标，结合对集群发展起到关键作用的原动力因素、推动力因素、提升力因素和阻力因素，与促进这些因素的扶持政策、促进政策和规制政策类型，确定不同的政策重点措施，辅以政策保障，构建系统的政策体系框架。

一、提升集聚能力的政策体系构建

集聚能力是中小企业集群化成长阶段的重要标志能重要绩效体现，构成的主要因素有集群内企业从业人员增长率、集群内企业固定资产投入增长率、集群内同一或相关产业链企业数目增长几个指标，通过扶持政策、促进政策和规制政策的作用，提供如下的政策配置，如：完善要素市场、提供人力资源培训、提供资金援助与财政扶持、搭建信息收集与发布平台、建立专家咨询团队、提供专业咨询与服务、引导和推进建立行业协会来促进企业间交流、建立公共研发机构来推动产学研结合体系建立、建立质量监管制度与体系、市场监管并规制恶意竞争与垄断。具体的提升中小企业集群集聚能力的政策体系模块构建，如图7－3所示。

二、提升竞合能力的政策体系构建

集群政策作用于集群成长关键因素，进而推动集群的发展和成熟。集群政策很多，内容也比较庞杂，因此，有必要研究具体的政策内容和集群成长的各种动力和阻力之间相关程度，从而制定出行之有效的集群政策，完善集群政策体系。

四类特色产业集群在绩效能力的体现上，不同程度表现出竞合能力较弱，竞合能力的关键因素表现在产业链、区域内企业竞争程度、区域内行业协会/园区管理委员会、区域内专业金融、咨询、物流机构方面。推动集群发展和成熟的关键因素诸如原动力、推动力、提升力和阻力因素会对政策有着不同类型的要求。具体的提升竞合能力政策取向的政策体系模块，如图 7 – 4 所示。

三、提升开放能力的政策体系构建

中小企业集群的开放能力构成的主要因素包括区域内获取生产所需资源和劳动力、企业品牌影响力、区域经济特色影响力、历史因素造成的区位声誉等指标，影响开放能力的主要政策配置包括：完善基础设施建设政策，搭建信息收集与发布平台政策，建立专家咨询团队、提供专业咨询与服务政策，建立公共研发机构、推动产学研结合体系政策，建立公共营销体系政策。提升开放能力的政策体系模块构建，如图 7 – 5 所示。

四、提升创新能力的政策体系构建

创新能力是集群成长的重要绩效体现，构成的关键因素包括“利用高等院校或科研机构的创新”“与同行业相比研发能力”“企业间信息技术交流”三个指标，通过扶持政策、促进政策和规制政策的影响，推动完善要素市场、完善基础设施建设、建立专家咨询团队，提供专业咨询与服务、建立公共研发机构，推动产学研结合体系、设立创新基金与专项投资，鼓励创新、市场监管、规制恶意竞争与垄断等环节，促进中小企业集群的创新能力发展。提升创新能力取向的政策体系模块构建，如图 7 – 6 所示。

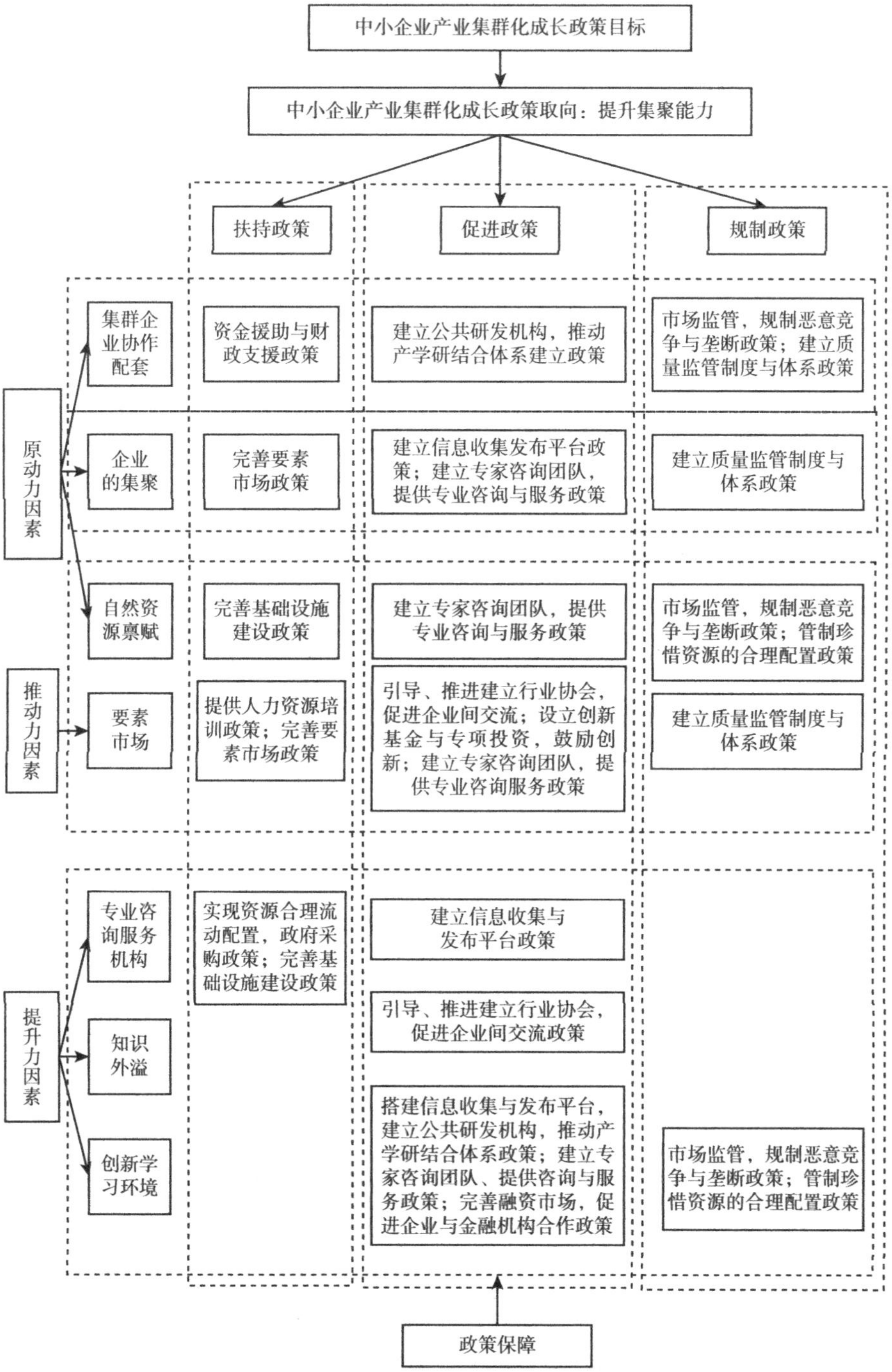

图 7－3　提升集聚能力的政策体系模块构建

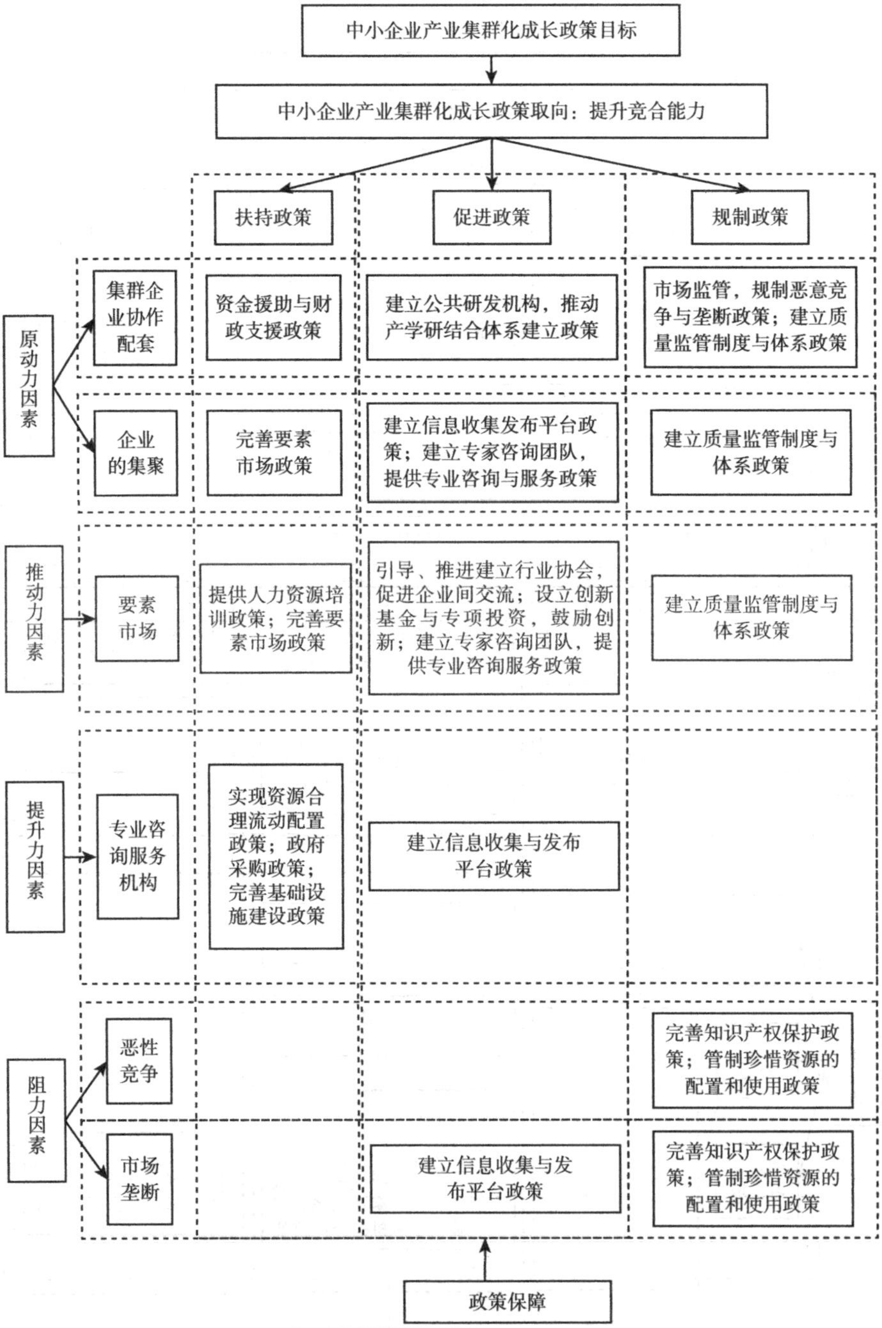

图7－4　提升竞合能力的政策体系模块构建

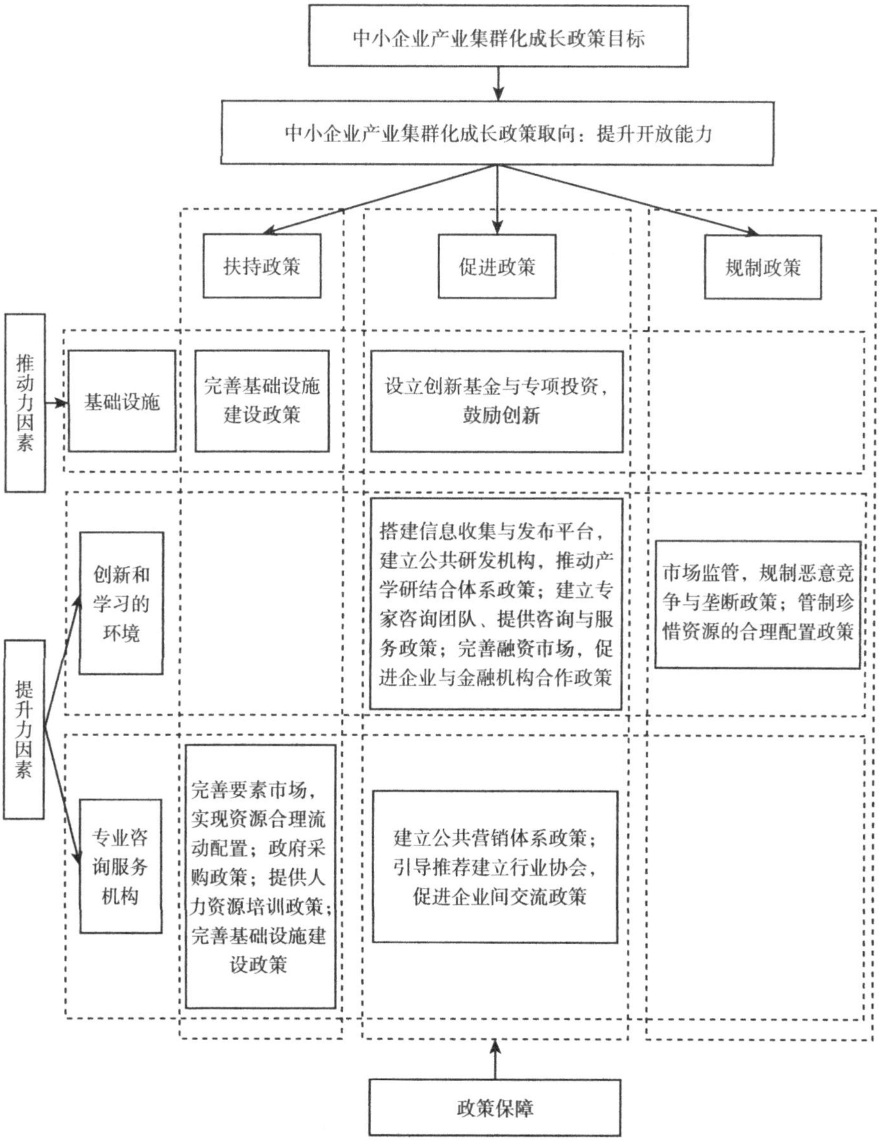

图 7－5　提升开放能力的政策体系模块构建

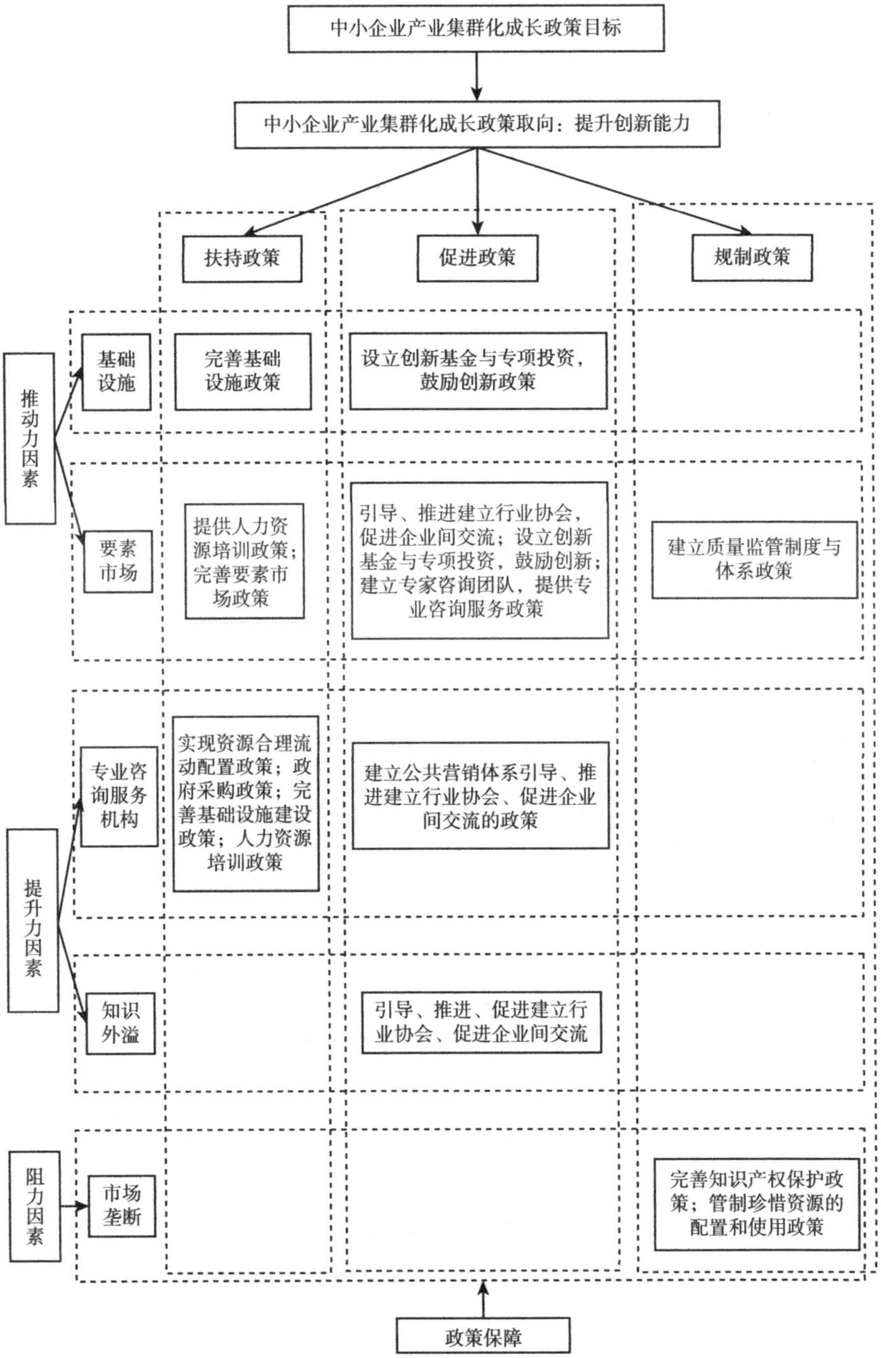

图 7-6　提升创新能力的政策体系模块构建

第四节 政府构建中小企业集群化成长政策体系过程中重点关注的问题

一、加强政府政策与市场调节机制之间的协调

类似于日本、印度等国家，我国是市场经济体制的国家，但是市场经济发展并不完善，市场机制功能不强，而且，市场也不是万能的，它不可能调节经济生活的所有领域。在市场出现垄断、公共物品、外部性、信息不完全等情况下，会出现市场失灵（Market Failure）现象，也即市场机制在某些领域不起作用或不能起有效作用的情况。

在这样的背景下，我国西部地方政府运用政策干预特色中小企业集群成长过程的目的，是为了成为特色集群发展的推手，促使集群内部市场机制功能的发挥，促进中小企业集群的健康发展，而不是去用行政手段替代市场功能。

（一）应确定地方政府政策发挥作用的领域

从经济学角度看，地方政府就是提供地方公共服务的机构。马斯格雷夫（Musgrave）在经典著作《公共财政理论》中把政府的经济作用分为三种：稳定经济、配置资源、调节收入。斯蒂格利茨认为政府的作用体现在生产和消费两方面，影响着对怎么生产、生产什么和为谁生产等问题的回答。

在支持西部地区中小企业集群政策体系的构建过程中，应该实行地方政府调控的产业集群模式，坚持以市场调节为导向，发挥企业主体作用和政府推动作用相结合的原则，注重地方政府的引导和调控作用，纠正中小企业集群的市场失灵问题，同时防范政策失灵的产生，按照这一原则，在集群内外市场机制能够正常发挥作用、能够很好地优化配置资源的领域，如在集群企业的资源禀赋方面、在集群内外需求状况、集群的市场结构与竞争等本应市场机制调节的方面，政府政策的介入往往需要花费巨大的调节成本却不一定得到很好的调节效果，那么这些领域的问题就应该由市场机制起主要的调节作用。

在西部特色中小企业集群的发展过程中，公共服务对集群的发展至关重要，公共服务具备准公共物品的性质，是公共的或是可以共用的，一个人的使用不能够排斥其他人的使用。然而，出于私人利益，它在消费上却可能存在着竞争。由于公共的性质，物品使用中可能存在着“拥挤效应”和“过度使用”的问题，特别是对于依托相关资源而成长起来的西部地区中小企业集群而言，无论是其成长所依托的天然资源，还是集群中很多基础服务设施，都有可能在使用中存在“拥挤效应”和“过度使用”问题，此时市场机制不再能够有效配置资源，需要加以政策管制，政府政策的管制能够起到重建效率和补偿福利损失的作用，因此，这些领域政府利用政策调控更为有效。

（二）应确定地方政府政策发挥作用的层面

在支持西部地区中小企业集群化成长的政策体系构建过程中，在中小企业集群内部的个体微观层面，如集群企业的具体经营方面，应充分发挥市场机制的调节作用，地方政府政策只履行其规制的职能；而在集群内外的宏观经济层面，如关乎集群整体发展目标、取向方面，地方政府政策应积极的进行调控，加以引导。

在政策体系的具体设计与执行上，地方政府政策对于中小企业集群的成长干预应该适度，即政府对处于不同发展阶段的中小企业集群应提供有针对性的政策支持，而不是包揽一切。对于市场机制能够很好地发挥作用的领域，政府政策应尽量发挥市场的调节功能。政府应当顺应市场规律，科学、谨慎地行使其各项职能，有效地发挥其在集群形成和发展过程中的应有作用。

二、避免中小企业产业集群发展中的地方政府政策失灵

政府也是“经济人”，会追求自身利益的最大化，具有有限理性。政府作为公众代表希望把事情做好，但由于外部性、管理成本、制度因素、信息不对称、监督机制等问题，其行动结果往往偏离预定的目标，导致政策失灵，具体表现为：

（一）政策体系与中小企业集群实际情况、集群企业实际需求相背离

地方政府构建的支持西部特色中小企业产业集群政策体系是以当地产业

集群的具体类别、性质、所处发展阶段以及集群本身的需求为出发点和依据的，构建集群政策体系的目的也是推动当地特色中小企业集群的健康良性发展。在政策体系的构建过程中，如果地方政府的政策制定脱离中小企业集群的特色，脱离本地的实际，盲目地以其他国家或地区的集群政策作为参照物，简单地照抄照搬，这样制定出的政策在执行阶段必然会出现问题。

中小企业集群一般是由原料供应商、产品生产商、客户、生产性服务机构、行业协会和规制管理机构组成的，但集群构成主体之间会形成不同的组合，从而会形成不同类型的集群结构。而从西部特色产业中小企业集群的区位因素来看，由于不同集群所处的地理区域存在差异，发展历史与传统各有不同，因此，地方政府如不能针对性地构建集群政策体系，制定出的中小企业产业集群政策不仅不会推动当地中小企业产业集群的成长，相反，还可能使集群的成长陷入困境，止步不前甚至萎缩。

同时，不同的产业集群，同一产业集群的不同发展阶段、同一产业集群中处于产业链不同环节的企业，对于政策的需求都会有所不同，因此，政府制定政策之初，还必须通盘考虑当地特色中小企业集群的特点、所处的发展阶段、集群结构类型及所集聚的企业的特点，进而制定有针对性的扶持、促进与规制政策。

（二）注意地方政府政策对产业集群的不干预、不当干预及过度干预问题

在西部特色产业中小企业集群政策体系的构建过程中，地方政府应注意自身的角色定位，政府在集群发展中应扮演服务者角色，而非家长式地对集群内部竞争、资源配置等问题横加干涉。地方政府要认识到中小企业才是集群发展的主体，政府的作用主要是做好引导和服务工作，而不是包办一切。政府对产业集群的引导和促进作用只能建立在市场作用充分发挥基础上，否则，就可能会破坏集群的正常形成，甚至阻碍中小企业集群的发展。当然，地方政府对中小企业集群的成长也不能抱着任其自然发展、自生自灭的态度，要遵循产业集群的内在发展规律，制定有关规划和政策，引导本地区中小企业集群及时优化升级。

1. 防止出现地方政府对产业集群的放任自流现象

虽然很多中小企业集群的形成往往是一个自发的过程，但要想这些集群能够成长壮大可持续地发展下去，地方政府无为而治的态度是不可取的。

无为而治的想法忽略了中小企业集群的成长与发展过程中，集群系统动力的欠缺与不足，同时也忽略了集群中可能存在的市场失灵问题。如果这两方面问题没有得到及时的纠正，政府没能在相应的领域发挥作用，中小企业集群各方面建设与发展都不能到位，集群的进一步成长必然受阻。同时，无为而治的工作思路终将致使集群内部准公共产品和服务的提供缺乏政府政策的有效监管，导致准公共产品的“拥挤效应”和“过度使用”，这会进一步引发集群内交易成本大幅攀升，刚刚进入“雏形期”的中小企业集群，可能因此而很快夭折。

2. 防止地方政府利用手中政策对中小企业集群的成长发展进行不当干预

在西部地区中小企业集群的发展过程中，地方政府为解决集群内部的市场失灵问题，往往需要通过政策手段进行干预，其目的就是要满足集群企业的公共需要以及实现集群的健康有序发展。

在相关政策执行过程中，如果地方政府借助政策促进集群发展的出发点出现偏差，政策的实施并没有保证社会公平，甚至还损害了集群内企业的合法利益，就会使政府政策的效果出现负面效应。政府政策不再是促进集群成长的服务工具，而成为为少数官员的政绩添砖加瓦的美化笔；政策体系的构建服务目标不再是集群内大企业，而是当地政府；政府在进行政策干预时也不再以相关法律法规为依据，而是抛开法律法规为所欲为，这就会造成政府把该干预的和不该干预的事，都纳入自己的干预范围，干预内容随意，干预手段粗暴，不按照科学规律办事，最终导致集群成长与发展受阻。

3. 防止地方政府对中小企业集群的过度干预

在西部特色中小企业集群化发展过程中，还出现了一些地方政府为要政绩采取行政性手段对中小企业集群进行干预，人为地促使产业空间集聚的现象。这种地方政府对中小企业集群过渡干预的结果是，在这样的地区，中小企业仅仅是形成了短期的空间集聚，没有真正形成上下游产业链，企业之间缺乏真正的业务关联配套与协同发展，致使集群出现非集群化倾向；作为地方政府而言，为了达到产业集聚的目的，盲目地直接参与到集群的未来发展规划，直接介入到集群的经济活动，甚至对许多企业进行人为的捏合。地方政府对中小企业集群发展的过度干预，不仅干扰了市场机制正常作用的发挥，还造成了大量资源的浪费，为集群未来良性成长与发展埋下了隐忧。

（三）考虑现有政策环境变化的影响

西部地方政府构建中小企业集群化成长政策体系过程中为避免政策失灵还应注意政策体系环境变化的影响。地方政府政策很大程度上受控于国家宏观经济政策以及宏观经济发展走向。地方政府在集群政策制定与执行过程中应该密切关注国家宏观经济政策、宏观经济形式的变化，及时对集群政策体系进行修正、完善、调整，才能保证在国家宏观经济政策、经济发展走势的大框架下地方中小企业集群的健康发展，才能保证自身构建的政策体系不会出现失灵。

同时，西部特色中小企业集群政策体系的构建还应对当地的环境高度敏感，它的实施不仅必须适应地方资源基础，而且必须建立在当地的工业传统之上。为此，实施集群政策的政府应尽量是与集群地域环境最符合和最接近的一级政府。为使企业集群可持续发展，集群政策体系设计应能方便政策后期的修改、补充和完善，以防止政策失灵现象的发生。

三、适应西部地区中小企业集群类型及发展阶段性特征

（一）政策体系的构建应充分考虑到西部特色中小企业集群的类型

从中小企业集群分类的角度来看，对于不同类型的产业集群，政府政策的干预程度要有所不同。例如对于高新技术产业中小企业集群，由于集群的发展对企业技术能力要求高，集群企业所面临的运作成本和风险较大，这就需要政府在政策设计要在充分发挥市场调节的基础上，有意识地通过政策体系的构建对集群内中小企业技术能力的提升予以扶持和培育；对于劳动密集型产业的中小企业集群，由于企业发展对技术能力要求低、集群企业在运营过程中投资成本和风险都较小，促进集群形成的市场力量较强，因此地方政府在政策体系构建上应更多地进行引导，政策体系对集群发展的引导重点应放在产业集群的治理和创新上。

进一步，从本研究的角度来看，黑色、绿色、白色、红色西部特色中小企业集群，由于其产业特点不同，支持中小企业集群的政策体系的构建应充分考虑不同类型中小企业集群的产业特色与差异，在进行政策体系框架设计、特别是政策措施设计时针对性地加以对待。

（二）政策体系的构建应充分考虑到西部地区中小企业集群的阶段性特征

从产业集群发展的不同时期来看，政府政策干预的方式和力度应随着集群内外市场环境的不同而具备一定的弹性，同时政策调控的重点也应该随着集群环境的变化而变化，而不是僵化不变的。

在西部地区中小企业集群形成的“雏形期”，政策体系的设计要有意识地培育和建设必要的沟通网络，加强企业间的联通，消除集群内外对集群的成长和新企业繁殖的障碍；在中小企业集群发展期与成熟期，政策体系构建的重点在于提升集群的档次，形成集群的特色，鼓励集群企业积极进行创新，在倡导企业进行专业化生产的同时，要注意促进整个集群产业链的形成，注意产业上下游企业以及生产型服务企业的发展；在中小企业集群发展的衰退期，政府的任务是引导集群企业进行区位转移、重组、转型，为企业提供一些外部的信息，鼓励开放的创新环境，避免产业因技术阻碍、市场变化而衰败，从而使集群保持继续成长的能力。

具体到西部地区中小企业集群的政策体系构建，鉴于我国中小企业集群，特别是西部中小企业集群的发展较之发达国家中小企业集群的发展相对滞后，市场经济在中小企业集群成长中的自动调节功能还未充分发挥出来，政府的干预与支持也就成为西部特色中小企业集群化成长的特色之一。进行政策体系设计过程中，在借鉴国外政府支持产业集群成功发展的经验的同时，在促进西部特色中小企业集群化发展的“雏形期”阶段，需要积极探讨地方政府使用政策干预中小企业集群发展的具体模式，这对于促进中小企业集群顺利度过“雏形期”进一步快速发展有着非常积极的作用。

四、坚持支持西部特色中小企业集群化发展政策体系构建的原则

支持西部特色中小企业集群化发展政策体系构建中，为保证构建的政策体系真正能发挥作用，还应该坚持以下原则：

（一）系统性原则

支持西部特色中小企业集群化发展政策体系是一个系统、整体的政策体

系。任何一项集群政策应该具有三个层次紧密联系的属性，既从目标层、取向层一直到保障层应层层相扣，保证政府政策不出现失灵现象。这就要求集群政策设计必须进行整体性战略规划，根据集群现状和未来的发展战略目标设计出相应的政策措施。每一单项政策措施都应该在集群政策系统框架的指导下发挥作用，都应该能支持集群的整体发展。

系统性原则是要求支持西部中小企业集群化成长的政策体系本身就要成系统，所有层次之间彼此联结，不相互矛盾，不出现脱节。

（二）针对性原则

支持西部特色中小企业集群化发展政策体系构建要有清晰的目标和针对性，利用同一套政策体系同时成功打造多个产业集群是很困难的。集群政策体系的构建应将重点应放在针对特定特色中小企业集群，为有需要和有潜在需要的集群企业提供尽可能完善的服务，尤其是提供信息、建立交流渠道和对话模式等方面。

针对性原则要求支持西部特色中小企业集群化成长的政策设计要目标明确，思路清晰，所设计的政策不是放之四海而皆准，应该是针对性地能够支撑特定中小企业集群的良性成长。

（三）动态性原则

支持西部特色中小企业集群化发展政策体系具体实施期间，集群本身和政策环境都在不断发生变化。因此，集群政策体系的设计应该是具有灵活性、可调节性，具有动态适应性，否则就无法集群内外环境的变化，无法保障集群的持续健康成长，这是政府干预过度或者不足现象的主要原因。

动态性原则要求支持西部特色中小企业集群化发展的政策设计能方便政策在不同环境下或在目标发生变化时得到修改、补充和完善，防止中小企业集群政策出现失灵的现象。

（四）合作性原则

西部特色中小企业集群的形成，有其内在的动力机制和演化规律。在政府支持西部特色中小企业集群化发展的进程中，如果政府使用政策直接干预或强行控制中小企业集群的发展就会违背集群发展内在的机制和规律。有效的集群政策应该由专家学者、产业代表、政府部门等相互合作交流、讨论产生，这样的集群政策才可能符合各方利益，确保集群政策的有效性。

合作性原则强调的是政府充当服务者角色，在支持西部特色中小企业集群化成长的政策体系设计过程中起的是组织和指导作用，而不是居高临下地进行主导和控制。

（五）独特性原则

产业集群从其形成与内在运行机制来看，是一个经济、社会和文化的复合体，具有根植性。集群经济行为是根植在本地网络与制度之中的，这种网络与制度是由社会构筑并具有文化意义。因此，支持西部特色中小企业集群化发展政策体系同样应具有本地化特征、个性化的内容、制定方式、实施过程与效果、政策环境等，使集群政策成为一种难以复制和嫁接的系统。

独特性原则实则是要求支持西部特色中小企业集群成长的政策体系的制定可以借鉴以往的成功政策经验，但是不可以照搬，必须从本地区本集群的实际情况出发。

第八章

支持西部地区中小企业集群化成长的政策体系建议

提出支持西部地区中小企业集群化成长的政策体系建议是本研究的最终目标。本章针对西部地区中小企业集群化成长的瓶颈及其形成原因、支持政策缺失及其原因，借鉴国内外集群政策，结合西部地区中小企业集群特征，以支持西部地区中小企业集群化成长的政策体系为科学架构，系统地从政策目标、政策取向、政策措施和政策保障四方面提出支持西部地区中小企业集群化成长的支持政策建议。

第一节 支持西部地区中小企业集群化成长的政策目标建议

支持西部地区中小企业集群化成长的政策目标，是西部地方政府制定的关于促进中小企业集群化成长的政策所希望达到的预期效果。要想合理地制定西部地区中小企业的集群化成长的支持政策，首先必须要明确政府支持政策所预期达到的目标和效果。支持政策目标是否明确、科学与合理，是决定政策措施是否具有可行性和可操作性的重要因素。

一、支持西部地区中小企业集群化成长的共同政策目标

国内外发达国家和地区的集群政策都离不开明确而合理的政策目标。产业集群政策的目标是通过政府制定的政策措施，为产业集群的发展提供条件，以推动产业集群发展。由于我国西部地区各类中小企业集群形成以特色自然

资源优势为基础，又处于发展的“雏形期”，因此我国西部地区中小企业集群化成长的支持政策存在共同的目标。

根据本研究调研情况和对西部地区中小企业集群化支持政策缺失等的研究，支持西部地区中小企业集群化成长的共同政策目标为：消除中小企业集群化发展过程中的瓶颈因素，解决政府支持政策缺失、市场失灵和系统失灵问题，为西部地区中小企业集群化成长提供产业引导、公共服务和市场监管，营造良好的发展环境，最终促进西部地区中小企业集群由“雏形期”向成长阶段演进。具体内容如下：

1. 消除集群发展过程中的瓶颈问题

西部地区中小企业集群化发展过程中，存在着许多制约因素和瓶颈问题，如企业之间的无序聚集、企业间缺乏协作配套、市场需求不足、创新能力弱等。这些瓶颈问题会造成西部中小企业集群的脆弱性和内在衰退，而仅仅依靠集群企业自身的力量不可能有效、快速地解决问题。因此，西部地方政府支持地区中小企业集群化发展的政策就要立足于消除和减弱集群发展的瓶颈因素和阻碍因素，从而为中小企业集群化发展创造有利条件。

2. 扶持、促进和规制集群发展

西部地方政府为了支持和帮扶地区中小企业集群化发展，需要采取多种方式，发挥多种政策工具的合力，强化政府对中小企业集群的引导、服务和市场监管理职能，既为中小企业集群化成长提供正确的产业指导，又要提供各种完善的公共服务，同时对市场垄断、信息不对称、恶性竞争和集群资源配置效率低下进行监督和管理。因此，支持西部地区中小企业集群成长的政策目标是通过政策措施来扶持、促进和规制中小企业集群化发展，为中小企业集群化发展提供完善的基础条件、优质的服务和适当的竞争与约束规则。

3. 改善集群发展环境

一方面，要促进技术创新、建立和优化企业间的合作关系网络、促进集群与外部的联系；另一方面，要改善集群的基础条件，创造优良的外部环境，提供完善的法律环境、融资环境、技术创新环境、人才环境等。

4. 解决集群发展中的政府失灵问题

政府在产业集群的发展过程中应进行适当的干预。但是，在西部地区中小企业集群化发展过程中，存在着政府干预过度、不足或缺位，导致“政府失灵”，最终导致集群政策失效。因此，西部集群政策的目标还要解决政策缺失问题，制定科学、合理的集群发展政策体系，适当地干预集群发展。

5. 推动集群由“雏形期”向成长期演进

西部地方政府通过旨在消除发展瓶颈、提供成长动力、改善发展环境等多种支持政策促进中小企业集群化发展，其最终目标是推动西部地区中小企业集群化发展的升级演进，即由现在的“雏形期”向成长阶段乃至成熟阶段发展，不断增强集群的竞争能力。

二、支持西部地区四类中小企业集群化成长的不同政策目标

如上所述，促进西部地区黑色、白色、红色、绿色等四大类型的中小企业集群成长的支持政策都具有共同的目标，但是不同类型的中小企业集群的发展特点不同，同时，制约不同类型的中小企业集群发展的关键瓶颈因素也存在着差别，因此西部地区不同类型的中小企业集群发展的支持政策目标也应该有所侧重。只有明确西部地区不同类型的中小企业集群发展的支持政策目标，才能有的放矢地制定相应的政策以扶持其成长。

西部地区黑色集群、白色集群、红色集群和绿色集群的四种绩效能力，即集聚能力、竞合能力、开放能力和创新能力，与成长期或成熟期的集群相比，都存在着一定的差距，发展水平较为落后。制约四类特色产业中小企业集群化成长的绩效能力各不相同，因此，通过明确并扶持集群的关键薄弱绩效能力，有助于集中配置资源，起到事半功倍的作用，更好地增强集群竞争力和促进其发展。因此，西部地区地方政府应从各种类型产业集群的关键薄弱绩效能力出发，制定黑色、白色、红色和绿色集群的支持政策目标。

西部地区四种类型的产业集群的集聚能力、竞合能力、开放能力和创新能力都低于成长阶段的临界值，本书主要依据其中差距较大的两种绩效能力来分析制约集群发展的关键瓶颈因素，进而分析西部地方政府集群政策的重点扶持目标。

1. 黑色产业集群政策目标

由前述相关内容可知，黑色产业集群在集聚能力、竞合能力、开放能力和创新能力四种绩效能力中，表现较弱的是竞合能力和集聚能力。因此，促进黑色产业集群发展的支持政策目标主要是通过政府的引导、扶持和帮助来促进黑色产业集群不断提高竞合能力和集聚能力，从而提升集群的竞争力。

2. 白色产业集群政策目标

由前述相关内容可知，在集聚能力、竞合能力、开放能力和创新能力中，白色产业集群薄弱的绩效能力主要表现在竞合能力和开放能力上，这两种能力与成长期的标准临界值的差距较大。因此，支持白色产业集群发展的政策目标主要是通过引导和扶持政策来促进其竞合能力和开放能力的提升。

3. 红色产业集群政策目标

由前述相关内容可知，红色产业集群在集聚能力、竞合能力、开放能力和创新能力四种绩效能力中，竞合能力和开放能力较为薄弱，与成长期的临界值之间的差距较大。因此，促进红色产业集群发展的支持政策目标主要是引导和帮助集群提高竞合能力和开放能力，把有限的资金、人才、技术等资源向提高竞合能力和开放能力方面倾斜，这样才能有效地发挥政府扶持集群提升竞争能力的功能。

4. 绿色产业集群政策目标

由前述相关内容可知，对于绿色产业集群而言，在其集聚能力、竞合能力、开放能力和创新能力四种绩效能力中，绩效能力表现较弱的是竞合能力和集聚能力，这两种绩效能力实际得分与成长期的临界值之间的差距较大。因此，促进绿色产业集群发展的支持政策目标是引导、扶持其提高竞合能力和集聚能力，从而有效地提高集群的整体竞争实力。

综上所述，西部地区黑色、白色、红色和绿色等四种类型的产业集群都存在着竞合能力弱的关键成长瓶颈，诸如产业链上的企业数量不足，供应商、客户企业、竞争者等市场厚度不足等。因此，提升竞合能力应该成为西部集群政策扶持的目标。西部地区四大类型的产业集群的关键薄弱绩效能力除了竞合能力之外，黑色集群和绿色集群还存在着集聚能力较弱的问题，白色集群和红色集群开放能力还比较薄弱。西部地方政府应将这些关键薄弱环节的改进和增强作为政府支持政策的重点目标。具体如表 8 – 1 所示。

表 8 – 1　　西部地区四类集群的支持政策的重点目标

产业集群类型	支持政策的重点目标
黑色集群	重点促进竞合能力和集聚能力的提升
白色集群	重点促进竞合能力和开放能力的提升
红色集群	重点促进竞合能力和开放能力的提升
绿色集群	重点促进竞合能力和集聚能力的提升

第二节　支持西部地区中小企业集群化成长的政策取向建议

为了更好地支持西部地区中小企业集群化发展，还需要将政策目标具体化，制定西部地方政府支持中小企业集群化发展的政策取向。本部分主要从支持西部地区中小企业集群化成长的政策总取向和西部地区四类特色产业中小企业集群化成长的政策取向两方面进行论述。

一、政策总取向

支持西部地区中小企业集群化成长的政策总取向，是着重于西部地区中小企业集群化发展过程中所存在的共同的瓶颈问题和西部地方政府支持政策的总目标来确定的。根据本研究调研情况和对集群政策目标、政策配置和政策缺失等的研究，西部地区中小企业集群化成长的支持政策的总取向界定为：围绕产业链延伸、企业间分工协作、创新驱动和服务支撑等，重点建设基础设施，完善公共服务体系，加强企业技术创新，激励企业间配套协作，加快引进、培育一批生产专业化、经营精细化、产品特色化的中小企业，全面扶助中小企业及其集群增强综合竞争力。具体内容如下：

1. 推进基础设施和公共服务体系建设

根据西部地区中小企业集群仍处于“雏形阶段”的现实情况，集群或园区内的基础设施和公共服务平台和体系建设决定着中小企业集群化成长的速度与质量，因此对于西部地方政府来说，支持政策应该着重于集群或园区基础设施和公共服务体系和平台的建设与完善，加大扶持力度，夯实中小企业集群化成长的基础。

2. 培育主导产业链和支持企业间专业化协作配套

中小企业集群是指在地理位置邻近的条件下，众多企业与其他机构在交易关系和人际关系的共同作用下所形成的中间性组织。中小企业化集群成长的本质，是集群中企业与其他组织间所形成的一种互依、互赖和互动的相生关系。针对西部地区中小企业集群化发展过程中的企业间关联度不高的问题，西部地方政府在制定中小企业集群化成长政策时，要注重引导、鼓励和扶持集群内组织间合作网络的构建，使企业间形成紧密的专业化协作配套关系，要积极引进和培育关联性大、带动性强的企业，发挥其产业龙头的作用，带动产业集聚和延长产业链，克服“集而不群”“集而不聚”的现象。

3. 扶持企业技术创新和促进创新平台建设

技术创新是西部地区中小企业集群化发展的关键因素。西部地方政府支持政策的侧重点应始终围绕提高企业技术创新能力来加以引导和扶植。同时，中小企业集群的本质表现为网络化和合作性，集群内中小企业与供应商、客户、同行企业、科研院所之间的互动关系和密切合作对于集群技术创新至关重要。因而，西部地方政府在制定中小企业集群化成长政策时，应鼓励和大力扶持、促进中小企业通过合作的方式提升自身的创新能力。由于中小企业存在着先天的创新能力不足的问题，政府应该加大公共创新平台建设的扶持力度。

4. 突出区域品牌培育

区域品牌是中小企业集群化成长的重要保证。因此，西部地区中小企业集群化成长的支持政策，应从扶持单个企业转变为扶持区域品牌培育和宣传，这样会取得效益放大效应，更能加速中小企业的集群化成长。

5. 加强生态文明建设

环境保护是保证中小企业集群化成长的前提。因此，在制定中小企业集群化成长政策时，西部地区地方政府应基于发展循环经济和生态型产业，确立有助于节能降耗和环保的政策取向，鼓励企业形成保护环境的意识和行为。

二、四类特色产业中小企业集群化成长的不同政策取向

本部分在黑色、白色、红色和绿色等四类特色产业中小企业集群成长瓶颈的基础上，确立制约西部不同类型集群发展的关键薄弱绩效能力，从而确定西部不同类型特色产业中小企业集群化成长的支持政策的重点扶持方向。具体而言，本部分从黑色、白色、红色和绿色等不同类型的特色产业中小企业集群化成长瓶颈中，选择两种绩效表现最弱的集群能力，同时主要根据四类集群在这些薄弱绩效能力上的不同特征，来分析支持西部四类特色产业集群成长的不同政策取向。需要注意的是，基于西部四类集群关键薄弱绩效能力的相同特征的政策取向，在上面的政策总取向中进行了论述。

1. 黑色集群政策取向

根据前文研究结果，黑色集群在集聚能力、竞合能力、开放能力和创新能力这四种集群的绩效能力中，竞合能力表现最弱，其次是集聚能力。竞合能力和集聚效应差是制约黑色集群发展的关键瓶颈。竞合能力与集聚能力二者之间实际上存在着相关关系，即如果竞合能力弱，那么企业间的集聚效应就差，反之亦然。虽然黑色集群较弱的竞合能力与其他集群有着相同的方面，如企业间分工协作配套程度低、缺乏知名品牌、龙头企业实力弱且没有充分发挥带动作用等，但是黑色集群的竞合能力弱的主要表现与其他集群存在着不同的地方，主要是：产业链条短，延伸配套产业发展不足，导致产品结构单一，初级原料型、低附加值的产品多，深加工、高附加值的产品少。如2010年内蒙古自治区10种有色金属产量排在全国前列，但是工业总产值却排在较后的位置。由此显现出，内蒙古有色行业产品深加工程度和附加值不高，初级产品占主导地位。黑色集群的企业间集聚能力较弱主要表现为缺乏技术型人才和劳动力资源；各种行业协会、商会、人才培训、物流配送等社会化服务严重缺乏。

综上所述，支持黑色集群发展的政策取向应重点推动相关产业向下游延伸，尽可能把产品链条延长，努力提高产品附加值和企业核心竞争力，不断把资源优势放大。要注重培养高技术水平的劳动力，加强产业园区建设，引导企业向园区集聚发展。

2. 白色集群政策取向

由前文的研究结果可以看出，白色集群的集聚能力、竞合能力、开放能力、创新能力四种绩效能力中，竞合能力和开放能力与成长期临界值的差距较大，是制约白色集群发展的关键瓶颈。白色集群的竞合能力弱主要表现为：同质企业较多，产品同质化严重，同质化竞争严重。

因此，白色产业集群发展的政策取向应该是强化科技支撑，支持龙头企业和核心企业提升技术创新能力；调整优化产业结构和产品结构，不断提升产品档次和附加值，延长产业链条、提升产品加工转化程度和精深加工水平，实现高端化、生态化。

3. 红色集群政策取向

由前文的研究结果可知，红色产业集群的竞合能力的实际得分与标准值之间的差距最大，其次得分较低的是开放能力。因此，较低的竞合能力和开放能力是阻碍红色产业集群发展的关键瓶颈因素。红色集群的竞合能力表现薄弱，与黑色、绿色和白色集群具有共同之处，如品牌效应差、产业链不完整、缺乏龙头企业等。除此之外，红色集群的竞合能力低还表现在以下方面：群内加工企业数量少、规模小、实力弱；产品加工率低，处于“销售原料”阶段；上下游企业关联度低。较低的竞合能力导致了红色集群的开放能力较低，如缺乏国内外知名品牌，产品的市场知名度低、产品销售量少等。例如陕西苹果产业集群较有代表性的礼泉地区，产品深加工率低，诸如果片、果酱、果酒、果醋、果粉、果胶等精深加工企业较少，仅能生产、加工浓缩果汁。大部分苹果仍采取分散管理经营，鲜果加工率较低，并且机器化清洗、打蜡、分级包装的厂商企业比较少。陕西红枣产业集群也存在着同样的问题，加工业仍以销售红枣为主，或对红枣进行粗加工，主要以干枣为主，高质量高附加值的产品少，如枣泥、枣酒、浓缩枣汁、枣醋、枣饮料等精深加工产品相对较少。

综上所述，红色集群发展的政策取向应重点支持中小企业创业，合理化招商引资，增加园区内企业数量，扩张企业规模，增强企业实力；提高产品加工率，鼓励企业间协作配套；推进专业市场和公共服务平台建设，帮助集群开拓国内外市场和增强产品知名度。

4. 绿色集群政策取向

前文的研究结论表明，绿色集群发展的关键瓶颈绩效能力是集聚能力和竞合能力。对于绿色集群的竞合能力来说，虽然也存在着与白色、黑色和红色集群同样的问题，但是，绿色集群的薄弱的竞合能力和集聚能力的主要表现是：行业内过度进入严重，产业集中程度低，缺乏领军企业或龙头企业；没有创出知名品牌，市场竞争力不强；低原料基地建设严重滞后，远没有实现规模化、标准化、集约化经营。例如，内蒙古牛羊肉屠宰加工产业的小型企业过多，产业集中低，大型企业竞争优势不明显，规模效应远未体现，进而抑制了供给者的获利及纵向扩张和质量监管能力，不利于优质供给者的成长。

一般地讲，竞合能力与集聚能力存在着相关关系，较弱的竞合能力往往会造成企业间的集聚能力差。绿色集群竞合能力的实际值与理想值差距最大，其次是集聚能力的得分也较低。绿色集群的集聚能力弱主要表现为：绿色集群加工企业多处于零散状态，集聚效应远没有发挥出来。

综上所述，绿色产业集群发展的政策取向是大力培育龙头企业，打造中国驰名商标和绿色品牌，充分发挥其示范和带动效应；加大规模化、标准化、集约化的原料生产基地建设；加强企业的园区化、集聚化发展。总之，上述关于支持西部地区四类特色产业中小企业集群化成长的不同政策取向如表8-2所示。

表8-2　支持西部地区四类特色产业中小企业集群化成长的不同政策取向

集群类型	关键发展瓶颈	政策取向
黑色集群	竞合能力 集聚能力	①推动相关产业向下游延伸，尽可能把产品链条延长，努力提高产品附加值和企业核心竞争力，不断把资源优势放大； ②要注重培养高技术水平的劳动力，加强产业园区建设，引导企业向园区集聚发展
白色集群	竞合能力 开放能力	①强化科技支撑，支持龙头企业和核心企业自主创新，调整优化产业结构，不断提升产品档次和附加值； ②提升产品加工转化程度和精深加工水平，实现高端化、生态化
红色集群	竞合能力 开放能力	①支持中小企业创业，合理化招商引资，增加园区内企业数量； ②提高产品加工率，鼓励企业间协作配套； ③推进专业市场和公共服务平台建设，帮助集群开拓国内外市场和增强产品知名度
绿色集群	竞合能力 集聚能力	①大力培育龙头企业，打造中国驰名商标和绿色品牌，充分发挥其示范和带动效应； ②加大规模化、标准化、集约化的原料生产基地建设； ③加强企业的园区化、集聚化发展

第三节　支持西部地区中小企业集群化成长的政策建议

在确定西部地区中小企业集群化成长的政策缺陷、政策目标和政策取向的基础上，来制定恰当的政策措施、完善政策体系，以扶持和促进西部中小企业集群化发展。

综前所述，西部地区的黑色集群、白色集群、红色集群及绿色集群的发展阶段都处于"雏形期"，又存在着各自不同的特点和发展关键瓶颈，因此西部地区支持地区中小企业集群化成长的政策措施具有共同之处和不同之处。因此，应先从西部地区中小企业集群化成长整体性视角，即从共性方面来论述支持政策措施。在此基础上，根据西部四类地区中小企业集群发展的实际情况，来阐明西部各类集群的重点支持政策措施，即从西部集群发展的共同政策措施中进行权变选择。

具体地说，支持西部地区中小企业集群化成长的共同的政策措施主要包括分类政策和专项性政策措施两方面。其中，分类政策是指针对西部地区中小企业集群化成长的关键影响因素提出的支持政策，主要从扶持政策、促进政策和规制政策三方面的政策类别进行阐述，如培育要素市场、创造区域品牌、基础设施建设、培育完善公共服务平台、健全中介服务体系、人力资源开发培训、规制市场恶性竞争和垄断等方面的措施。专项政策是指能够扶持和促进西部地区中小企业集群化成长的各项政策，如资金政策、财政和税收政策及法律法规政策等。专项政策能够从资金扶持、财政援助、税收优惠和法律法规保证等方面支持专项性政策措施的实施。

一、支持西部地区中小企业集群化成长的分类政策措施

主要从扶持政策、促进政策和规制政策三方面来论述支持西部地区中小企业集群化成长的分类政策措施。

（一）扶持政策措施

1. *大力支持公共基础硬件设施建设*

为促进西部地区中小企业集群化发展，首先必须加强公共基础设施建设，从而为产业集聚提供前提条件，这是西部产业集群经济发展的支撑基础。近些年来，虽然西部地区在交通、运输条件、水力、电力等基础设施建设方面已经取得了一定成绩和有了相当程度的改善，但是与中小企业集群快速健康发展的要求相比，仍然有较大的差距，在相当程度上影响中小企业集群化发展。因此，政府要加大基础设施投入，切实改善中小企业集群的硬环境。具体而言，要大力加强包括供水供电、交通运输、邮电通信、环保、信息网络、企业家聚会场所等公共基础设施等建设，为中小企业集群化成长提供优良的硬件环境，提高为产业集群发展的配套服务能力。

2. *大力扶持集群服务性软环境建设*

集群软环境主要是对集群企业提供各种生产性服务的基础设施，主要包括市场基础设施和知识基础设施。市场基础设施，如专业销售市场、原材料

市场等；知识基础设施，如大学、科研机构、技术机构、产品研发中心、产品检测中心等。西部地方政府除了要加大道路、水电等公共基础设施建设的扶持力度，还要加大服务性设施等软环境建设的扶持力度，引导现代金融、现代物流、科技服务、信息服务、商务服务、专业市场等服务业发展，创建优良的中小企业集群化发展所需要的软环境。

3. 逐步建立多元化融资相结合的投资体制

一是改革财政性资金管理体制，增加预算内财政支出，逐步建立基础设施财政投入保障体系。二是要鼓励社会资本投资建设。按照“谁投资、谁经营、谁受益”的原则，鼓励社会资本、民营资本、国外资本投资城市、城镇、县域等基础设施建设，如鼓励民间资本和外资商家直接投资、建设，经营如供水、供气、污水处理、垃圾处理和各种生产性服务业领域等基础设施项目。

4. 开发区和工业园区建设

开发区、工业园区是发展企业集群的载体。集群或者开发区的基础设施建设应优先列入所在省市的经济社会发展规划。西部地方政府应该通过税收、优质服务和金融等领域的政策优惠加强园区建设，持续推进工业园区、开发园区、创业基地、物流园区、标准化生产基地等示范工程建设，以引领企业的集聚化和集约化发展，选择基础设施较完备、综合服务功能较强、产业特色明显、层次较高、孵化功能较强的基地或园区，进行重点支持，加大财政扶持、融资服务、用地指标优先、标准厂房租金补贴等扶持力度。要保证开发区留存的财政收入、留存的土地使用权转让金等土地有偿使用费和城市建设维护费用于开发区基础设施和生态环境建设。

5. 培育要素市场

（1）培育市场体系，扩大市场空间。西部地方政府要通过税收、金融政策和政府采购等政策措施，大力培育中小企业集群化发展的市场体系，增大其市场需求和市场容量。一是要扶持培育专业市场。西部地方政府要通过扶持建设零售交易中心、商品批发市场、原材料市场等，为企业间的本地化交易提供市场条件，为企业商品流通提供公共交易平台，以流通促生产，如选择一批地区产品市场作为各级重点市场，在用地、用电、税收、收费及资金等方面给予扶持，使这些重点市场的发展真正成为集群经济发展的增长点。二是要引导、鼓励企业申请贴息贷款建设绿色产品市场。西部地方政府要加大宣传力度，引导、鼓励企业申请各级财政的贴息贷款建设绿色产品市场，广泛吸纳企业和个人的资金，兴办股份制市场，尽快形成功能齐全、设施先进、辐射力强和管理规范的现代化特色产业产品交易网络体系。三是要加大品牌和产品宣传力度。西部地方政府要充分运用舆论力量，举办研讨会、展销会、产品交易会及鉴定会、广告代表会、招商会等，扩大地方、企业、品牌的知名度，扩大市场规模。

(2) 供应商培育。西部地方政府要通过财政税收和金融政策，为集群或园区的本地化供应商市场培育创造条件。一是要加大税收优惠、贷款贴息力度，并通过政府采购方式，大力扶持中间产品供应商和服务商企业的衍生和发展，为集群成长培育完整的产业链基础。二是要引导和鼓励骨干大型企业和龙头企业通过裂变和衍生方式，促使大企业将核心业务之外的非核心业务剥离出来，通过股份制、股份合作制、资产租赁等方式转制，不断创造为其配套的新企业，增加新企业数量，就近形成供应商市场配套群体。三是要通过招商引资等多种方式吸引重要的原材料供应商在本地生产和落户，促进供应商企业数量增长，促进产业链条在本地的完整性，降低运输和交易成本，提升集群竞争力。

6. 加强人力资源培训教育

国外成功的中小企业集群化成长政策都非常注重支持集群或园区内人力资源的培训和教育。如意大利中央政府主要采取税收减免的政策，鼓励集群内企业自己出资开展员工培训等一些活动。我国西部地区特色产业中小企业集群化发展对人才的需求十分多样化，对低、中、高级人才都有需求，尤其是高层次人才。而从我国西部地区中小企业集群化发展的整体水平看，研究人员、工程师、高级技术工人缺口很大。因此，我国西部地方政府也要制定相应政策，加强人力资源培训和人力资源引进。

(1) 设立职工培训中心。西部地方政府部门要在集群或园区开办进行诸如知识更新和技术改造等培训的职业技术教育和培训中心，要围绕企业发展和企业用工需求，开展职业技能培训，不断提高企业职工队伍的整体素质。把企业家培养纳入各级企业干部培训计划，组织企业家参加集群发展的理论和管理培训，并根据企业发展需要制定人才需求目录。同时帮助企业引进紧缺人才。要明确对中小企业高级管理人员和员工培训的主管部门，提高现行的培训补助标准，为中小企业提供各类培训服务。要引导民营资本的注入以发展中小企业人力资源培训。如芬兰、德国和爱尔兰等国许多技术研发机构已经发展成为提供职业培训的专门机构，承担着大部分集群的职业培训工作。同时，应规定企业从销售收入总额中，提取一定经费用于对经营管理人员和技术人才的培训和后续教育。

（2）继续实施并推进“银河培训”工程。西部地方政府应继续加大“银河培训”工程工作力度，分级分批展开对中小企业人才的培训，不仅包括管理者，还要加大对基层员工的培训，逐渐由对管理者的培训辐射到基层员工。

（3）鼓励人才引进。西部地方政府在加强人才培训的同时，还应注重人才引进。鼓励企业打破地区封锁，坚持人才多方引进与培养。吸引国内优秀人才参与创办和发展西部特色优势产业，并要为引进人才提供社会保障方面的有利条件，为集群吸引和留住人才提供基础条件，吸引更多的技术劳动力，满足集群内企业对高级人才数量和质量的要求，培育和形成本地劳动力市场。同时，制定相应的激励性政策以吸引高级专家和学者参加到集群发展中。可以出台类似于“千人计划”“珠峰计划”这类针对高端人才吸引的政策。

（二）促进政策措施

1. 加强专业技术咨询服务

西部地方政府应采取多样化手段，为企业提供专业技术和知识咨询服务：一是依托国内科研院所，选聘知名专家为技术顾问，进行研发攻关和咨询服务；二是聘任区内学科带头人为首席专家，组建产业技术支撑体系建设专家团队，确定开发新产品、新技术、新品种及其推广；三是组织当地技术能手、企业家组成咨询服务队，为当地群众授课讲解，培养专业技术人员。

2. 培育特色区域品牌，完善公共营销体系

（1）培育集群品牌。西部地区集群的区域品牌效应与集群发展相辅相成。为此，西部地方各级政府要加强引导，着力塑造、维护和提升集群的区域化的品牌形象：一是要围绕西部地区的优势特色产业，编制地区品牌培育计划，有计划地扶持、培育一批具有地方资源优势、拥有自主知识产权、产品附加值高、市场竞争力强的知名商标，将其纳入地区品牌培育计划予以重点支持；二是要加快建立完善区域品牌考核、评价体系，加大对骨干企业在新技术应用、新产品开发和品牌培育等方面的资金、财政等政策支持。

（2）建立健全公共营销体系。一是要拓展上游原材料市场，鼓励有条件

的企业赴资源丰富地区建基地，解决原材料供应问题。二是要推进国内产品市场建设，鼓励有条件的企业积极拓展销售市场。三是要鼓励企业积极开拓国外市场，如鼓励企业到国外开设办事处或销售公司，四是要鼓励企业相互合作共同创设联合贸易公司，统一接受订单并统一制定产品价格，避免低水平的价格恶性竞争。五是要鼓励企业充分利用电子商务平台，从而促进网络营销。对于产品进大型连锁超市、企业参加国内外重点产品展销会、赴境外投资、发展电子商务等拓展市场行为，一律由政府制定相关政策给予一定奖励。

3. 建立健全公共服务中介机构

中小企业“小、散、弱”的特点决定了他们在发展中会遇到许多自身难以解决的问题，需要政府为其提供完善的社会化服务体系。西部地方政府要将建立健全中小企业服务体系作为重要的战略性任务，推进西部地区省（自治区、直辖市）、盟市、旗县三级中小企业公共服务平台网络建立健全，如行业协会、专门为企业提供各种技术、信息、咨询、审计等服务的中介组织。政府必须充分肯定行业协会和专业服务机构的合法地位，并在资金、技术、税收、信贷和工商管理上给予相应的支持，制定行业协会发展的规范程序，规范专业服务机构与企业之间的市场关系，不断开拓他们合作的渠道，并且要先由政府来扶持中介机构，再由中介机构去扶持中小企业。同时，鼓励和引导社会力量创办专业性服务平台和社会中介服务组织，通过市场化机制满足中小企业的个性化的发展需求。

4. 加强信息咨询服务

西部地方政府要加强对企业的信息咨询服务。一是加快网络基础设施建设，对市场业务逐步实现电子化管理，如建立中小企业电视频道、中小企业门户网站、创办中小企业发展期刊、为中小企业免费建设网站、免费发布信息等。二是建立中小微型企业分类统计与监测分析体系。按照新的划型标准，建立和完善中小微企业分类统计、监测分析和信息管理制度，以科学、准确、及时地掌握中小企业生产经营基本运行状况的信息，加强对企业发展的分类指导，以提高政策的针对性和有效性。要开展产业集群统计工作，将集群的地域分布、产业布局、集群企业数量、规模大小、人才状况、技术研发和创新、融资担保、产品销售、项目投资等方面情况进行全面的数据统计，为相关政策制定提供可靠而有效的依据。三是建立健全企业信息化推广和服务体系。政府筹资培育一批有水平、有信用、有知名度的市场化的信息技术咨询服务机构，指导、帮助企业信息化工作，架设政府与企业的桥梁。同时，要推出一批典型的中小企业信息化示范平台。四是进一步扩大和完善地区市场信息系统。通过信息管理系统，及时采集，分析和定期发布地区产品价格行情走势及供求信息，衔接产销，最终形成地区产品信息网络。五是引导企业实施“一把手”工程。企业信息化工作涉及企业的方方面面，决不是单靠企业内某一部门能够推进的，关键是企业“一把手”要下决心、定目标、提要求、做决策。六是加强信息发布和传播。政府要及时公布所掌握的信息资料，如劳动力市场人才需求信息、产品市场供求信息、现有政策等信息。

5. 扶持企业技术创新

西部地方政府应将引导中小企业创新发展作为长期发展方向和工作目标。要不断出台鼓励政策，推动、引导和促进中小企业转型升级，摆脱粗放发展的模式，走技术型和创新型的科学发展之路。

（1）建立健全技术开发机构，增加技术创新方面的资金投入。重点扶持与共性技术、关键技术需求相适应、技术集成度高、产业支撑力强的项目。激励和引导大型企业建立研发机构，发挥技术研发带头示范作用，支持大型企业技术中心向社会开放。加强企业之间、企业与科研机构之间、科研机构与高等院校之间的资源集成，形成集群创新合作机制。西部地方政府要为园区内外部企业、科研机构的合作创新牵线搭桥，积极关注外部市场存在的合作机会，同时向外界公布集群或园区内的合作创新需求。

（2）扶持建设公共技术服务和知识共享平台。西部地方政府要支持特色优势产业集群建设科技创新研发平台和检测平台及知识共享平台。鼓励企业通过自愿联合、契约联盟等方式，促进产学研合作创新，如与高校和研究所联合建立实验中心、研发中心、技术创新联盟等，利用高校和科研机构的知识优势，提高企业的技术创新能力。建立畅通的信息交流渠道，包括集群与外部的信息交流和集群内部的信息交流，以促进知识溢出、技术扩散和创新。支持产业集群人才平台建设，组建职业教育培训联盟，鼓励高等学校和科研院所，在园区设立分院和实训基地。

（3）加快建立创新的激励制度。鼓励更广范围内的科技人才依托各类产业来本土创办科技型企业；鼓励国内外投资者采取包括有限合伙在内的多种方式来产业集群区域设立创业投资机构；鼓励高新技术企业和其他市场主体实行技术分红、股份期权、年薪制等智力要素参与收益分配制度。西部地方政府要通过资金倾斜、财政补贴、资金补偿、贷款贴息、税收优惠等手段保护和重点扶持集群龙头骨干企业和创新型中小企业技术改造、技术创新、管理创新及节能减排。

6. 培育企业间合作关系，为产业集聚提供网络支持

中小企业集群化成长并不只依赖于企业内部的资源状况及其管理，同时还依赖于企业间合作沟通的行为。因此，西部地区中小企业集群政策要着重于提高企业间的关联度和产业链的完整性，要鼓励和引导中小企业围绕优势特色产业搞延伸、围绕重点项目搞协作、围绕大型企业搞配套，解决集群发展中存在的“集而不聚”的现象。

（1）制定优惠政策，培育和吸引大企业落户。加快培育壮大龙头企业，增强其引领、辐射和带动作用，是推动西部特色产业集聚升级，提升集群竞争力的重要举措。要按照“一个特色优势产业、若干个支柱型龙头企业”的原则，培育一批产业关联度大、技术水平高、带动能力强的重点骨干龙头企业。通过贴息、补助、奖励等相结合的方式，进一步加大对骨干龙头企业的扶持力度，重点扶持龙头企业原料生产基地建设、科研、技改、产品研发、品牌培育等。创新招商引资方式，突出以商招商、以特招商、以大招商、以优招商、定向招商、生产链招商的优势。进一步放宽企业的市场准入制度，积极引进那些带动能力强、有产业关联或配套协作功能的大企业、大集团，特别是要吸引国际性的大跨国公司进入，形成产业区的支柱产业。

（2）建立企业进入园区约束机制。西部地方政府要有目标地吸引那些具备产业带动优势与有产业关联效应和有配套协作功能的项目进入产业园区，建立企业进入园区的制约机制，那些不符合产业链关联和配套要求的中小企业坚决不允许加入企业集群。加大园区内龙头企业的培育，且对于那些符合产业链要求的企业，政府应制定扶持政策，在税收、土地、金融、人才引进、技术改造、进出口、政府采购等方面给予支持。

（3）积极推动企业横向合作。引导中小企业之间、中小企业与集群区内支柱企业建立协作配套关系，形成以支柱企业为核心，中小企业为节点的产业集群网络。有关政府部门可以经常组织召开集群区企业之间的座谈会、研讨会或茶话会，增强企业之间的联系和合作。引导企业与外部的供应商和用户建立合作关系，比如，共同采购原材料、共同建立批发或零售机构、共同引进新的设备、共同完成一份大的订单、共同开发一项新技术、共同使用某

些生产设施等。对与核心企业签订合同的配套中小企业，要提供贷款担保、贴息支持和资金扶持。同时，要加快信息化基础建设，为企业之间的相互交流提供高效运作的平台。引导集群企业设立专门的交流部门，努力扩展本企业与地区其他企业的联系。通过采取优惠政策鼓励建立专门的采购机构，由于大规模采购的成本优势以及政策优惠，该采购企业能以较低的价格向各企业供货，利益机制将促使各生产企业将采购外包。

（4）培育区域合作、信任的文化氛围。加强集群内的诚信体系建设，建立诚信制度和全社会共同遵守的诚信准则，对于集群发展至关重要。一是着力打造高信任度的区域政府，各级政府及其部门要做诚实守信的模范，出台的政策措施要坚持落实到位。二是规范自身行为，提升服务效率。政府应规范自身职权范围，废止不合理的审批事项，还要重视信任与合作文化的建立，提倡和培养专业忠诚的观念。三是建立和完善信用评估机制。以企业产品质量、安全生产、依法纳税、诚信交易为重点，推进中小企业信用制度建设，强化中小企业信用管理的内部约束和利益激励的自律机制。四是倡导创造有利于集聚的文化氛围。政府要大力通过自己的有利资源，比如电视、报纸和统计部门的数据资料，大力宣扬诚信、和谐的人与人之间的关系，鼓励在企业与企业之间，打破信息闭塞的状态。西部地方政府要做好“信息通讯员”，积极创造相关企业的合作机会。

（三）规制政策措施

西部地方政府不仅要鼓励和引导企业诚实经营、公平竞争，保护环境，还要制定政策措施规制企业诚信守法、环保及节能降耗、清洁生产。

1. 避免机会主义行为和投机行为

西部地区个别中小企业的一些欺诈行为和由此引发的抽逃资金、拖欠账款、逃废银行债务、恶意偷税欠税，在一定程度上影响了中小企业的整体信用形象，成为制约中小企业集群化发展的突出问题。因此，西部地方政府在培育、引导崇尚诚信、合作等区域环境和文化氛围的同时，还要注意约束和制约企业的机会主义和投机行为，要制定相应的法规条例，广泛开展“守合同、重信用”等活动，以保护诚实守信者，惩罚机会主义和投机者，形成良好的市场秩序和创新氛围。

西部地方政府有关部门应主导建设有关中小企业信用状况方面的综合信

息系统，提高中小企业的信用信息披露水平，降低信息不对称性。从银行到社会中介机构应尽快建立一套完善的信用评估体系，通过信用体系的推广，逐步培育中小企业的信用观念，引导企业诚信、依法经营。例如，可以在银行信贷登记咨询系统的基础上，构建金融信用信息平台，及时向各金融机构发布信用企业名单。探索制定“诚信市场”创建标准。如对信用好的中小企业要减少日常检查，对严重失信中小企业实施重点监管，促使诚信经营。

2. 合理规制中小企业政府采购

政府采购数量、品种、范围可以直接带动某个产业的产生和发展，从而促进中小企业集群化发展。比如硅谷的繁荣与成功在很大程度上依赖美国国防部的政府采购订单。我国西部地区特色产业中小企业集群化发展，也需要更加合理地制定政府预算，政府采购要对中小企业有所支持并严格要求，这样既有利于中小企业提高产品竞争力，又有利于其集群化发展。

西部地方政府要进一步完善政府采购的有关政策规定，要最大限度地对中小企业参与政府采购的不合理限制进行规范，明确采购人、代理机构不得以不合理的条件对中小企业实行歧视性待遇或差别待遇，不得在注册资本、业绩水平、资格条件等方面限制中小企业，不得使用特定供应商的技术标准排斥中小企业。

在采购项目执行过程中，要制定相关比例并严格按照比例预留专门面向中小企业采购的份额，对于中小企业有能力提供的通用性强、标准与规格较为统一，在满足采购需求的前提下，应当面向中小企业采购。对于非专门面向中小企业采购的项目，应当在评审标准和评标方法等方面做出有利于中小企业的具体规定，要将中小企业诚信经营、依法纳税和职工社会保险缴纳等情况作为评分内容。要根据项目情况给予一定的价格扣除，如6%—10%的比例。鼓励中小企业、中小企业与大型企业依法组成联合体参与政府采购，鼓励采购人允许获得政府采购合同的大型企业依法向中小企业分包。

在政府采购过程中，政府应积极开辟中标中小企业资金支付绿色通道。在控制履约风险的前提下，向中标中小企业支付的首付款比例一般应不低于50%，累计付款不超过3次。集中采购机构、采购人组织政府采购活动，一律免收中小企业招标文件工本费，对中小企业投标保证金、履约保证金数额应合理确定，并适当免除或者减少。政府还应深入培训引导中小企业参与政府采购，科学建立中小企业参与政府采购奖优罚劣的诚信体系。

3. 加强市场监管，加大力度规制恶意竞争与垄断

某些中小企业产品质量低劣、价格恶性竞争与垄断行为等从根本上影响了西部地区中小企业的品牌形象。因此，西部地方政府政策要注重建立健全市场监管体系、市场竞争规则和制度、强化规制恶意竞争和行业垄断行为。

政府政策要鼓励、引导企业间进行积极性竞争，杜绝低价格恶性竞争，严厉打击行业垄断现象，对依靠行业垄断、压制自由竞争、收取超额垄断利润的现象依法进行制裁，保护中小企业的合法权利，为展开公平竞争创造必要的环境条件。

政府要通过政策措施积极建立产品质量安全监管政策和追溯制度。完善地方法规，健全规章制度，加大打击制售假冒伪劣产品行为的力度，维护生产者、经营者和广大消费者的合法权益。尽快建立健全特色产业产品质量和标准体系，加快建设和完善省（自治区、直辖市）、盟市、县等各级产品质量检测中心、检测站和重点县检测点，保证全面施行从生产到销售全过程的质量管理。同时，西部地方政府职能部门要与中介机构联合，共同制定地区产品质量、服务标准，建立质量调控体系并监督执行。加强产品质量追溯，按照市场准入要求，逐步推行“信誉卡”和“二维码”的使用，保证产品质量信誉，维护西部特色产业区域性的良好品牌形象。

4. 生态环境保护规制政策

西部地方政府要发挥其生态环境保护的监管作用，加强对环境污染行为的监管和执法力度，如加大对直接排放和偷排的企业的打击力度，要从重处置。要依据谁污染谁付费的原则，按排放量和污染物对环境造成的污染程度的不同，制定收费标准，并征收污染排放税。政府应采取直接管制的控制政策，向中小企业主提供减少污染的激励，如环境保护补贴等财政手段。或者直接提供排污设备，以保护中小企业集群可持续发展的生态自然环境。政府应大力扶持企业技术改造与升级，严格限制新上高耗能、高污染项目，加快淘汰落后产能，鼓励发展附加值高和低污染产业。

（四）分类政策措施与集群绩效能力

支持西部地区中小企业集群化成长的分类政策都与如何提高企业的集聚能力、竞合能力、开放能力、创新能力有着密切关系。因为这些分类政策措施都是围绕着集群的这四种绩效能力而制定的。上述分类政策建议，包括扶

持政策措施、促进政策措施和规制政策措施，实际上都是促进集群集聚能力、竞合能力、开放能力和创新能力提高的政策建议。

具体而言，上述的分类政策，包括大力支持公共基础设施建设、大力培育要素市场、加强人力资源培训教育、加大集群软环境建设、加强信息与专业咨询服务、构建并不断完善公共服务中介机构、建立健全技术开发机构、公共技术服务和知识共享平台、培育企业间合作关系、市场监管及规制恶意竞争与垄断等都是促进集群四种绩效能力提高的政策建议。

二、支持西部地区中小企业集群化成长的专项政策措施

所谓支持西部地区中小企业集群化成长的综合性政策措施，是指为了更好地实施上述的分类政策措施，西部地方政府要加大资金援助、财政扶持、税收优惠力度并通过制定和完善相应的法律法规加以支持。专项政策措施包括融资服务、财政扶持、税收优惠和法律法规等方面的政策措施。这些专项的政策措施有利于促进专项性政策措施的顺利和有效实施，能够有力地促进集群集聚能力、竞合能力、开放能力和创新能力的提高。

（一）金融服务政策

资金不足和畅通的融资渠道缺乏是制约我国西部地区中小企业产业集群成长的瓶颈。要突破这个瓶颈，既要加大政府资金投入，又要面向市场融资，构筑多元化的投融资机制，进行金融扶持方式的持续创新。

1. 建立产业集群发展基金，鼓励民间资本进入

（1）设立产业集群专项发展基金。西部地区目前较少设立中小企业集群发展基金。因此，建立产业集群发展基金非常必要，旨在专门扶植形成产业链、争创区域品牌、提供关键和重大技术支持、创业辅导、服务体系建设和工业园区建设等。资金扶持过程中要有重点性和针对性。首先，要对集群中的龙头企业和骨干企业进行重点扶植，提供政府资金投入、信贷投资、证券市场、风险投资和海外融资等多元化的金融服务，为其基础研究、技术创新等环节提供有效的资金支持。其次，要对信用良好的企业实行资金重点扶持。对于那些诚信和信用度良好的企业，应该适当倾斜信贷政策，适当放宽担保抵押条件。

（2）鼓励民间资本参与。要鼓励民营企业投资基础设施领域，并鼓励民间资本投资于资产评估机构、会计师事务所、律师事务所、信用评估机构等各种公共服务机构建立，实现政府和民间的双赢共进。

2. 加强以产业园区为基础的资金服务

西部地方政府部门要以园区及园区内的集群中小企业为服务对象，牵头不定期组织银企对话会和项目推介会，如就商业银行支持重点集群的问题进行专题研究，加强金融机构同企业之间的沟通，解决了银企信息不对称的问题。鼓励商业银行创新培育产业集群的信贷品种和服务手段。如可采用会员制担保模式，由园区内的企业共同出资注册公司，可获得注册资金5倍的贷款支持。推动建立银行与担保机构风险共担、利益共享的协作机制，完善中小企业信用担保体系，落实国家对担保公司的优惠政策。建立和积极运用银团贷款、融资租赁、项目融资、财务顾问等多种业务方式，支持产业集群的项目建设，并采取授信贷款、贴息贷款等方式提高资金支持效果。

3. 大力发展中小企业信用担保机构

西部地方政府要综合运用税收减免、行政事业性收费减免，公益性、救济性捐赠税收优惠政策、免费培训、奖励补助和资本金注入等多种扶持方式，建立融资性担保机构中小企业贷款风险补偿机制，推进银行与担保机构的平等互利合作，加快建设中小企业信用担保体系。如对向入园企业发放符合条件的贷款的银行业金融机构，给予利息补助；对入园企业发行债券直接融资的给予贴息补助等。设立了中小企业信用担保资金，加大对中小企业担保机构培训和资金补助、免税政策扶持力度。

4. 实施中小企业金融链状经营服务

西部地方政府不仅为单独的企业提供金融服务，更要为成链状存在的中小企业商户群提供金融服务。金融链状经营的方式可以采取两种方式，一种是配合公司银行部的核心客户，例如公司银行部与畜牧业某个大型厂商有合作，其上下游的供应商、客户商等都是银行服务的对象。另一种是选择小而专的企业，帮助其完成产业链扩张，即旨在发展板块集群经济，帮助其延伸上下游产业，如加工、运输、销售，如鼓励企业之间、同一产业链条上的各个企业可采取相互担保的方式，以此获取金融机构更大的支持。

5. 增加对中小企业贷款的规模和比重

西部地方政府要引导银行业金融机构加强、创新和完善中小企业金融服务，积极发展中小金融机构，扩大对中小企业贷款规模和比重。同时，要鼓励资产管理公司等非银行业金融机构发挥资金、专业集聚优势，充分利用各种金融产品为中小企业提供融资、增信等服务，推进和规范发展产权交易市场，完善中小企业上市育成机制。

（二）财政扶持政策

1. 建立并加大中小企业集群化发展专项资金投入

西部地区应加大对财政支持力度，采取直接资助、财政担保、贷款贴息、补助、奖励等多种形式，建立并加大中小企业集群化发展专项资金投入，积极营造促进中小企业集群化发展的财税环境。

省本级预算要建立和继续安排中小企业技术进步贴息资金、基础设施建设专项资金及补助资金、节能环保专项资金、鼓励入园企业投资建设公共服务平台并给予补助，增设中小企业信用担保风险补偿资金，奖励和补贴中小企业节能技改及循环经济项目，支持开发区（园区）建设，对需要重点扶持的龙头企业项目建设给予贷款贴息。支持龙头企业技改，支持信用担保机构提高抗风险能力。对各类专业协会以及科技、信息、购销、储运等环节的中介服务组织给予一定的财政补助。各盟市、开发区和有条件的旗县要根据实际情况设立相应配套资金，并根据财政收入增长逐年扩大专项资金规模。

2. 增值税地方留成纳入产业发展资金

西部地方政府要将地区中小企业增值税地方留成部分，纳入扶持各类产业发展资金，用于扶持各类产业龙头企业和基地建设。

3. 设立承接产业转移专项资金

西部地方政府要设立承接产业转移专项资金，大力扶持承接产业转移工业园区加强交通、通信、供水、供气、供电等基础设施和综合配套能力建设，注重支持非资源型产业项目建设及地区等重点行业的投资引导。

（三）税收优惠政策

税费负担沉重是严重制约西部中小企业发展的瓶颈。有关数据表明，中小企业的税收增速大大超过了利润增速。本书调研也显示，大多数企业的经营者建议“加大对企业减税力度”，认为这是企业当前最为需求的政策扶持内容。虽然我国政府出台了一些减税减费措施，如国务院《关于进一步促进中小企业发展的若干意见》提出对年应纳税所得额低于3万元人民币（含3万元）的小型微利企业实行一年税收优惠，但范围有限、力度过小或者手续烦琐难以落实。因此，为了必须优化中小企业发展环境，必须进一步完善中小企业的税收优惠政策，构建地方税体系，形成有利于产业结构优化、社会公平的税收制度。具体而言，税收优惠政策包括降低税率、税收减免与返还、提高固定资产折旧率、延长税收宽限期等。

1. 加强中小企业税收服务，优化税收环境，降低纳税成本

要认真落实相关的税费优惠政策。凡是国家和地方政府政策规定减免的税费，一定要不折不扣地落到实处。要优化税收管理服务体系，规范征税机关执法行为，积极推行税务代理制度，加大税收优惠政策宣传，建立健全中小企业的纳税预约服务、定期纳税辅导、定期上门联系、税企联系卡等制度，切实做好税前、税中、税后的全方位服务。

2. 明确税收优惠的针对性和倾斜性，对技术创新进行税收优惠

允许中小企业建立科技开发准备金、结构调整准备金并在税前列支。对科技创新项目收益再投资于科技创新项目的企业或个人给予所得税免税或退税优惠。中小企业技术创新项目贷款应给予一定税收优惠、贷款贴息和信用担保。对中小企业节能减排、固定资产更新等实施税收优惠政策，如设备投资抵免和加速折旧等。同时，还要对中小企业的员工培训、信息化建设、新技术引进及管理咨询活动给予一定的财政补贴和税收抵免。

（四）法律法规政策

纵观西方发达国家的做法，各国政府对中小企业集群化发展的支持政策着重体现在法律法规的支持上，如反对企业垄断的法律、保护中小企业发展方面的法律。

西部地方政府也不断出台了扶持和促进地区中小企业发展法规条例，依法依规扶持和引导地区中小企业和产业集群发展。如宁夏回族自治区制定了很多政策文件以支持中小企业集群发展。

我国西部地区在支持地区中小企业集群化成长的法律、法规和条例方面，还存在着很多空白与不足，如缺乏反对和制约企业垄断、引导和扶持集群企业间协作配套、规范和支持行业协会发展、培育创建区域品牌及其评价、产业集群转型升级等方面的法规和条例。为了保障西部地区中小企业集群化发

展，制定、修改和完善上述相关的法规、条例非常重要。要通过《中华人民共和国反垄断法》，以规制企业合理竞争，防止企业垄断。要制定《关于引导企业间协作配套的指导意见》，以专门引导、扶持和促进集群企业间合作和专业化协作配套，干预那些对危及集群整体的败德行为和机会主义行为。要出台能够规范行业协会的成立和基本行为准则的《关于推进行业协会发展的条例》。西部地方各级政府应该根据具体地区制定相应的产业集群发展规划，出台和完善省（自治区、直辖市）、盟市、县级的《关于加快培育创建区域名牌的管理办法》《关于加快产业集群转型升级的指导意见》《关于产业集群示范区转型升级指导意见》等。同时，还要制定奖励性法规和条例，诸如集群企业新产品研制开发奖励条例、现有重大技术装备改造奖励政策、节能降耗技术的推广及应用的鼓励政策等。同时，要组织针对中小企业的有关的法律法规进行宣讲，如组织中小企业法律法规巡回报告会。

（五）专项政策措施与集群绩效能力

综上所述，支持西部地区中小企业集群化成长的专项政策措施与集群的集聚能力、竞合能力、开放能力和创新能力有着密切联系。专项政策措施是扶持西部地区中小企业集群集聚能力、竞合能力、开放能力、创新能力提升的措施建议。也就是说，资金援助、财政扶持、税收优惠和法律法规等专项政策措施是以提高集群集聚能力、竞合能力、开放能力、创新能力为宗旨的，西部地方政府要在集群的这四种绩效能力方面，加大资金援助、财政扶持、税收优惠方面的扶持，并要通过建立和完善法律法规来加以扶持。如西部地方政府要设立基础设施建设的专项基金和财政补贴、要设立技术创新专项基金并加大扶持力度、对创新性企业和企业间合作配套实施税收优惠和资金援助等。

虽然上述的专项政策措施对西部集群的四种绩效能力提高具有促进作用，但是还要根据西部地区四类中小企业集群化成长的政策目标和政策取向，为不同集群明确专项政策措施的实施重点范围。对于黑色、白色、红色和绿色产业集群，融资服务、财政扶持、税收优惠和法律法规等方面的专项政策措施都要向支持竞合能力提高倾斜。同时，专项措施对于黑色集群和绿色集群而言，还要向集聚能力倾斜；对于红色和白色集群来说，还要重点扶持开放能力。

三、支持西部各类特色产业中小企业集群化成长的专门政策措施

上述政府支持政策措施，是基于西部地区目前特色资源产业中小企业集群发展所存在的共同性问题和所共处的“雏形期”发展状况制定的，适用于所有的西部特色产业中小企业集群化成长。但是，需要注意的是，对于西部地区的红色集群、绿色集群、白色集群及黑色集群等各类产业集群来说，尽管它们存在着共同的特征和相同的发展问题，但是也存在着各自不同的特点和发展瓶颈，因此在明确西部地区特色产业中小企业集群发展的共同性政策措施的基础上，还需要根据具体的权变因素和具体情况，在共同性的政策措施中进行权变选择和有所侧重，以将政府有限的资源倾向于西部特色产业中小企业集群化发展的关键环节和绩效能力，这就是专门政策。具体而言，西部各类中小企业集群的重点政策措施除了根据各自不同的发展关键瓶颈因素之外，还要考虑所处的行业特点、技术特点和集群类型。本部分主要是概括地阐明西部特色产业中小企业集群化发展的重点支持政策着力点，具体政策措施内容见前面的分类和专项政策。

（一）根据关键瓶颈制定专门政策措施

1. 黑色产业集群的政策措施

由前文相关内容可知，制约黑色产业集群发展最薄弱的绩效能力是竞合能力，且集聚能力也较弱。因此，对于黑色产业集群而言，政府支持政策要以提升其竞合能力和集聚能力为主，要从前面所论述的政策措施里重点选择那些企业间合作和企业间集聚方面的对策。具体的专门政策措施主要有：

（1）延伸产业链，加速资源转换。黑色集群要依托资源优势和大企业优势，立足于产业基础，继续实施资源转换战略，强化优势产业，大力支持中小企业参与资源勘探、开发与加工。以资源的有序开发为基础，以结构调整、产业升级为主线，围绕煤化工、冶金、有色金属精深加工等产业链延伸加速产业分工，形成优势互补的配套协作产业集群，培育一批有基础、有潜力、有优势的中小企业，构建中小企业产业集群。

（2）加强环境保护监管。冶金、有色金属、煤炭等黑色集群由于行业属

性，废弃物产生量大、污染严重，因此西部地方政府政策要加大管理和规制力度，鼓励集群企业循环式清洁生产、建设绿色工厂，提高废渣、废水、废气的综合利用率。

（3）支持大企业提升竞争力，发挥其龙头示范作用。坚持引进大集团、大企业，构建产业集群，实现大型化、高起点、规模化、园区一体化的重点项目建设，加快重工业产业基地建设。

2. 白色产业集群的政策措施

根据前文相关内容，白色集群较弱的竞合能力和开放能力是制约其发展的主要瓶颈，主要表现为同质企业较多和产品同质化严重，缺乏差异化产品，技术创新水平低，区域品牌知名度和影响力弱。因此，促进白色产业集群发展的政策措施主要是围绕着如何提升集群企业的技术创新和提升区域品牌效应来制定。

（1）鼓励和大力扶持核心企业技术创新。西部地市政府政策要通过减免税收、提供财政补贴等方式鼓励龙头企业不断提高产品的技术装备水平，不断开发具有高科技含量和附加值的创新型产品，在市场竞争中不断扩展新的领域，强化生产过程中的技术控制，加快推进节能减排技术进步。鼓励企业通过培养、引进科技人才，引进和执行最新国内国际标准，创建高水平技术中心和实验室，并针对消费者展开深入研究，提升企业自主研发、自主创新的实力。

（2）扶持标准化原材料基地建设。对于乳制品、羊绒等白色产业集群而言，原材料的质量是其生存与发展的关键。因此，要加快标准化原材料生产基地建设，这可以增强集群的竞合能力。具体内容包括：扶持企业、种养大户、合作组织通过土地承包经营权流转、订单或自建、联营、家庭制等多种形式开展集约化经营，优化产业基地布局，培育特色产业板块，提高产业发展集中度。

（3）提升集群区域品牌效应。因为竞合能力的提升能够促进集群开放能力的提升，所以，白色集群主要应该通过扶持和促进企业技术创新，来增强集群区域品牌的影响力，从而提升集群开放能力。

3. 红色产业集群的政策措施

由前文相关内容可知，红色产业集群发展的关键瓶颈因素是较低的竞合能力和开放能力，主要表现在集群内加工企业数量少、规模小、实力弱；产品加工率低，处于“销售原料”阶段；国内外市场知名度低、产品销售量少等。因此，政府支持政策措施要针对这些问题来制定。

（1）加强原料生产基地建设。政府政策要促进加快良种繁育，大力推广优质高产新品种，扩大提升优质制种业规模档次，建设西部重要的种子种苗基地，不断提高原料品质和供给能力。

（2）以龙头企业为核心促进企业配套协作。支持龙头企业与中小企业建立交易协作关系，促进龙头企业与配套企业相互协调和共同发展，提高群内配套率。

（3）加强工业园区建设。引导企业和项目集聚和进园区发展，完善基础设施，明确发展重点，加强部门协作，优化发展环境，建设一批具有示范带动作用的生态型循环经济工业园区。

4. 绿色产业集群的政策措施

根据前文相关内容，制约绿色集群发展的瓶颈因素是薄弱的竞合能力和集聚能力，主要体现在：缺乏领军企业或龙头企业，没有知名品牌，缺失规模化、标准化、集约化经营原料基地建设。因此，西部地区政府要围绕这些瓶颈因素来制定支持政策措施，尤其是要注重如下方面的政策措施：

（1）培育龙头企业，培育骨干企业的知名品牌，提高带动能力。围绕农畜产品加工业等绿色产业链，深入实施龙头企业升级工程，推进同类产品企业联合与合作，吸引国内外大型产业化龙头企业参与和进入，鼓励企业向产业示范区聚集，构筑龙头企业集群，发挥集群效应和互补优势，推动规模化集约化生产，提升集群增值水平和综合效益。

（2）鼓励和扶持培育集群名优品牌。把扶持龙头企业与打造集群知名品牌结合起来，支持龙头企业通过开展质量体系认证、无公害农产品、绿色食品和有机食品认证、市场开拓和品牌创建，实现核心企业与集群品牌的嫁接。

（3）支持标准化原料基地建设。支持龙头企业面向市场、突出特色，建立企业与农户双赢的利益连接机制。鼓励龙头企业带动农户建设标准化原料生产基地，积极引导龙头企业通过定向投入、定向服务、定向收购等方式，为农户提供种养技术、市场信息、生产资料和产品销售等多项服务，发展订单农业。重点推行“公司＋中介组织＋农户”的一体化组织模式，逐步建立以产权为纽带，以合作制、股份合作制为主要联结形式的产业化经营体系。

（二）根据集群类型制定专门政策措施

西部地区中小企业集群，依据集群内部产品价值链上不同企业之间的关系，可划分为“中小企业群生型”和围绕大企业形成的“中小企业共生型集群”两种基本类型。在西部地区中小企业集群化发展过程中，西部地方政府应根据不同集群的类型权变设计专门支持政策措施。

1. 中小企业群生型

中小企业群生型集群是指众多的中小企业按照专业化分工和产业联系，共同形成一个互动互补的有机的产业群落。例如西部地区的红色产业集群中宁夏枸杞产业、榆林红枣产业、陕西苹果产业，以及绿色产业中的云南花卉产业集群、内蒙古牛羊肉产业集群等地区集聚区域都是这类的产业集群。对于这种类型的产业集群而言，其重点的支持政策措施的着力点主要表现为：(1) 培育和形成骨干企业，从而以龙头企业带动中小企业发展。(2) 鼓励中小企业之间建立发达的分工协作网络。(3) 加大集群或工业园区硬件基础设施和软环境建设投资力度。(4) 以直接扶持政策为主，着重于金融支持、税收优惠、财政补贴等直接支持措施。

2. 中小企业共生型集群

围绕大企业形成的中小企业共生型集群是指众多中小企业围绕几个规模较大的骨干企业，为其进行专业化的生产和配套服务，大中小型企业共生互动、协调发展。在西部地区中小企业集群中，白色集群中的呼和浩特乳制品产业集群、四川贵州的白酒行业，黑色产业中的包头稀土开发区产业集群等都属于该种类型。对于这些属于大中小企业共生型的产业集群来说，其支持政策措施的重点应该注重如下方面：(1) 重点扶持发展壮大龙头企业，扶持龙头企业加强科技创新和知名品牌培育。(2) 重点培育龙头企业与上下游中小企业之间的协作关系。(3) 注重发挥间接性政策作用，注重向龙头企业和为其配套的中小企业提供政策优惠和优良服务。

（三）根据集群产业特征制定专门政策措施

西部地区的中小企业集群所处的行业和产业具有不同特点，依据行业特点制定集群发展支持政策的实施重点也非常必要。

1. 集群主导产业的产业链长短

相较于红色、白色、绿色产业集群，黑色产业集群的产业链普遍较长。因此，黑色产业集群政策重点更应放在延伸产业链条。进一步地，黑色集群延伸和拓展产业链条的政策的重点又要放在加大资源的深加工度和综合利用，提高产品附加值和资源转化效率，形成节能、环保和资源有效利用的集群化发展新模式。而红色集群、绿色集群和白色集群对于其产业链条延伸的支持政策要重点突出农畜牧产品的保鲜、储运、包装及优良品种技术的开发。

2. 集群主导产业的市场规模

与红色、白色和绿色产业集群相比，黑色产业集群的主导产业的市场规模和市场容量力较大或其产业规模经济性较强，黑色产业集群政策更应注重龙头企业的培育和扶持。红色、白色和绿色集群政策更应该重营造集群环境、重集群网络建设、加强知识溢出效应、重创新型中小企业孵化与培育。进一步地，白色集群发展的支持政策重点主要是鼓励企业通过技术创新、不断开发新产品和提高产品质量来拓大市场规模。对于绿色集群、红色集群而言，支持政策的重点应是把扶持龙头企业与打造知名品牌结合起来，实现企业与品牌的嫁接。

（四）根据技术特点制定专门政策措施

西部地区不同的中小企业集群产业链所使用的主导技术具有不同的特征，因此，要依据不同产业集群的技术特点，来确定支持政策措施的重点。

1. 黑色产业集群

西部黑色产业集群属于由大型企业主导的产业集群，因此支持政策要重点支持龙头大型企业加强先进技术的引进、消化和吸收，加大技术集成和创新，全面提高自主创新能力，在关键技术领域实现重点突破，积极推进科技成果的转化应用，并带动中小企业配套企业进行创新。

2. 红色、绿色产业集群

西部的红色集群和绿色集群具有基本相同的特点，都以农畜牧产品为原材料，都缺少大型企业的带动效应。因此，红色和绿色集群政策重点应是着眼于标准化、规范化的原材料生产基地建设，尤其要鼓励和扶持集群龙头企业建立和建设自己的原材料生产基地和开发农畜牧优良品种技术，加强原材料种养供应者的技术服务和技术培训。另外，红色和绿色产业集群政策还要注重引导集群中小企业在模仿技术创新的基础上进行自主性创新。

3. 白色产业集群

根据西部白色产业集群的特征，即以大企业为主导和以农畜牧资源为原材料，因此白色产业集群政策重点要针对大型企业和龙头企业的自主创新和对优良品种的开发。

上述关于西部各类特色产业中小企业集群化成长的支持政策的实施重点具体如表8-3所示。

表8-3　　西部地区四类集群的专门政策措施

权变因素	集群类型	重点支持政策措施
关键发展瓶颈	黑色集群	延伸产业链，加速资源转换；加强环境保护监管；支持大企业提升竞争力
	白色集群	鼓励和扶持核心企业技术创新扶持标准化原材料基地建设
	红色集群	加强原料生产基地建设；以龙头企业为核心促进企业配套协作；加强工业园区建设
	绿色集群	培育龙头企业，培育知名品牌，提高带动能力；鼓励和扶持培育名优品牌；支持标准化原料基地建设
行业特征	黑色集群	延伸产业链条，加大资源的深加工度和综合利用，提高产品附加值和资源转化效率重在龙头企业的培育和扶持
	红色集群 绿色集群	支持农畜牧资源产品的保鲜、储运、包装及良种技术开发；重营造集群环境、集群网络建设、加强知识溢出效应、重创新型中小企业孵化与培育；将扶持龙头企业与打造知名品牌相结合
	白色集群	突出农畜牧产品的保鲜、储运、包装及良种技术开发；重营造集群环境、重集群网络建设、加强知识溢出效应、重创新型中小企业孵化与培育；鼓励企业通过技术创新、不断开发新产品和提高产品质量来扩大市场规模
技术特点	黑色集群	扶持大型企业的自主创新并带动中小配套企业的技术创新
	白色集群	扶持大型企业和龙头企业自主创新和对优良品种的开发
	红色集群 绿色集群	鼓励和扶持龙头企业建立和建设自己的原材料生产基地和开发农畜牧优良品种技术；鼓励中小企业在模仿创新进行自主创新
集群类型	大中小企业共生型	重点扶持发展壮大龙头企业，扶持龙头企业加强科技创新；培育龙头企业与中小企业之间的协作关系；注重发挥间接性政策作用，注重向中小企业集群化成长提供优良的公共服务
	中小企业群生型	培育骨干企业，以龙头企业带动中小企业发展；增加中小企业数量并鼓励中小企业之间建立发达的分工协作网络；加大集群或工业园区硬件基础设施和软环境建设投资力度；以直接扶持政策为主，着重于金融支持、税收优惠、财政补贴等直接支持措施

第四节　西部地区中小企业集群化成长支持政策的保障措施建议

西部地区中小企业集群化成长支持政策的保障体系是指保证西部地区中小企业集群化成长的分类政策和专项性政策的合理制定并顺利实施的所采取的措施和手段，主要表现在组织保障、加强政府部门间协调联动、建立健全工作机制、加强理论与实践学习，掌握集群发展内在规律、奖惩机制保障和加强政策宣传障等方面。

一、组织保障

为了保证中小企业集群化发展的有关政策的有效实施，要有组织方面的保障措施，即应该组建和明确专门的管理部门和主管部门。如建立中小企业局作为促进中小企业集群化发展的牵头部门和主管部门。该主管部门应该承担有关中小企业集群发展职能，要掌握和分析产业发展信息，研究市场资源、技术发展和市场环境，合理制定和不断完善企业集群布局规划，确定一批高成长性企业和产业项目，高效发挥政府在产业集群发展中的宏观调控作用。同时，要制定中小企业集群发展目标，提出中小企业集群发展的政策措施及其实施方案。

同时，西部地区各个地区也应设立由政府部门主导的临时性或长期性的工作机构，从而对各地区集群化发展进行系统性的指导和引导，包括企业及集群发展的信息收集、分析和总结，制定招商引资的目标和措施，研究和开发金融、技术、人才等方面扶持中小企业集群发展的政策。政府主管部门要加强自身的集群理论修养并不断提高自身的综合管理能力，要从宏观角度科学地制定产业集群成长的战略规划及政策、法规，要合理规划集群发展的产业结构，要适时调查了解集群发展及其支持政策效果。

需要注意的是，要形成集群政策的长效机制，有关中小企业集群化发展的各项政策和措施不能因政府的更迭和领导人的看法或注意力的改变而随意改变。

二、加强政府部门间协调联动

西部地区中小企业量大面广，依靠任何一个部门都难以解决好中小企业所有的问题。中小企业集群化成长的支持政策制定与落实，会涉及不同层级的政府以及政府不同部门，而不同的政府部门承担不同的具体任务和担负不同的责任，也有各自不同的利益需求。因此，中小企业集群化政策的制定与实施，需要对各级政府部门职能进行合理分工，并且还要相互联结和相互协调，组成一个责任明确、分工合理、协调一致的中小企业集群化成长的管理体系。因此，西部地方政府应充分发挥其协调与组织作用，建立和健全多部门协调联动机制，同时也要吸纳经济学专家、生态学专家、营销专家、法学专家等多学科领域专家参与，形成合力共谋中小企业集群化发展。如建立以政府分管主席为组长、若干相关部门及经济学、管理学、生态学等方面的专家为成员的促进中小企业集群化发展的工作小组和“促进产业集群发展联席会议”。联席会议负责指导和协调地方促进产业集群发展中遇到的重大问题。

西部地方政府要积极、主动地促进中小企业集群化发展的相关的政府职能部门、企业人士、研究机构及各方面的学者专家，定期或不定期地召开协调联席会议，围绕中小企业集群化成长共同探讨和出谋划策。具体地讲，政府主管部门要与相关部门和机构合作以合理、科学地制定地区中小企业集群化成长战略规划和政策法规。同时，要与土地利用总体规划和城镇市规划相衔接，严格贯彻《产业结构调整指导目录》和国家产业政策，通过产业指导目录引导各地因地制宜地实施产业集群发展战略。政府主管部门应与相关部门共同研究制定有效的中小企业集群化发展的效果评估系统，长期对政策效果进行实时跟踪分析，从而为政府部门制定科学的政策提供动态的信息支撑。

三、建立健全工作制度

西部地方政府职能部门应转变政府管理职能，增强服务意识和提高办公效率，实现从管制型政府向服务型政府的转变。要把中小企业集群化发展列入重要议事日程，切实加强组织领导，强化督促检查，把各项政策措施落到实处，为中小企业集群化发展营造真正的有利环境。

具体而言，西部地方政府要帮助集群企业了解掌握和学会利用产业政策和财税政策。要严格清理、取消行政事业性收费项目，坚决清理和取消不合理收费。如全面实施行政事业性零收费政策，即所有涉及中小企业创办的管理类、登记类、证照类等行政事业性收费全部免收。要进一步减少、简化行政审批，公开办事程序。如改审批制为备案制或网上审批制；在园区内设立分支机构，加快审批速度。要进一步清理各行业协会或者中介机构的摊派和“搭车收费”，着重治理行政机关及行业协会的滥检查、滥培训、滥评比和乱罚款行为。对企业反映强烈的损害企业利益的突出问题开展专项治理，并加强舆论监督。

四、掌握集群发展内在规律

中小企业集群必须遵循其自身的发展规律，才能更快更好地不断成长。因此西部地方政府在制定集群政策时，必须要首先对集群的内在演化和发展规律有深刻的认识和了解。首先，西部地区中小企业集群发展的主管部门及其他相关部门和机构人员要加强自身对于中小企业、产业集群发展规律和理论实践知识的学习，并要加强彼此间的学术交流，进行集体性的合作学习，以为促进中小企业的集群化发展奠定扎实的知识基础，不断积累和掌握集群政策的成功经验和避免错误的思想和行为，如政府直接干预或强行控制集群的发展就违背了集群的内在发展机制和规律。西部地方政府要切实加强实地调研和企业、集群实际情况分析，以积极探讨、研究和解决中小企业集群发展过程中遇到的重大问题。如主管部门牵头组织行业协会、企业、研究机构、学者等，对中小企业集群进行系统调研，以准确掌握中小企业集群所处的发展阶段、现状及特征，从而为政策的制定提供基础数据和资料。创办或鼓励中介服务机构创办集群内发行的专业性报刊，研究和传播产业集群知识。可以通过举办企业家沙龙、讨论关于产业发展和五年规划等各类座谈会推进本地跨企业和区域跨产业学习。

需要强调的是，对产业集群发展规律的基础理论知识的学习、实地调研与统计工作应当是一项长期持续的工作，不能视为某一阶段性的工作。

五、奖惩机制保障

地方政府应强化集群发展与管理工作绩效考核，通过激励和监督措施来保障集群政策的合理制定和有效实施。西部地方各级政府要把发展各类地区集群化发展的任务分解落实到相关职能部门，纳入领导班子和职能部门目标考核体系，并将考核评价结果与年度实绩考评奖惩挂钩。同时，要将企业税费负担纳入政绩考核体系。在对政府领导班子的年度实绩考核中，还要提高“服务态度”、“对园区或集群的调研”考核内容的权重。对于服务态度好、深入园区或集群做调查研究的政府职能部门应给予表扬和奖励。建议在对地方政府和官员进行考核时适当淡化GDP及其增速、招商引资等反映数量增长的指标，强化产品附加值、科技投入、投入产出回报率、资源利用效率、品牌建设、市场秩序等反映发展质量的指标，强化失业率、人均收入水平、节能减排等关系国计民生、社会进步和生态建设的指标。

西部地方政府还应加强监管力度，严肃纪律，对片面性的“形象工作”“政绩工程”的行为、对在企业和集群利润等指标上虚报浮夸、弄虚作假等行为，要严肃处理。负责集群或园区发展的主管部门要切实加强对基础设施建设、专项基金的使用及效果、创新平台的建设及各项政策落实情况的监督检查，对落实不力、工作拖拉的地区和部门，要严肃批评教育，并追究有关人员责任，同时要结合使用并强化法律监督和舆论监督。

六、加强政策宣传与贯彻

西部地区各级政府部门要利用报纸、广播、电视、互联网等媒体，开展形式多样的宣传活动，广泛宣传国家、省（自治区、直辖市）、盟市、县等关于中小企业及产业集群的法制法规和方针政策，及时对发布的相关政策和规划进行内容解读，使企业准确了解政策导向。要指导和支持企业对工业园区的建设和取得的重大研究成果、产业化重要进展等加强宣传，树立产业园区的良好形象，为营造有利于中小企业集群化健康发展的良好社会环境奠定基础。各有关部门要相互沟通协调，制定相应落实办法，高效贯彻和执行出台的政策和措施。同时，要加强支持政策落实情况的跟踪检查，及时分析问题、采取措施，保证各项政策的有效落实。

第五节　提高西部地区中小企业产业集群绩效能力为导向的政策体系建议

本节将从影响西部地区中小企业集群化成长的四种绩效能力，即集聚能力、竞合能力、开放能力和创新能力角度，对前述本章第一、二、三、四节所阐述的政策目标、政策取向、政策措施和政策保障等内容进行归类和总结，主要阐明提高西部产业集群四种绩效能力导向下的政策体系建议。

一、提高集群集聚能力的政策体系建议

（一）集聚能力支持政策目标

西部地区中小企业集群化成长的集聚能力支持政策目标主要是引导集群和园区企业之间的有效集聚，避免企业、机构间的无序扎堆，从而充分发挥园区产业聚集、成果孵化和经济带动效应。其中，与红色和白色集群相比，西部的黑色集群和绿色集群的支持政策更应侧重于集聚能力的提高。

（二）集聚能力支持政策取向

1. 集聚能力支持政策总取向

支持西部集群集聚能力提升的政策目标要转化为政策的主要扶持方向，即政策取向，才能更好地得以实现。西部地区中小企业集群化成长的集聚能力支持政策取向是重点规划和建设园区和集群基础设施、建立和完善公共服务体系，以有效引发企业间集聚效应。

2. 不同颜色集群的集聚能力支持政策取向

（1）黑色集群。提高黑色集群的集聚能力的支持政策取向主要是：大力培育和引进龙头企业；加强产业园区建设，引导企业向园区集聚发展。

（2）绿色、红色和白色集群。绿色、红色和白色集群都是以农畜牧产品为原材料，因此这三种类型的集群具有相似的集聚能力支持政策取向，即促进新企业数量的增长；加大规模化、标准化、集约化的原料生产基地建设；

加强企业的园区化、集聚化发展。同时，绿色和红色集群还要加大培育能发挥带动和示范作用的龙头企业。

（三）集聚能力支持政策措施

1. 专项性政策措施

（1）扶持政策措施。

第一，大力支持基础设施建设。软硬件环境建设。一要加强供水供电、交通运输、邮电通信、环保、信息网络、企业家聚会场所等硬件基础设施建设，以提供产业集聚的基础。二要重点扶持和引导现代金融、现代物流、科技服务、信息服务、商务服务、专业市场等服务业发展，创建和完善优良的产业集聚的软环境。

基础设施投融资体制改革。要深化基础设施投融资体制改革，逐步建立起以政府财政投入为主体，多元化融资相结合的投资体制并鼓励社会资本投资建设集群和园区基础设施。

推进开发区和工业园区建设。通过税收、优质服务和金融等领域的政策优惠加强和持续推进工业园区、开发园区、创业基地、物流园区、标准化生产基地等示范工程建设，以构建完善的集群集聚能力提升的载体。

第二，大力发展要素市场。市场体系建设。一要扶持培育零售交易中心、商品批发市场、原辅材料市场等专业市场。二要培育特色区域集群品牌以拓展市场需求。主要包括编制地区品牌培育计划；加快建立完善区域品牌考核、评价体系，加大对骨干企业品牌培育的融资、财政资金支持；充分运用研讨会、展销会等舆论力量，加大品牌宣传力度。三要引导鼓励企业申请贴息贷款建设绿色产品市场并广泛吸纳企业和个人的资金。

供应商培育。一要加大税收优惠、贷款贴息力度，并通过政府采购方式，大力扶持中间产品供应商和服务商企业的衍生和发展，为集聚效应创造条件。二要通过招商引资等多种方式吸引重要的原材料供应商在本地生产和落户，促进供应商企业数量增长，增强产业集聚的基础。

第三，加强人力资源培训教育。建立集群职业技术教育和培训中心，提供管理和技术培训。要引导民营资本注入中小企业人力资源培训。继续实施并推进“银河培训”工程并逐渐由对管理者的培训辐射到基层员工。鼓励专业人才引进。出台类似于“千人计划”“珠峰计划”这类针对高端人才吸引的政策。

（2）促进政策措施。

第一，加强专业技术咨询服务，促进产业集聚。一是依托国内科研院所，选聘知名专家为技术顾问，进行研发攻关和咨询服务；二是聘任区内学科带头人为首席技术专家，组建产业技术支撑体系建设专家团队；三是组织当地技术能手、企业家组成咨询服务队。

第二，加强信息咨询服务，构建产业集聚的信息管理基础。一要加快网络基础设施建设，如中小企业电视频道、中小企业门户网站、创办中小企业发展期刊等；二要建立中小微型企业分类统计与监测分析体系和产业集群运营情况统计；三要建立健全集群发展的信息化推广和信息化服务体系；四要要推出一批典型的中小企业及集群信息化示范平台；五要进一步扩大和完善地区市场信息交流中心，并对所有企业开放。

第三，建立健全公共服务中介机构，为产业集聚提供完善的服务条件。按照“政府搭建平台，平台积聚资源，资源服务企业”的理念，加快构建省（自治区、直辖市）、盟市、旗县三级中小企业公共服务平台网络，如行业协会和中介组织。要先由政府来扶持中介机构，再由中介机构去扶持中小企业。同时，鼓励和引导社会力量创办专业性服务平台和社会中介服务组织，通过市场化机制满足中小企业的个性化的发展需求。

第四，扶持企业技术创新。一要建立健全技术研发机构，增加技术创新方面的资金投入。并加强企业之间、企业与科研机构之间、科研机构与高等院校之间的合作创新机制，向外界公布集群或园区内的合作创新需求。二要扶持建设公共技术服务和知识共享平台。鼓励科研院所与国内外研究机构、高等学校、企业建立联合实验室或研究开发中心，支持产业集群人才平台建设，组建职业教育培训联盟，鼓励高等学校和科研院所，在园区设立分院和实训基地。三要加快建立创新的激励制度。鼓励更广范围内的科技人才来本土创办科技型企业；鼓励国内外投资者采取包括有限合伙在内的多种方式来产业集群区域设立创业投资机构；鼓励高新技术企业和其他市场主体实行技术分红、股份期权、年薪制等智力要素参与收益分配制度。西部地方政府要通过资金倾斜、财政补贴、资金补偿、贷款贴息、税收优惠等手段保护和重点扶持集群龙头骨干企业和创新型中小企业的技术改造、技术创新、管理创新及节能减排。

第五，加大政府采购。要制定相关比例并严格按照比例预留专门面向中小企业采购的份额。对于非专门面向中小企业采购的项目，应当在评审标准和评标方法等方面作出有利于中小企业的具体规定，要将中小企业诚信经营、依法纳税和职工社会保险缴纳等情况作为评分内容。要根据项目情况给予一定的价格扣除，如6%—10%的比例。鼓励中小企业、中小企业与大型企业依法组成联合体参与政府采购，鼓励采购人允许获得政府采购合同的大型企业依法向中小企业分包。

要积极开辟中标中小企业资金支付绿色通道。如在控制履约风险的前提下，向中标中小企业支付的首付款比例一般应不低于50%，累计付款不超过3次。一律免收中小企业招标文件工本费，对中小企业投标保证金、履约保证金数额应合理确定，并适当免除或者减少。政府还应深入培训引导中小企业参与政府采购，科学建立中小企业参与政府采购奖优罚劣的诚信体系。

（3）规制政策措施。

第一，避免机会主义行为和投机行为。要培育和引导崇尚诚信、合作等区域环境和文化氛围，制定相应的法规条例约束和制约企业的机会主义和投机行为。建设有关中小企业信用状况方面的综合信息系统，提高中小企业的信用信息披露水平。从银行到社会中介机构应尽快建立一套完善的信用评估体系，探索制定“诚信市场”创建标准。

第二，合理规制中小企业政府采购。要最大限度地对中小企业参与政府采购的不合理限制进行规范，明确采购人、代理机构不得以不合理的条件对中小企业实行歧视性待遇或差别待遇，不得在注册资本、业绩水平、资格条件等方面限制中小企业，不得使用特定供应商的技术标准排斥中小企业。

第三，加强市场监管，加大力度规制恶意竞争与垄断。政府政策要鼓励、引导企业间进行积极性竞争，杜绝低价格恶性竞争。要通过政策措施积极建立产品质量安全监管政策和追溯制度。加大打击制售假冒伪劣产品行为的力度。尽快建立健全地区产品质量和标准体系，加快建设和完善省（自治区、直辖市）、盟市、县等各级产品质量检测中心、检测站和重点县检测点，保证全面施行从生产到销售全过程的质量管理。西部地方政府职能部门要与中介机构联合，共同制定地区产品质量、服务标准，建立质量调控体系并监督执行。

第四，生态环境保护规制政策。加强对环境污染行为的监管和执法力度，对污染直排、偷排的企业加大打击力度。要依据谁污染谁付费的原则，按排放量和污染物对环境造成的污染程度的不同，制定收费标准，并征收污染排放税。政府应采取直接管制的控制政策，向中小企业主提供减少污染的激励，或者直接提供排污设备，以保护中小企业集群可持续发展的生态自然环境。政府应大力扶持产业转型和技术改造，严格限制高耗能、高耗水、高污染的新上项目，加快利用高新技术和先进适用技术改造传统产业。

第五，建立企业进入园区约束机制。西部地方政府要有目标地吸引那些具备产业带动优势与有产业关联效应和有配套协作功能的项目进入产业园区，建立企业进入园区的制约机制，那些不符合产业链关联和配套要求的中小企业坚决不允许加入企业集群。

2. 专项政策措施

（1）金融服务政策。一要设立产业集群发展基金，专项用于重点支持基础设施建设、壮大集群龙头企业和发展生产性服务业。二要鼓励民间资本和外资投资于集群和园区基础硬软件环境建设。三要大力发展中小企业信用担保机构。要综合运用税收减免、行政事业性收费减免，公益性、救济性捐赠税收优惠政策、免费培训、奖励补助和资本金注入等多种方式进行扶持，并增设中小企业信用担保风险补偿资金，支持其提高抗风险能力。对向入园企业发放符合条件的贷款的银行业金融机构，给予利息补助；对入园企业发行债券直接融资的给予贴息补助等。四要增加对中小企业贷款的规模和比重。要引导银行业金融机构加强、创新和完善中小企业金融服务并积极发展中小金融机构，扩大对中小企业贷款规模和比重，以鼓励更多的中小企业创业、增加园区企业数量。

（2）财政扶持政策。一要加大专项财政资金投入，专项用于支持产业集聚。省本级预算要建立和继续安排开发区基础设施建设专项资金和补助资金、节能专项资金、农牧业产业化专项资金，鼓励入园企业投资建设公共服务平台并给予补助，支持开发区（园区）建设，对需要重点扶持的龙头企业项目建设给予贷款贴息。二要将增值税地方留成纳入产业发展资金。要将地区中小企业增值税地方留成部分，纳入扶持各类产业发展资金，用于扶持集群、园区、基地建设。三要设立承接产业转移专项资金以支持承接产业转移园区配套基础设施建设。

建立并加大集群发展专项资金投入。省本级预算要建立和继续安排开发区基础设施建设专项资金和补助资金、节能专项资金、农牧业产业化专项资金，鼓励入园企业投资建设公共服务平台并给予补助，还要增设中小企业信用担保风险补偿资金，奖励和补贴中小企业节能技改项目、循环经济项目，支持开发区（园区）建设，对需要重点扶持的龙头企业项目建设给予贷款贴息。对各类专业协会以及科技、信息、购销、储运等环节的中介服务组织给予一定的财政补助。各盟市、开发区和有条件的旗县要根据实际情况设立相应配套资金，并根据财政收入增长逐年扩大专项资金规模。

（3）税收优惠政策。为鼓励企业间协作配套、基础设施建设和行业协会发展，西部地方政府要通过税收优惠政策加以扶持。要加强中小企业税收服务，优化税收环境，降低纳税成本。要认真落实相关的税费优惠政策。要优化税收管理服务体系，加大税收优惠政策宣传。明确税收优惠的针对性和倾斜性。对中小企业进行节能减排、固定资产更新等实行设备投资抵免、加速折旧等税收优惠政策。对中小企业开展信息化建设、管理咨询活动给予财政补贴或税收抵免。通过税收等优惠政策吸引技术含量高的企业入驻园区。

（4）法律法规政策。要制定《关于引导企业间协作配套的指导意见》《关于推进行业协会发展的条例》《关于加快培育创建区域名牌的管理办法》《关于加快产业集群转型升级的指导意见》《关于产业集群示范区转型升级指导意见》等法现和条例。要制定和出台奖励性法规条例，如集群企业新产品研制开发奖励、现有重大技术装备改造奖励、节能降耗技术的推广及应用的鼓励等政策法规；对于新培育知名品牌，工业产品销售过亿的龙头企业和引进专业技术人才的企业都要制定相应的法规条例；企业的节能降耗技术的推广及应用的鼓励政策等。

3. 不同颜色集群集聚能力重点支持政策措施

（1）黑色集群。加大投资力度大力扶持有利于实现大型化、高起点、规模化、园区一体化的重点项目建设，增加专项基金力度扶持重工业产业基地建设；加强环境保护监管。

（2）白色集群。通过财政补贴、贷款贴息、税收优惠等多种方式大力支持龙头企业建设自已的标准化原材料基地，加大投资额度支持特色产业园区、工业园区等平台建设。

（3）红色集群和绿色集群。加强原料生产基地建设，促进加快优良品种繁育，大力推广优质高产新品种，扩大提升优质种业规模档次，不断提高原料品质和供给能力；完善基础设施建设，加强工业园区建设；以财政扶持、税收优惠、担保资金等重点扶持一批辐射带动力强的龙头企业。鼓励企业向产业示范区聚集，对入园区发展的中小企业实施税收优惠、贷款优惠和财政补贴；通过财政补贴、贷款贴息、税收优惠等多种方式大力鼓励和扶持龙头企业培育名优品牌和建设自己的标准化原料基地。

（四）集聚能力支持政策保障

1. 组织保障

（1）组建专门的管理部门和明确主管部门，负责制定产业集群的具体目标、政策措施，提出各重点产业集群发展的具体实施方案，包括比较详尽的产业规划、土地规划、环境规划等，协调解决重点行业集群发展的问题。

（2）每个产业都要设立由政府和相关部门领导牵头的临时或长期的工作机构，对本产业市场管理、市场信息、品牌效应等进行具体的指导和引导。负责产业信息收集、分析、总结；落实招商引资的具体工作；加强政府资源、企业资源、金融资源、项目资源、市场资源、科技资源的开发利用，为提高集群的开放能力进行服务。

2. 加强政府部门间协调联动

由相关政府部门、专家学者组成促进中小企业集群化发展的工作小组和“促进产业集群发展联席会议”，形成合力共谋集群发展。

3. 建立健全工作制度

见上述“一、提高集群集聚能力的政策体系建议”的相关内容。

4. 加强理论与实践学习，掌握集群发展内在规律

见上述“一、提高集群集聚能力的政策体系建议”的相关内容。

5. 奖惩机制保障

把发展特色产业集群的任务纳入领导班子和职能部门目标考核体系，将考核评价结果与年度实绩考评奖惩挂钩。要将企业税费负担纳入政绩考核体系。要提高“服务态度”“对园区或集群的调研”考核内容的权重。要强化集群主导产业链完整度、企业间协作配套、产品附加值、科技投入、资源利用效率、品牌建设、市场秩序等指标的考核。要切实加强对基础设施建设及其专项基金的使用及效果、创新平台的建设及落实情况的监督检查。

6. 加强政策宣传与贯彻

要利用报纸、广播、电视、互联网等媒体，广泛宣传相关的法制法规和方针政策，及时对发布的相关政策和规划进行内容解读。要指导和支持企业对工业园区的建设和取得的重大研究成果、产业化重要进展等加强宣传。各有关部门要相互沟通协调，高效贯彻和执行出台的政策和措施。要加强支持政策落实情况的跟踪检查，及时分析问题、采取措施，保证各项政策的有效落实。

二、提高集群竞合能力的政策体系建议

（一）竞合能力支持政策目标

西部地区中小企业集群化成长的竞合能力支持政策目标主要是引导和鼓励集群企业间建立相互协作的关系网络和优化企业间竞争，推动集群企业间协同发展。西部的黑色集群、白色集群、红色集群、绿色集群的支持政策的目标都应该将重心置于提高集群竞合能力。

（二）竞合能力支持政策取向

1. 竞合能力支持政策总取向

西部地区中小企业集群化成长的竞合能力支持政策取向主要是促进产业链延伸和加强企业间配套协作，加快引进、培育有实力的中小企业和具有示范和带动作用的大型龙头企业，从而助扶中小企业增强竞争力。

2. 不同颜色集群竞合能力政策取向

黑色集群的政策取向是重点推动相关产业向下游延伸，延长产品链，提高产品附加值，不断放大资源优势；要培养高技术水平的劳动力；加强产业园区建设，引导企业向园区集聚发展。

白色集群的竞合政策取向是强化科技支撑，调整优化产业结构，提高产品创新和附加值；提升产品加工转化程度和精深加工水平，实现高端化、生态化。

红色集群的竞合政策取向是重点支持中小企业创业，合理化招商引资，增加园区内企业数量；提高产品加工率，鼓励企业间协作配套；推进专业市

场和公共服务平台建设。

绿色集群的竞合政策取向是大力培育龙头企业，打造中国驰名商标和绿色品牌，充分发挥其示范和带动效应。

（三）竞合能力支持政策措施

1. 专项性政策措施

（1）扶持政策措施。

第一，大力支持基础设施建设（同上述“一、提高集群集聚能力的政策体系建议”部分）。

第二，培育和完善要素市场。①市场体系建设。通过税收、金融政策和政府采购等手段，培育和完善要素市场。一是扶持培育零售交易中心、商品批发市场、原辅材料交易市场等专业市场并选择地区产品市场作为各级重点市场加以扶持。二是培育特色区域集群品牌。包括围绕西部优势地区编制地区品牌培育计划；加快建立完善区域品牌考核和评价体系，加大对骨干企业在新产品开发和品牌培育等方面资金、财政等政策支持；充分运用洽谈会、展销会、交易会、鉴定会、广告代表会、招商会等加强品牌宣传。三是引导、鼓励企业申请贴息贷款建设绿色产品市场并广泛吸纳企业和个人的资金，形成现代化地区产品交易网络体系。②供应商培育。一是要加大税收优惠、贷款贴息力度，并通过政府采购方式，大力扶持供应商和服务商企业的衍生，为企业间发达的分工协作创造条件。二是要引导和鼓励大型骨干企业通过裂变，剥离非核心业务，通过股份制、股份合作制、资产租赁等方式，创造和增多配套型企业，就近形成供应商市场配套体系。三是要通过招商引资等多种方式吸引重要的原材料供应商在本地生产和落户，促进供应商企业数量增多。

（2）促进政策措施。

第一，加强信息咨询服务。①加快信息网络基础设施建设。对园区、集群及其产业链、企业间协作等运作状况实现电子化管理，建立中小企业电视频道、中小企业门户网站、创办中小企业发展期刊、为中小企业免费建设网站等。②建立企业分类统计与监测分析体系。按照新的划型标准，建立和完善中小微企业分类统计、监测分析和信息管理制度，以科学、准确、及时地掌握中小企业生产经营基本运行状况的信息，加强对企业发展的分类指导。

同时，要开展产业集群统计工作，将集群的地域分布、产业布局、集群企业数量、规模大小、人才状况等方面情况进行全面的数据统计，为相关政策制定提供可靠而有效的依据。③建立健全企业信息化推广和服务体系。政府筹资培育一批有水平、有信用、有知名度的市场化的信息技术咨询服务机构，推出一批典型的中小企业和集群信息化示范平台。④扩大和完善地区市场信息系统。通过信息管理系统，及时采集、分析和定期发布地区产品价格行情走势及供求信息，以形成地区产品信息网络。⑤加强信息发布和传播。政府要及时公布所掌握的信息资料，如劳动力市场人才需求信息、产品市场供求信息、现有政策信息、新技术发展态势信息等。⑥引导企业实施“一把手”工程。企业集群信息化工作涉及方方面面，决不是单靠企业某一部门能够推进的，关键是企业“一把手”的决心和支持。

第二，加强技术专业咨询服务。①依托国内科研院所，选聘知名专家为技术顾问，进行研发攻关和咨询服务；②聘任区内学科带头人为首席专家，组建产业技术支撑体系建设专家团队进行技术专业咨询服务；③组织当地技术能手、企业家组成咨询服务队，培养专业技术人员。

第三，建立健全公共服务中介机构。行业协会和各种中介机构是协调企业间协作配套的重要渠道，因此要进行大力支持。①引导和推进行业协会和中介组织建立。紧紧抓住国家扶持建设中小企业公共服务平台网络的机遇，加快构建西部地区省（自治区、直辖市）、盟市、旗县三级中小企业公共服务平台网络，引导和推进建立行业协会和提供技术、信息、咨询、审计等服务的中介组织，并在资金、技术、税收、信贷和工商管理上给予相应的支持。②要坚持先由政府来扶持中介机构，再由中介机构去扶持中小企业的理念和原则。③鼓励和引导社会力量创办社会中介服务组织，通过市场化机制满足中小企业的个性化的发展需求。

第四，培育企业间合作关系网络。①培育和吸引龙头企业。要按照“一个特色优势产业、若干个支柱型龙头企业”的原则，通过贴息、补助、奖励等方式，培育和吸引产业关联度大、技术水平高、带动能力强的重点骨干龙头企业，重点扶持龙头企业的原料生产基地、科研、技改、产品研发、品牌培育等；创新招商引资方式，突出以商招商、以特招商、以大招商、以优招商、定向招商、产业链招商的优势，积极引进有产业关联或配套协作功能的带动性强的大企业集团，特别是国际性的大跨国公司。②积极推动企业间纵横合作。引导中小企业之间、中小企业与龙头企业建立协作配套关系，对本土配套率达到10%或本土配套率年增速达到5%以上的龙头企业，年度要给予奖励。对为核心企业配套的中小企业，要提供贷款担保、贴息支持和资金扶持；政府部门要经常性地组织召开企业之间的座谈会、研讨会或茶话会，增强企业之间联系和合作；引导上下游企业间、企业与客户间密切联系和协作；加快信息化基础建设，为企业之间交流和联系提供高效运作的平台；引导集群企业设立专门的交流部门，努力扩展与区内外的联系。③培育合作、信任的区域文化氛围。一是着力打造高信任度的区域政府，各级政府及其部门要做诚实守信的模范，出台的政策措施要坚持落实到位，提升政府自身的服务效率。二是政府要通过电视、报纸和统计部门的数据资料，提倡和宣扬诚信、合作和忠诚的理念，做好“信息通讯员”，积极创造相关企业的合作机会。三是建立和完善信用评估机制。以企业产品质量、安全生产、依法纳税、诚信交易为重点，推进中小企业信用制度建设，强化中小企业信用管理的内部约束和利益激励的自律机制。

（3）规制政策措施。

第一，避免机会主义行为和投机行为。①要制定相应的法规条例，广泛开展“守合同、重信用”等活动，惩罚机会主义和投机者，倡导诚信合法经营，形成良好的市场秩序和诚信与合作氛围。②西部地方政府有关部门应主导建设中小企业信用状况的综合信息系统，从银行到社会中介机构应建立完善的信用评估体系，以提高中小企业的信用信息披露水平，降低信息不对称性。

第二，加强市场监管及加大力度规制恶意竞争与垄断。①要鼓励、引导企业间进行积极性竞争，对依靠行业垄断、压制自由竞争、收取超额垄断利润的行为依法严厉打击和制裁，为中小企业公平参与竞争创造良好环境。②积极构建产品质量安全监管政策和追溯制度。尽快建立健全地区产品质量和标准体系，加快建立完善省（自治区、直辖市）、盟市、县等各级产品质量检测中心、检测站和重点县检测点，保证全面施行从生产到销售全过程的质量管理；要与中介机构联合，共同制定地区产品质量、服务标准，建立质量调控体系并监督执行。加强产品质量追溯，按照市场准入要求，逐步推行“信誉卡”和“二维码”的使用，保证产品质量信誉。

第三，生态环境保护规制政策。①加强对环境污染行为的监管和执法力度，对污染直排、偷排的企业加大打击力度和从重处置。②要依据谁污染谁付费的原则，按排放量和污染物对环境造成的污染程度的不同，制定收费标准，并征收污染排放税。采取直接管制的控制政策，如环境保护补贴等财政手段，或者直接提供排污设备。③政府应大力扶持产业转型和技术改造，严格限制高耗能、高耗水、高污染的新上项目，加快淘汰落后技术、工艺和设备，鼓励发展资源消耗低、附加值高的第三产业和高技术产业，加快利用高新技术和先进适用技术改造传统产业。

2. 专项政策措施

（1）融资服务政策。

（2）财政扶持政策。

（3）税收优惠政策。

（4）法律法规政策。

见上述“一、提高集群集聚能力的政策体系建议”的相关内容。

3. 不同颜色集群的竞合政策措施重点

（1）黑色集群。延伸产业链，加速资源转换。要引进和培育大企业，继续实施资源转换战略，强化优势产业；大力支持中小企业参与资源勘探、开发与加工，培育一批有基础、有潜力、有优势的中小企业；以结构调整、产业升级为主线，围绕煤化工、冶金、有色金属等自然资源，延伸产业链，提高产品精深加工程度。加强环境保护监管。西部地方政府政策要加大管理和规制力度，鼓励集群企业循环式清洁生产、建设绿色工厂，提高废渣、废水、废气的综合利用率。大力扶持龙头大企业提升竞争力，坚持引进大集团、大企业，发挥其龙头示范作用，加快重工业产业基地建设。

（2）白色集群。鼓励和大力扶持核心企业，鼓励其与中小企业结网，充分发挥其带动和示范作用。扶持加快标准化原材料生产基地建设，扶持企业、种养大户、合作组织通过土地承包经营权流转、订单或自建、联营、家庭制等多种形式开展集约化经营，优化产业基地布局，培育特色产业板块，提高产业发展集中度。

（3）红色集群。加强原料生产基地建设。要促进加快良种繁育，大力推广优质高产新品种，扩大提升优质制种业规模档次，建设西部重要的种子种苗基地，不断提高原料品质和供给能力。以龙头企业为核心促进企业配套协作。支持龙头企业与中小企业建立交易协作关系，促进龙头企业与配套企业相互协调和共同发展，提高群内配套率。加强工业园区建设。引导企业和项目集聚和进园区发展，完善基础设施，明确发展重点，加强部门协作，优化发展环境，建设一批具有示范带动作用的生态型循环经济工业园区。

（4）绿色集群。培育龙头企业，培育知名品牌，提高带动能力。围绕农畜产品加工业等绿色产业链，深入实施龙头企业升级工程，推进同类产品企业联合与合作，吸引国内外大型产业化龙头企业参与和进入，鼓励企业向产业示范区聚集，构筑龙头企业集群，发挥集群效应和互补优势，推动规模化集约化生产，提升集群增值水平和综合效益。鼓励和扶持培育名优品牌。把扶持龙头企业与打造知名品牌结合起来，支持龙头企业开展质量体系认证、无公害农产品、绿色食品和有机食品认证、市场开拓和品牌创建，实现企业与品牌的嫁接。支持标准化原料基地建设。支持龙头企业面向市场、突出特色，建立企业与农户双赢的利益连接机制。鼓励龙头企业带动农户建设标准化原料生产基地，积极引导龙头企业通过定向投入、定向服务、定向收购等方式，提供种养技术、市场信息、生产资料和产品销售等多项服务，发展订单农业。重点推行“公司＋中介组织＋农户”的一体化组织模式，逐步建立以产权为纽带，以合作制、股份合作制为主要联结形式的产业化经营体系。

（四）竞合能力支持政策保障

1. 组织保障
2. 加强政府部门间协调联动
3. 建立健全工作制度
4. 加强理论与实践学习，掌握集群发展内在规律
5. 奖惩机制保障
6. 加强政策宣传与贯彻

以上内容见上述“一、提高集群集聚能力的政策体系建议”的相关内容。

三、提高集群开放能力的政策体系建议

（一）开放能力支持政策目标

西部地区中小企业集群化成长的开放能力的支持政策目标主要是发挥政府政策的引导、扶持和促进功能，培养集群区域品牌效应和增强集群知名度。

其中，红色集群和白色集群的开放能力较为薄弱，因此红色集群和白色集群的支持政策目标更要注重开放能力的提升。

（二）开放能力支持政策取向

1. 开放能力支持政策总取向

西部特色产业中小企业集群化成长的开放能力的支持政策取向主要是拓展集群企业产品销路、增强集群市场营销能力、扩张集群市场需求和产品知名度，从而全面引发中小企业的开放性增长效应。

2. 不同颜色集群开放能力支持政策取向

红色集群的竞合能力支持政策取向主要表现在以下方面：合理化招商引资，支持中小企业创业，增加园区内企业数量；推进批发市场、专业市场和公共服务平台建设；提高产品国内外市场的知名度和影响力。

黑色集群开放能力的支持政策取向主要是：扶持和培育技术型人才和创新型劳动力资源，以技术创新增强集群品牌效应；大力支持各种行业协会、商会、人才培训等社会化服务体系建设，充分发挥其联系外部市场的作用。

白色集群的开放能力的支持政策取向主要是：鼓励和支持集群企业培育自已的品牌知名度；支持龙头企业和核心企业自主创新，扩大自身品牌的影响力。

绿色集群的开放能力的支持政策取向主要是：培育集群领军企业或龙头企业创建和培育全国知名品牌，发挥其带动作用扩大市场影响力。

（三）开放能力支持政策措施

1. 专项性政策措施

综前所述，扶持政策、促进政策和规制政策三种政策类别中，规制政策对于集群开放能力的作用不明显。因此，主要这里主要从扶持政策和促进政策阐明。

（1）扶持政策措施。

第一，大力支持公共基础设施建设（同上述“一、提高集群集聚能力的政策体系建议”部分）。

第二，培育和扩展公共营销体系。要扶持培育零售交易中心、商品批发市场、原辅材料市场等专业市场并选择一批特色产业产品市场作为各级重点市场加以扶持，以此拓宽产品交易市场。要培育特色区域集群品，拓展市场需求。围绕西部地区的优势特色产业编制地区品牌培育计划；加快建立完善区域品牌考核、评价体系，加大对骨干企业在新技术应用、新产品开发和品牌培育等方面资金、财政等政策支持；充分运用舆论力量，举办研讨会、展销会、产品交易会及鉴定会、广告代表会、招商会等加大品牌宣传力度。要引导、鼓励企业申请贴息贷款建设绿色产品市场并广泛吸纳企业和个人的资金，兴办股份制市场，尽快形成功能齐全、设施先进、辐射力强和管理规范的现代化地区产品交易网络体系。

（2）促进政策措施。为了加强西部集群知名度和产品影响力，首先要提高企业竞争力，而这又需要加强对集群企业提供完善的信息和技术咨询服务、建立健全公共服务机构平台和引导企业进行技术创新。

加强信息咨询服务、加强技术专业咨询服务、建立健全公共服务中介机构（见上述“二、提高集群竞合能力的政策体系建议”的相关内容）。

扶持企业技术创新。要建立健全技术开发机构，增加技术创新方面的资金投入。加强企业之间、企业与科研机构之间、科研机构与高等院校之间的合作创新机制，向外界公布集群或园区内的合作创新需求。扶持建设公共技术服务和知识共享平台。鼓励科研院所与国内外研究机构、高等学校、企业建立联合实验室或研究开发中心，支持产业集群人才平台建设，组建职业教育培训联盟，鼓励高等学校和科研院所，在园区设立分院和实训基地。

加快建立创新的激励制度。鼓励更广范围内的科技人才来本土创办科技型企业；鼓励国内外投资者采取包括有限合伙在内的多种方式来产业集群区域设立创业投资机构；鼓励高新技术企业和其他市场主体实行技术分红、股份期权、年薪制等智力要素参与收益分配制度。西部地方政府要通过资金倾斜、财政补贴、资金补偿、贷款贴息、税收优惠等手段保护和重点扶持集群龙头骨干企业和创新型中小企业技术改造、技术创新、管理创新及节能减排。

2. 专项政策措施

（1）融资服务政策。

（2）财政扶持政策。

（3）税收优惠政策。

（4）法律法规政策。

见上述“一、提高集群集聚能力的政策体系建议”的相关内容。

3. 不同颜色集群开放能力重点政策措施

（1）黑色集群。大力加强产业链延伸和资源转换，以增强集群产品竞争力，具体包括：培育大型企业和核心企业，并扶持其延长产业链，提高产品精深加工程度，鼓励和推动其进行技术创新，并带动其配套企业积极进行技术创新，以此促进资源转换和强化资源优势。围绕产业链培育推进产业链招商。要以整个产业链进行专业性招商与整合招商，引进国内外的大集团、大企业，发挥其龙头示范作用，加快区域集群品牌效应培育。

（2）白色集群。大力扶持集群核心企业和龙头企业自主创新和不断培育自身的品牌并不断扩大其影响力，并鼓励龙头企业带动中小企业进行技术创新及中小企业之间的联合攻关，政府要为产学研合作创新牵线搭桥，从而实现以技术创新和产品创新增强集群品牌优势和知名度。

（3）红色集群。大力扶持龙头企业的技术创新和品牌建设，从而带动集群品牌建设、区域产品影响力和扩大市场知名度；加强工业园区建设，鼓励企业进园区发展；促进龙头企业与配套企业相互协调、鼓励中小企业为大企业配套；大力扶持和引导企业以市场需求为导向，加快研究开发并投产一批有自主知识产权、有自有知名品牌、有较高产品附加值、有市场竞争力的新产品。

（4）绿色集群。要以整个产业链进行专业性招商与整合招商，引进国内外的大集团、大企业，同时，鼓励通过兼并、股份合作、联盟等多种形式培育集群核心企业和龙头企业，把扶持龙头企业与加快区域集群品牌培育结合起来。支持龙头企业开展质量体系认证、无公害农产品、绿色食品和有机食品认证、市场开拓和品牌创建，实现企业与品牌的嫁接。鼓励企业向产业示范区聚集，并围绕绿色产业链推进同类产品企业联合与合作，引导企业以市场需求为导向，加快研究开发并投产一批有自主知识产权、有自有知名品牌、有较高产品附加值、有市场竞争力的新产品。以发挥集群效应和互补优势，推动规模化集约化生产。

（四）开放能力支持政策保障

1. 组织保障

2. 加强政府部门间协调联动

3. 建立健全工作制度

4. 加强理论与实践学习，掌握集群发展内在规律

5. 奖惩机制保障

6. 加强政策宣传与贯彻

以上内容见上述“一、提高集群集聚能力的政策体系建议”的相关内容。

四、提高集群创新能力的政策体系建议

（一）创新能力支持政策目标

西部地区中小企业集群化成长的创新能力的支持政策目标主要是引导、扶持和促进集群企业进行技术创新，推动集群的创新式发展。

（二）创新能力支持政策取向

1. 创新能力支持政策总取向

西部地区中小企业集群化成长的创新能力支持政策取向主要是加快引进、培育一批“专精特新”中小企业以及具有自主创新能力的大型企业和龙头企业，从而全面提高集群的技术创新能力。

2. 不同颜色集群创新能力支持政策取向

黑色集群创新能力支持政策取向主要在于围绕产业链延伸和产品精深加工开展技术创新和增加产品附加值。

白色集群创新能力支持政策取向是调整优化产业结构，不断提升产品档次和附加值，提升产品加工转化程度和精深加工水平，实现高端化、生态化。

红色集群和绿色集群的创新能力支持政策取向是培育并扶持集群核心企业和骨干企业针对农畜牧优良品种技术进行自主创新；扶持和鼓励中小企业积极进行产品创新。

（三）创新能力支持政策措施

1. 专项性政策措施

（1）扶持政策措施。推进基础设施和服务环境建设，硬件基础设施和软件服务环境建设是推动西部集群技术创新的重要条件。

开发区和工业园区建设。开发区、工业园区等是企业开展技术创新的孵

化器。要通过税收、优质服务和金融等领域的政策优惠加强和持续推进工业园区、开发园区、创业基地、物流园区、标准化生产基地等示范工程建设，使园区成为企业技术创新的载体和基地。

完善要素市场。市场体系建设。市场体系建设会为集群技术创新提供市场环境。西部地方政府要通过税收、金融政策和政府采购等政策措施，大力培育中小企业集群化发展的市场体系，增大其市场需求和市场容量。包括一要扶持培育零售交易中心、商品批发市场、原材料市场等专业市场并选择一批地区产品市场作为各级重点市场加以扶持。二要培育特色区域集群品牌以拓展市场需求。包括围绕西部地区的优势特色产业编制地区品牌培育计划；加快建立完善区域品牌考核、评价体系，加大对骨干企业在新技术应用、新产品开发和品牌培育等方面资金、财政等政策支持；充分运用舆论力量，举办研讨会、展销会、产品交易会及鉴定会、广告代表会、招商会等加大品牌宣传力度。三要引导、鼓励企业申请贴息贷款建设绿色产品市场并广泛吸纳企业和个人的资金，兴办股份制市场，尽快形成功能齐全、设施先进、辐射力强和管理规范的现代化特色产业产品交易网络体系。

供应商培育。西部地方政府要通过财政税收和金融政策，为集群或园区的本地化供应商市场培育创造条件。一是要加大税收优惠、贷款贴息力度，并通过政府采购方式，大力扶持中间产品供应商和服务商企业的衍生和发展，为集聚效应创造条件。二是要引导和鼓励骨干大型企业和龙头企业通过裂变和衍生方式，促使大企业将核心业务之外的非核心业务剥离出来，通过股份制、股份合作制、资产租赁等方式转制，不断创造为其配套的新企业，增加新企业数量，就近形成供应商市场配套群体。三是要通过招商引资等多种方式吸引重要的原材料供应商在本地生产和落户，促进供应商企业数量增长，为企业间联合创新提供微观基础。

（2）促进政策措施。促进企业间技术信息交流。西部地方政府应对集群技术创新给予信息方面的咨询、指导和服务，因此大力扶持和加强信息化建设非常重要。

建立企业分类统计与监测分析体系。按照新的划型标准，建立和完善中小微企业分类统计、监测分析和信息管理制度，以科学、准确、及时地掌握企业生产经营基本运行状况的信息，加强对企业技术创新和发展的分类指导。要开展集群地域分布、产业布局、集群企业数量、规模大小、人才状况、技术研发和创新等方面的数据统计，为相关政策制定提供可靠而有效的依据。

建立健全企业信息化推广和服务体系。政府筹资培育一批有水平、有信用、有知名度的市场化的信息咨询服务机构，推出一批典型的中小企业信息化示范平台，加强对企业技术创新的引导和支持。

扩大和完善地区市场信息系统。通过信息管理系统，及时采集、分析和定期发布产品价格行情走势及供求信息，形成产品信息网络，以为企业技术创新方向和规划提供依据。

加强信息发布和传播。政府要及时公布所掌握的信息资料，尤其是与技术创新相关方面的，如劳动力市场创新型人才需求信息、产品市场供求信息、现有的技术创新扶持政策信息等。

加强技术专业咨询服务。依托国内科研院所，选聘知名专家为技术顾问，进行研发攻关和咨询服务；聘任区内学科带头人为首席专家，组建产业技术支撑体系建设专家团队进行技术专业咨询服务；组织当地技术能手、企业家组成咨询服务队，培养专业技术人员。

建立健全公共服务中介机构。建立健全公共服务中介机构，可以发挥其在企业间联合创新、帮助企业新技术发展等方面的重要作用。

引导和推进行业协会和中介组织建立。紧紧抓住国家扶持建设中小企业公共服务平台网络的机遇，加快构建西部地区省（自治区、直辖市）、盟市、旗县三级中小企业公共服务平台网络，引导和推进建立行业协会和提供技术、信息、咨询、审计等服务的中介组织，并在资金、技术、税收、信贷和工商管理上给予相应的支持。要坚持先由政府来扶持中介机构，再由中介机构去扶持中小企业的理念。鼓励和引导社会力量创办社会中介服务组织，通过市场化机制满足中小企业的个性化的发展需求。

扶持企业技术创新。要建立健全技术开发机构，增加技术创新方面的资金投入。加强企业之间、企业与科研机构之间、科研机构与高等院校之间的合作创新机制，向外界公布集群或园区内的合作创新需求。

扶持建设公共技术服务和知识共享平台。重点支持建设面向中小企业的技术创新服务平台，为中小企业提供产品研发、检验检测、技术推广、节能减排、再循环和安全生产等技术服务。鼓励科研院所与国内外研究机构、高等学校、企业建立联合实验室或研究开发中心，支持产业集群人才平台建设，组建职业教育培训联盟，鼓励高等学校和科研院所，在园区设立分院和实训基地。

加快建立创新的激励制度。鼓励更广范围内的科技人才来本土创办科技型企业；鼓励国内外投资者采取包括有限合伙在内的多种方式来产业集群区域设立创业投资机构；鼓励高新技术企业和其他市场主体实行技术分红、股份期权、年薪制等智力要素参与收益分配制度。西部地方政府要通过资金倾斜、财政补贴、资金补偿、贷款贴息、税收优惠等手段保护和重点扶持集群龙头骨干企业和创新型中小企业技术改造、技术创新、管理创新及节能减排。

加强技术创新型人才培训教育。建立集群职业技术教育和培训中心，开展管理和技能培训；要引导民营资本注入技术型人才资源培训；继续实施并推进“银河培训”工程并逐渐由对管理者的培训辐射到基层员工；鼓励高层次创新型人才引进。出台类似于“千人计划”“珠峰计划”这类针对高端人才吸引的政策。

政府采购应当首先定位于集群内中小企业的高质量产品和创新性产品，同时政府也应继续加大技术创新基金额度。

(3) 规制政策措施。避免机会主义行为和投机行为。要制定相应的法规条例，广泛开展“守合同、重信用”等活动，惩罚机会主义和投机者，形成良好的市场秩序和技术创新氛围。西部地方政府有关部门应主导建设中小企业信用状况的综合信息系统，从银行到社会中介机构应建立完善的信用评估体系，以提高中小企业的信用信息披露水平，降低信息不对称性，以真正将扶持资金流向技术创新能力强和具有创新潜能的企业。

加强市场监管，加大力度规制恶意竞争与垄断。要鼓励企业间进行积极性竞争，引导通过技术创新谋取发展，对依靠行业垄断、压制自由竞争、收取超额垄断利润的行为依法严厉打击和制裁，为中小企业公平参与竞争创造良好环境。积极构建产品质量安全监管政策和追溯制度，以为企业技术创新奠定基础。尽快建立健全产品质量和标准体系，加快建立完善省（自治区、直辖市）、盟市、县等各级产品质量检测中心、检测站和重点县检测点，保证全面施行从生产到销售全过程的质量管理；要与中介机构联合，共同制定地区产品质量、服务标准，建立质量调控体系并监督执行。同时，要制定产品质量追溯制度。

2. 专项政策措施

(1) 融资服务政策。

(2) 财政扶持政策。

(3) 税收优惠政策。

(4) 法律法规政策。

见上述“一、提高集群集聚能力的政策体系建议”的相关内容。

3. 不同颜色集群创新能力重点政策措施

黑色集群。要定期组织技术和管理培训并要通过税收优惠、财政补贴、贴息贷款等重点支持龙头大型企业加强先进技术的引进、消化和吸收，加大技术集成和创新，全面提高自主创新能力，在关键技术领域实现重点突破，积极推进科技成果的转化应用，并带动配套中小企业技术创新和进行产品精深度加工，以促进资源转换和强化资源优势。支持企业运用先进适用技术以及新工艺、新设备、新材料进行传统技术改造、促进技术升级。

白色集群。大力扶持集群核心企业和龙头企业自主创新和不断增强自身品牌的名牌效应。并鼓励龙头企业带动中小企业进行技术创新及中小企业之间的联合攻关，政府要为产学研合作创新牵线搭桥，从而实现以技术创新和产品创新增强集群品牌优势和知名度。

红色集群和绿色集群。西部的红色集群和绿色集群具有基本相同的特点，都以农畜牧产品为原材料，并都缺少大型企业的带动效应。因此，红色集群和绿色集群政策措施重点应是着眼于标准化、规范化的原材料生产基地建设，尤其要鼓励和扶持集群龙头企业建立和建设自己的原材料生产基地和开发农畜牧优良品种技术，加强原材料种养供应者的技术服务和技术培训。鼓励企业向产业示范区聚集，并围绕绿色产业链推进同类产品企业联合与合作，以发挥集群效应和互补优势，推动规模化集约化生产。

（四）创新能力支持政策保障

1. 组织保障

2. 加强政府部门间协调联动

3. 建立健全工作制度

4. 加强理论与实践学习，掌握集群发展内在规律

5. 奖惩机制保障

6. 加强政策宣传与贯彻

以上内容见上述“一、提高集群集聚能力的政策体系建议”的相关内容。

参考文献

1. 艾育红，彭迪云．国际产业集群研究的前沿趋势——基于文献计量学的分析［J］．企业经济，2020（7）：73－82.

2. 安体富，蒋震．对调整我国国民收入分配格局，提高居民分配份额的研究［J］．财贸经济，2009（25）：2－20.

3. 安体富，任强．税收在收入分配中的功能与机制研究［J］．税务研究，2007（10）：22－27.

4. 安体富．初次分配：税收调控大有可为［J］．中国改革，2008（2）：64－65.

5. 白嘉，张会新．资源型产业集群动力机制与政策选择［M］．北京：中国经济出版社，2016.

6. 蔡昉，万广华．中国转轨时期收入差距与贫困［M］．北京：社会科学文献出版社，2006.

7. 曹霞．论西部产业集群发展中地方政府企业与行业协会的作用［J］．工业技术经济，2006（12）：6－8.

8. 曾昆，李晓芃，沈紫云，等．我国新材料产业集群发展战略研究［J］．中国科学院院刊，2022（3）：343－351.

9. 陈玛琳，陈俊红，龚晶，张俊峰．产业集群视角下北京设施蔬菜产业发展的思考［J］．北方园艺，2022（7）：127－132.

10. 陈平，盛亚．集群发展的国际经验：提升我国产业集群竞争力［M］．杭州：浙江大学出版社，2007.

11. 吴凌芳．企业集群形成和发展的力量：企业，政府与中介机构［M］．北京：经济科学出版社，2008.

12. 仇保兴．发展小企业集群要避免的陷阱——过度竞争所致的“柠檬市场”［J］．北京大学学报（哲学社会科学版），1999（1）：25－29.

13. 邓旭东，杨月锋．政府对产业集群发展的政策扶持与社会化服务体系建设［J］．企业经济，2005（6）：29－30.

14. 丁英．强化四川中小企业集群式发展金融支持的对策分析［J］．四川行政学院学报，2012（5）：85－90.

15. 杜明军．政府对企业间资源开发利益博弈局势的改变机理及政策取向［J］．企业活力，2011（2）：15－19.

16. 段湘姬，蒋远胜．地方政府在产业集群形成和发展环境中的作用［J］．求索，2008（5）：27－28.

17. 张前进，马丽．西北民族地区特色优势农业发展研究——以宁夏为例［J］．安徽农业科学，2008（19）：8354－8356.

18. 方永恒．产业集群政策的困境与出路［J］．湖南社会科学，2010（1）：119－122.

19. 冯奎．中国地方产业集群政策评论［J］．生产力研究，2006（10）：177－180.

20. 弗洛德·J. 福勒．调查问卷的设计与评估［M］．蒋逸民，等，译．重庆：重庆大学出版社，2010.

21. 盖文启，朱华晟，张辉．国外产业集群理论探析［J］．国际经贸探索，2006（4）：44－48.

22. 高虹，袁志刚．产业集群的规模与效率影响［J］．财贸经济，2021（2）：119－133.

23. 顾颖，房路生．中小企业支持政策体系问题研究——基于陕西省经验的实证分析［J］．经济管理，2006（18）：82－89.

24. 郭丽娟，刘佳．美国产业集群创新生态系统运行机制及其启示——以硅谷为例［J］．科技管理研究，2020（19）：36－41.

25. 郭小婷，谭云清．创新型产业集群与政策资源依赖关系研究［J］．科技进步与对策，2021（21）：53－62.

26. 郭旭，胡灿，卢小兵，等．贵州省刺梨产业高质量发展问题及对策研究［J］．北方园艺，2021（21）：143－151.

27. 洪思宁．我国产业集群发展存在的问题及对策［J］．发展，2009（2）：48－49.

28. 胡蓓，李小康．欧盟产业集群政策分析及对我国的启示［J］．科技管理研究，2011（17）：26－29.

29. 胡卫东．论产业集群与西部县域工业园区发展［J］．农业现代化研究，2009（1）：51－55.

30. 胡雅蓓．产业集群生态系统：主题，演进和方法［J］．外国经济与管理，2022（5）：114－135.

31. 黄林，佟艳芬，王盛连．产业集群的产业集聚度测度：理论与实践——以我国南部海洋产业集群为例［J］．企业经济，2020（3）：123－131.

32. 黄河．浅谈产业集群社会化服务体系的构建［J］．梧州学院学报，2008（1）：42－45.

33. 霍朝霞．重庆与广东，江浙地区中小企业集群发展模式比较研究［J］．决策咨询通讯，2010（4）：86－88.

34. 黄建康．产业集群论［M］．南京：东南大学出版社，2005.

35. 姜宏，张志元．欠发达地区中小企业集群化成长的对策思考［J］．经济与管理，2011（7）：39－42.

36. 金镭，王静娴．资源型产业集群的发展动力机制与治理对策［M］．北京：经济科学出版社，2017.

37. 李力，曹雄军，宋姣英．欧盟产业集群政策及其启示［J］．科技管理研究，2008（1）：235－238.

38. 李世杰，李凯．产业集群发展中的政府行为及政策启示：来自产业集群发达国家的经验［J］．技术经济与管理研究，2009（2）：77－79，84.

39. 梁琦．产业集聚论［M］．北京：商务印书馆，2004.

40. 刘朝煜，黄桂田．行业规模、集约化生产与制造业产业集群［J］．上海经济研究，2022（1）：73－84.

41. 刘恒江，陈继祥．国外产业集群政策研究综述［J］．外国经济与管理，2004（11）：36－43.

42. 刘珂，乔钰容．产业集群创新生态系统的进化机制研究［J］．商业经济研究，2020（10）：180－184.

43. 龙德灿．四川产业集群发展战略研究［M］．成都：西南财经大学出版社，2010.

44. 罗伯特·F. 德维利斯．量表编制：理论与应用（第2版）［M］．魏勇刚，等，译．重庆：重庆大学出版社，2010.

45. 马建会．产业集群成长机理研究［M］. 北京：中国社会科学出版社，2007.

46. 马训，程俊杰．新发展格局下中国产业集群升级多元化路径构建探析［J］. 现代经济探讨，2022（1）：104－113，123.

47. 迈克尔·波特．国家竞争优势［M］. 李明轩，邱如美，译．北京：华夏出版社，2002.

48. 苗芳，刘秀玲．内蒙古特色产业群发展战略探析［J］. 大连民族学院学报，2012（2）：161－166.

49. 钱平凡．我国产业集群的发展状况，特点与问题［J］. 经济理论与经济管理，2003（12）：26－31.

50. 任胜刚．苏州产业集群与跨国公司互动关系的实证分析［J］. 中国软科学，2005（1）：99－106.

51. 沙德春，胡鑫慧，赵翠萍．中国创新型产业集群创新效率研究［J］. 技术经济，2021（2）：18－27.

52. 史昊天，黄春晓．深圳市机器人产业发展模式与集聚特征研究［J］. 科技管理研究，2021（19）：161－168.

53. 宋迎春．创新与学习——产业集群促进区域经济发展的新动力［J］. 科技管理研究，2007（1）：95－97.

54. 苏丹妮，盛斌，邵朝对，陈帅．全球价值链，本地化产业集聚与企业生产率的互动效应［J］. 经济研究，2020（3）：100－115.

55. 王丹丹，菅利荣，付帅帅．战略性新兴产业集群生态链协同运作研究［J］. 复杂系统与复杂性科学，2022（1）：60－66.

56. 王缉慈．关于中国产业集群研究的若干概念辨析［J］. 地理学报，2004（S1）：47－52.

57. 王辑慈．创新的空间：企业集群与区域发展［M］. 北京：北京大学出版社，2001.

58. 王丽敏．区域特色产业集群的培育和发展［J］. 产业经济，2007（11）：76－77.

59. 王鹏，钟敏．危机冲击下产业集群韧性演化与提升路径研究［J］. 经济社会体制比较，2021（6）：76－88.

60. 王松，聂菁菁．区域产业集群创新效率与路径——基于模糊集定性比较分析［J］. 科技管理研究，2022（4）：163－172.

61. 王晓霞. 我国地方政府集群升级政策的问题探析［J］. 科技管理研究，2013（5）：30－34.

62. 王业强，魏后凯. 中国产业集群战略与政策考察［J］. 经济研究，2009（55）：2－19.

63. 韦伯. 工业区位论［M］. 李刚剑，等，译. 北京：商务印书馆，1997.

64. 魏后凯. 论中国产业集群发展战略［J］. 河南大学学报，2009（1）：1－7.

65. 魏后凯. 中国产业集聚与集群发展战略［M］. 北京：经济管理出版社，2008.

66. 魏剑峰. 产业集群发展与政府角色［J］. 统计与决策，2007（21）：151－154.

67. 魏剑锋. 国内产业集群研究文献综述［J］. 工业技术经济，2008（4）：117－120.

68. 魏守华. 产业群的动态研究以及实证分析［J］. 世界地理研究，2002（3）：16－24.

69. 闻文圣. 关于产业集群动力机制动态模型的探讨［J］. 自然辩证法研究，2006（4）：56－60.

70. 吴斌，杨斯佳，尹佳利. 基于产业集群的税收竞争模型［J］. 系统工程理论与实践，2010（7）：1153－1161.

71. 徐燕兰. 我国西部政府在产业集群形成中的作用［J］. 广西社会科学，2006（12）：57－60.

72. 杨怀. 大力推进内蒙古中小企业集群化的探讨［J］. 企业导报，2013（1）：168－169.

73. 杨阳，李二玲. 绿色农业产业集群形成机理的理论框架及实证分析——以山东寿光蔬菜产业集群为例［J］. 资源科学，2021（1）：69－81.

74. 叶前林，刘海玉，朱文兴. 区域文化创意产业集聚水平测度及影响因素分析［J］. 统计与决策，2022（4）：84－87.

75. 俞培果. 我国产业集群促进实践中的问题研究——基于欧洲各国的集群政策经验［J］. 西南科技大学学报，2010（2）：34－38，53.

76. 俞培果. 日本的产业集群政策及其对我国的启示 [J]. 现代日本经济, 2006 (5): 1-5.

77. 袁始烨, 周晓珺. 税制改革, 产业集群与企业技术创新——基于"营改增"的政策效应分析 [J]. 现代经济探讨, 2021 (4): 108-118.

78. 袁勇. 宁波纺织服装产业发展历程, 现状与策略研究 [J]. 丝绸, 2021 (6): 56-62.

79. 张冬梅. 基于产业集群发展的西部经济振兴策略 [J]. 延边大学学报, 2009 (1): 94-98.

80. 张赵晋. 陕西省产业集群发展现状分析 [J]. 渭南师范学院学报, 2013 (1): 53-56.

81. 赵程程, 陈强. 国际集群政策研究的演化路径及热点领域探索 [J]. 科技进步与对策, 2013 (1): 113-118.

82. 赵海东. 资源型产业集群与中国西部经济发展研究 [M]. 北京: 经济科学出版社, 2007.

83. 姚山季, 马琳, 来尧静. 长江经济带创新型产业集群效率的时空分异研究 [J]. 统计与决策, 2021 (16): 98-101.

84. 郑健壮. 基于转型升级的产业集群政策的选择研究 [J]. 人力资源管理, 2011 (6): 217-219.

85. 周五七. 民营中小企业集群演进困境与政策促进 [J]. 经济与管理, 2010 (3): 58-62.

86. 周阳敏, 桑乾坤. 国家自创区产业集群协同高质量创新模式与路径研究 [J]. 科技进步与对策, 2020 (2): 59-65.

87. 朱方伟. 产业集群的核心要素演进分析 [J]. 科学学与科学技术管理, 2004 (2): 66-69.

88. 朱华友, 李娜, 庄远红, 蒋自然. 危机冲击下长三角地区电子信息产业集群韧性特征及其影响因素 [J]. 地理研究, 2021 (12): 3420-3436.

89. 朱金鹤, 李放. 新疆棉花产业集群发展及其对区域产业结构的影响 [J]. 石河子大学学报, 2012 (1): 1-6.

90. 朱琳. 宁夏羊绒产业的发展现状及对策研究 [J]. 畜牧与饲料科学, 2011 (12): 66-67.

91. 朱美静，张瑜，郝君超．论转型期我国地方政府经济职能的越位［J］．管理观察，2009（16）：74－75.

92. 朱英明．中国产业集群分析［M］．北京：科学出版社，2006.

93. A. B. Atkinson, J. E. Stiglitz. The Design of Tax Structure: Direct Versus Indirect taxation, Journal of Public Economics, 1976.

94. Aamn H. J. , Boskins M. J. , et al. . The Economics of Taxation, Washington D. C. : Brookings, 1980.

95. Alfred Marshall. Principles of Economics: An Introductory Volume Eighth Edition, London: Macmillan, 1979.

96. Alfred Weber. Theory of the Location of Industries, Chicago Illinois: University of Chicago Press, 1909.

97. Ann Markusen. Sticky Places in Slippery Space: A Typology of Industrial Districts, Economic Geography, 1996.

98. Annalee Saxenian. Regional Advantage: Culture and Competition in Silicon Valley and Route 128, Boston Massachusetts: Harvard University Press, 1994.

99. Claus Steinle, Holger Schiele. When do Industries Cluster? A Proposal on How to Assess an Industry's Propensity to Concentrate at a Single Region or Nation, Research Policy, 2002.

100. Commission of European Communities. DG Enterprise, European Trend Chart on Innovation, Thematic Report Cluster Policies, Brussels, 2003.

101. European Commission. The Concept of Clusters and Cluster Policies and Their Role for Competitiveness and Innovation: Main Statistical Results and Lessons Learned SEC (2008) 2637, Brussels, 2008.

102. Government: Policy Coordination in China, Paper Prepared for International Conference on Governance in Asia: Culture, Ethics, Institutional Reform and Policy Change, City University of Hong Kong, Hong Kong, 2002.

103. Hayter, Roger. The Dynamics of Industrial Location: the Factory, the Firm, and the Production System, Chichester: Wiley, 1997.

104. Herriott, R. E. , Firestone, W. A. . Multisite Qualitative Policy Research: Optimizing Description and Generalizability, Educational Researcher, 1983, 12 (2).

105. Hospers, G., Beugelsdijk, S.. Regional Cluster Policies: Learning by Comparing, Kykloe, 2002.

106. Jay Mitra. Building Entrepreneurial Clusters, Final Dissemination Work shop, University of Luton, United Kingdom, 2003.

107. Jerry Paytas, Robert Gradeck, Lena Andrews. Universities and the *Development of Industry* Clusters, Paper prepared for Economic Development Administration, U. S. Department of Commerce, 2004.

108. Jin Yang, Chuanli Zhou. Does Industrial Clustering Mitigate the Sensitivity of Firm Relocation to Tax Differentials? The Role of Financing, Finance Research Letters, 2020.

109. Kesyan, G. V., E. S. Sergienko, et al.. Development of Industrial Clusters in the Regional Economic System (Article), Espacios, 39 (31), 2018.

110. Klink, A. V., Langen, P. D.. Cycles in Industrial Clusters: The Case of the Shipbuilding Industry in the Northern Netherlands, Tijdschrift voor Economische en Sociale Geografie, 2001.

111. Lux T.. Herd behavior, Bubbles and Crashes, The Economic Journal, 1995.

112. Marceau J., Manley K., Sichlem D.. The High Road or the Low Road – Alternatives for Australia's Future, Aus tralian Business Foundation Ltd., 1997.

113. Martin, R., Sunley, P.. Deconstructing Clusters: Chaotic Concept or Policy Panacea? Journal of Economic Geography, 2003.

114. Martina Fromhold – Eisebith, Günter Eisebith. How to Institutionalize Innovative Cluster? Comparing Explicit Top – down and Implicit Bottom – up Approaches, Research Policy, 2005, 34 (8).

115. Michael E. Porter. Clusters and the New Economics of Competition, Harvard Business Review, 1998, 76 (6).

116. Najmabadi, Lall. Developing Industrial Technology: Lessons for Policy and Practice, World Bank Discussion Paper, 1995.

117. NIU Minyu, ZHONG Jian, ZHONG Wuya. Administrative Monopoly, Market Allocation and Manufacturing Industry Geographical Cluster in the Central Region, Journal of Contemporary Finance and Economics, 2015.

118. Perry M.. Business Clusters: An International Perspective, Abington, Oxon: Routledge, 2005.

119. Porter, Michael, Location. Competition and Economic Development: Local Clusters in a Global Economy, Economic Development Quarterly, 2000, 14 (1).

120. Raines P.. Cluster Development and Policy, Aldershot: Ashgate, 2002.

121. Shelest Tetiana M.. The Theoretical – Conceptual Aspects of Clustering as the Basis for Innovative Development of Industrial Enterprises, Bìznes Inform, 2021, 5 (520).

122. UNCTAD. Policies and Non – Fiscal Measures for Upgrading SME Clusters, Commission on Enterprise, Business Facilitation and Development, 1999.

123. V. Vishnevsky, Alex Gurnak. Taxation, Evolutionary Economics and Tax Populations, Journal of Tax Reform, 2015, 1 (1).

124. Valerie J. Lindsay. The Development of International Industry Clusters: A Complexity Theory Approach, Journal of International Entrepreneurship, 2005.

125. Wangwe, Diyamett. Cooperation between R&D Institutions and Oxford Research, Cluster Policy in Europe: A Brief Summary Cooker, Knowledge Economies: Clusters, Learning and Cooperative Advantage, London: Routledge, 2002.

126. Yang Zhaiting. Game Analysis on Fiscal and Taxation Reform and Fiscal Decentralization, Academics, 2018.

127. Yang Zhaiting. Study on Financial and Taxation Incentives to Promote Innovation and Entrepreneurship in China, Academics, 2016.

128. Yuri Mishina, Timothy G. Pollock, Joseph F. Porac. Are More Resources Always Better for Growth? Resource Stickiness in Market and Product Expansion (Article), Strategic Management Journal, 2004.

129. Zhu, XW (Zhu, Xiwei), Liu, Y (Liu, Ye), et al.. Entrepreneurship and Industrial Clusters: Evidence from China Industrial Census, Small Business Economics, 2019, 52 (3).

附录1　产业集群发展阶段判定权重系数调查问卷

1. 您认为以产值指标来衡量的区位商 LQ（Location Quotient）系数对判定产业集群发展阶段的重要性：（LQ 系数：一个地区特定产业的产值在地区工业总产值中所占比重与全国该产业产值在全国工业总产值中所占比重的比值）

□根本不重要　□不太重要　□一般　□比较重要　□非常重要

2. 您认为同一或相关产业内从业人员增长率对判定产业集群发展阶段的重要性：

□根本不重要　□不太重要　□一般　□比较重要　□非常重要

3. 您认为同一或相关产业内固定资产投入增长率对判定产业集群发展阶段的重要性：

□根本不重要　□不太重要　□一般　□比较重要　□非常重要

4. 您认为同一或相关产业链企业数目增长率对判定产业集群发展阶段的重要性：

□根本不重要　□不太重要　□一般　□比较重要　□非常重要

5. 您认为集群内部产业链的发展程度对判定产业集群发展阶段的重要性：

□根本不重要　□不太重要　□一般　□比较重要　□非常重要

6. 您认为区域内企业之间竞争程度对判定产业集群发展阶段的重要性：

□根本不重要　□不太重要　□一般　□比较重要　□非常重要

7. 您认为区域内行业协会或组织的完善程度对判定产业集群发展阶段的重要性：

□根本不重要　□不太重要　□一般　□比较重要　□非常重要

8. 您认为区域内专业的金融、咨询、物流机构的完善程度对判定产业集群发展阶段的重要性：

□根本不重要　□不太重要　□一般　□比较重要　□非常重要

9. 您认为区域内企业获取生产要素的方式对判定产业集群发展阶段的重要性：

□根本不重要　□不太重要　□一般　□比较重要　□非常重要

10. 您认为区域内企业品牌的发展状况对判定产业集群发展阶段的重要性：

□根本不重要　□不太重要　□一般　□比较重要　□非常重要

11. 您认为是否具有全国性行业协会或相关机构颁发的“特色区域”等类似荣誉称号对判定产业集群发展阶段的重要性：

□根本不重要　□不太重要　□一般　□比较重要　□非常重要

12. 您认为历史因素造成的区位声誉对判定产业集群发展阶段的重要性：

□根本不重要　□不太重要　□一般　□比较重要　□非常重要

13. 您认为是否具有可与企业合作的高等院校或科研机构对判定产业集群发展阶段的重要性：

□根本不重要　□不太重要　□一般　□比较重要　□非常重要

14. 您认为区域内企业持有发明专利的状况对判定产业集群发展阶段的重要性：

□根本不重要　□不太重要　□一般　□比较重要　□非常重要

15. 您认为区域内企业研发投入比例对判定产业集群发展阶段的重要性：

□根本不重要　□不太重要　□一般　□比较重要　□非常重要

16. 您认为区域内企业间技术信息交流对判定产业集群发展阶段的重要性：

□根本不重要　□不太重要　□一般　□比较重要　□非常重要

附录2　产业集群座谈提纲

提纲一：集群内企业领导座谈提纲

1. 集群状况（特征）、特色、优势有哪些？

2. 产业集群的特色、优势形成过程中政府发挥了哪些作用？

- 基于科学规划与优化特色产业布局的政策。
- 促进特色产业集群形成的配套产业的发展政策。
- 产业成功关键因素相关政策。
- 有助于提高企业竞争力的政策。
- 基于发展循环经济和生态型产业政策。
- 确立有助于节能降耗和环保的政策。

3. 目前，集群成长的瓶颈、制约企业发展的瓶颈？政府应该采取哪些扶持政策？企业如何利用政策或者配合政策落实？

4. 中小企业服务平台建设状况？扶持政策有哪些？应有哪些？

5. 政策咨询、辅导（中介机构），政府手续办理的流程与效率？

6. 园区（集群）政府机构的配套或者派出机构有哪些？还应该有哪些？

提纲二：管委会管理人员、其他政府官员座谈提纲

1. 集群状况（特征）、特色、优势有哪些？

2. 产业集群的特色、优势形成过程中政府发挥了哪些作用？

- 基于科学规划与优化特色产业布局的政策。
- 促进特色产业集群形成的配套产业的发展政策。
- 产业成功关键因素相关政策。
- 有助于提高企业竞争力的政策。
- 基于发展循环经济和生态型产业政策。

- 确立有助于节能降耗和环保的政策。

3. 执行政策的政策有哪些？政策执行过程存在的困难？建议有哪些？

4. 中小企业服务平台建设状况、服务水平如何？改进建议有哪些？

5. 园区建设建议有哪些？

6. 目前，集群成长的瓶颈、制约企业发展的瓶颈？政府应该采取哪些扶持政策？企业如何利用政策或者配合政策落实？

7. 不利于中小企业发展的政策有哪些？修正建议。

8. 政策咨询、辅导（中介机构），政府手续办理的流程与效率怎样？

附录3 集群成长发展的关键因素调查问卷

您所在的机构类型：________①政府；②高校/社科院；③行业/企业协会；④企业

1. 您认为大量同类企业的集中对企业的发展：

□完全不重要 □不重要 □一般 □比较重要 □非常重要

2. 您认为企业之间的协作、配套对企业的发展：

□完全不重要 □不重要 □一般 □比较重要 □非常重要

3. 您认为便利融资对企业的发展：

□完全不重要 □不重要 □一般 □比较重要 □非常重要

4. 您认为水、电、气等基础设施对企业的发展：

□完全不重要 □不重要 □一般 □比较重要 □非常重要

5. 您认为便利地招聘员工对企业的发展：

□完全不重要 □不重要 □一般 □比较重要 □非常重要

---

6. 您认为行业协会对企业的发展：

□完全不重要 □不重要 □一般 □比较重要 □非常重要

7. 您认为您所在区域拥有科研机构、高等院校对企业的发展：

□完全不重要 □不重要 □一般 □比较重要 □非常重要

8. 您认为产业聚集优势对企业的发展：

□完全不重要 □不重要 □一般 □比较重要 □非常重要

9. 您认为同行开发新产品对企业的发展：

□完全不重要 □不重要 □一般 □比较重要 □非常重要

10. 您认为便利地获取原材料对企业的发展：

□完全不重要 □不重要 □一般 □比较重要 □非常重要

---

11. 您认为企业之间的恶性竞争在阻碍企业发展方面的影响：

□完全不重要　□不重要　□一般　□比较重要　□非常重要

12. 您认为物流服务对企业的发展：

□完全不重要　□不重要　□一般　□比较重要　□非常重要

13. 您认为技术服务平台对企业发展方面的影响：

□完全不重要　□不重要　□一般　□比较重要　□非常重要

14. 您认为法律维权服务平台对企业的发展：

□完全不重要　□不重要　□一般　□比较重要　□非常重要

15. 您认为市场、行业信息服务平台对本企业的发展：

□完全不重要　□不重要　□一般　□比较重要　□非常重要

---

16. 您认为建立产业园区对企业的发展：

□完全不重要　□不重要　□一般　□比较重要　□非常重要

17. 您认为大企业对中小企业在园区聚集的影响：

□完全不重要　□不重要　□一般　□比较重要　□非常重要

18. 您认为政策咨询服务平台对企业的发展：

□完全不重要　□不重要　□一般　□比较重要　□非常重要

19. 您认为管理咨询与培训服务平台对企业的发展：

□完全不重要　□不重要　□一般　□比较重要　□非常重要

20. 您认为信用担保服务平台对企业的发展：

□完全不重要　□不重要　□一般　□比较重要　□非常重要

附录4　集群关键支持政策调查问卷

您所在的机构类型：________①政府；②高校/社科院；③行业/企业协会；④企业

1. 您认为政府在基础设施建设方面应发挥的作用：

□完全不重要　□不重要　□一般　□比较重要　□非常重要

2. 您认为政府在管制与配置资源方面应发挥的作用：

□完全不重要　□不重要　□一般　□比较重要　□非常重要

3. 您认为政府在劳动力市场的劳动力培训方面应发挥的作用：

□完全不重要　□不重要　□一般　□比较重要　□非常重要

4. 您认为政府采购本地企业产品对企业的发展：

□完全不重要　□不重要　□一般　□比较重要　□非常重要

5. 您认为政府在财税扶持方面应发挥的作用：

□完全不重要　□不重要　□一般　□比较重要　□非常重要

---

6. 您认为政府在建立行业协会，促进企业间交流方面应发挥的作用：

□完全不重要　□不重要　□一般　□比较重要　□非常重要

7. 您认为政府在建设公共研发平台，推动产学研结合方面应发挥的作用：

□完全不重要　□不重要　□一般　□比较重要　□非常重要

8. 您认为政府在设立创新基金，鼓励创新方面应发挥的作用：

□完全不重要　□不重要　□一般　□比较重要　□非常重要

9. 您认为政府在建立专家咨询平台，提供咨询服务方面应发挥的作用：

□完全不重要　□不重要　□一般　□比较重要　□非常重要

10. 您认为政府在建立信息收集与发布平台方面应发挥的作用：

□完全不重要　□不重要　□一般　□比较重要　□非常重要

---

11. 您认为政府在完善融资市场，促进银企合作方面应发挥的作用：

□完全不重要　□不重要　□一般　□比较重要　□非常重要

12. 您认为政府在地区产品营销方面应发挥的作用：

□完全不重要　□不重要　□一般　□比较重要　□非常重要

13. 您认为政府在建立质量监管制度，打击假冒低劣产品方面应发挥的作用：

□完全不重要　□不重要　□一般　□比较重要　□非常重要

14. 您认为政府在知识产权保护方面应发挥的作用：

□完全不重要　□不重要　□一般　□比较重要　□非常重要

15. 您认为政府在市场监管，规制企业间恶意竞争方面应发挥的作用：

□完全不重要　□不重要　□一般　□比较重要　□非常重要

---

16. 您认为政府在产业规划与产业政策方面应发挥的作用：

□完全不重要　□不重要　□一般　□比较重要　□非常重要

17. 您认为政府在发挥本地特色资源优势方面应起的作用：

□完全不重要　□不重要　□一般　□比较重要　□非常重要

18. 您认为政府在支持企业的工作效率方面发挥的作用：

□完全不重要　□不重要　□一般　□比较重要　□非常重要

19. 您认为政府在帮助企业融资方面应发挥的作用：

□完全不重要　□不重要　□一般　□比较重要　□非常重要

20. 您认为政府在建立技术、政策等服务平台发挥的作用：

□完全不重要　□不重要　□一般　□比较重要　□非常重要

---

21. 您认为政府在加快现代物流平台建设应发挥的作用：

□完全不重要　□不重要　□一般　□比较重要　□非常重要

22. 您认为政府在创造信任、合作环境方面应发挥的作用：

□完全不重要　□不重要　□一般　□比较重要　□非常重要

附录5　集群政策的效果/政策绩效调查问卷

1. 您是否同意集群内同类企业聚集数量明显增快：

□完全不同意　□不同意　□一般　□比较同意　□非常同意

2. 您是否同意集群内企业发展速度明显加快：

□完全不同意　□不同意　□一般　□比较同意　□非常同意

3. 您是否同意当地上下游配套企业数量增长加快：

□完全不同意　□不同意　□一般　□比较同意　□非常同意

4. 您是否同意当地企业之间协作程度明显提高：

□完全不同意　□不同意　□一般　□比较同意　□非常同意

5. 您是否同意集群内企业之间的竞争明显促进了企业的发展：

□完全不同意　□不同意　□一般　□比较同意　□非常同意

---

6. 您是否同意区域内的产业链配套形成：

□完全不同意　□不同意　□一般　□比较同意　□非常同意

7. 您是否同意园区管理委员会的服务水平明显提高：

□完全不同意　□不同意　□一般　□比较同意　□非常同意

8. 您是否同意区域内的法律维权服务水平明显提高：

□完全不同意　□不同意　□一般　□比较同意　□非常同意

9. 您是否同意政策咨询服务水平明显提高：

□完全不同意　□不同意　□一般　□比较同意　□非常同意

10. 您是否同意区域内的技术服务水平明显提高：

□完全不同意　□不同意　□一般　□比较同意　□非常同意

---

11. 您是否同意咨询与培训服务水平明显提高：

□完全不同意　□不同意　□一般　□比较同意　□非常同意

12. 您是否同意集群内企业生产要素主要来自本地：

□完全不同意　□不同意　□一般　□比较同意　□非常同意

13. 您是否同意集群内企业产品一半以上外销（本地外）：

□完全不同意　□不同意　□一般　□比较同意　□非常同意

14. 您是否同意集群内企业品牌的知名度/影响力明显提高：

□完全不同意　□不同意　□一般　□比较同意　□非常同意

15. 您是否同意集群内企业研发能力明显提高：

□完全不同意　□不同意　□一般　□比较同意　□非常同意

---

16. 您是否同意高校、科研院所对集群内企业的作用明显提高：

□完全不同意　□不同意　□一般　□比较同意　□非常同意

17. 您是否同意集群内企业技术、市场信息交流机会明显增加：

□完全不同意　□不同意　□一般　□比较同意　□非常同意

附录6　集群成长关键因素与集群绩效相关系数矩阵

		a1	a2	a3	a4	a5	a6	a7	a8	a9	a10	a11	a12	a13	a14	a15	a16	a17	a18	a19	a20
c1	Pearson Correlation	0.274*	0.261*	0.213*	0.105	0.287*	0.377**	0.311*	0.356**	0.143*	0.240**	0.25*	0.244**	0.335**	0.214*	0.268**	0.394**	0.201**	0.335**	0.318	0.383
	Sig. (2 - tailed)	0.000	0.000	0.000	0.069	0.000	0.000	0.000	0.000	0.013	0.000	0.000	0.000	0.000	0.000	0.000	0.000	0.000	0.000	0.000	0.000
c2	Pearson Correlation	0.283*	0.306*	0.326*	0.260**	0.343*	0.324**	0.321*	0.251**	0.340*	0.209**	0.20*	0.254**	0.302**	0.237*	0.319**	0.382**	0.314**	0.363**	0.364**	0.347**
	Sig. (2 - tailed)	0.000	0.000	0.000	0.000	0.000	0.000	0.000	0.000	0.000	0.000	0.000	0.000	0.000	0.000	0.000	0.000	0.000	0.000	0.000	0.000
c3	Pearson Correlation	0.249*	0.158*	0.275*	0.216**	0.322*	0.246**	0.230*	0.174**	0.270*	0.292**	0.14*	0.111	0.213**	0.218*	0.244**	0.275**	0.195**	0.300**	0.306**	0.219**
	Sig. (2 - tailed)	0.000	0.006	0.000	0.000	0.000	0.000	0.000	0.003	0.000	0.000	0.012	0.055	0.000	0.000	0.000	0.000	0.001	0.000	0.000	0.000
c4	Pearson Correlation	0.172*	0.207*	0.240*	0.226**	0.275*	0.283**	0.290*	0.220**	0.292*	0.105	0.20*	0.269**	0.289**	0.235*	0.231**	0.264**	0.272**	0.295**	0.311**	0.318**
	Sig. (2 - tailed)	0.003	0.000	0.000	0.000	0.000	0.000	0.000	0.000	0.000	0.069	0.000	0.000	0.000	0.000	0.000	0.000	0.000	0.000	0.000	0.000
c5	Pearson Correlation	0.129*	0.183*	0.201*	0.143*	0.314*	0.340**	0.356*	0.259**	0.394*	0.135*	0.20*	0.260**	0.437**	0.352*	0.434**	0.397**	0.249**	0.439**	0.411**	0.412**
	Sig. (2 - tailed)	0.026	0.001	0.000	0.013	0.000	0.000	0.000	0.000	0.000	0.020	0.000	0.000	0.000	0.000	0.000	0.000	0.000	0.000	0.000	0.000

续表

		a1	a2	a3	a4	a5	a6	a7	a8	a9	a10	a11	a12	a13	a14	a15	a16	a17	a18	a19	a20
c6	Pearson Correlation	0. 188*	0. 042	0. 194*	0. 246**	0. 144*	0. 318**	0. 220*	0. 075	0. 240*	0. 203**	0. 086	0. 166**	0. 093	0. 145*	0. 219**	0. 237**	0. 210**	0. 197**	0. 278**	0. 288**
	Sig. (2 – tailed)	0. 001	0. 474	0. 001	0. 000	0. 013	0. 000	0. 000	0. 197	0. 000	0. 000	0. 137	0. 004	0. 109	0. 012	0. 000	0. 000	0. 000	0. 001	0. 000	0. 000
c7	Pearson Correlation	0. 095	0. 158*	0. 150*	0. 219**	0. 237*	0. 322**	0. 174*	0. 175**	0. 226*	0. 254**	0. 100	0. 206**	0. 085	0. 258*	0. 333**	0. 179**	0. 141*	0. 275**	0. 337**	0. 228**
	Sig. (2 – tailed)	0. 100	0. 006	0. 009	0. 000	0. 000	0. 000	0. 002	0. 002	0. 000	0. 000	0. 085	0. 000	0. 144	0. 000	0. 000	0. 002	0. 015	0. 000	0. 000	0. 000
c8	Pearson Correlation	0. 126*	0. 051	0. 174*	0. 188**	0. 240*	0. 254**	0. 173*	0. 081	0. 178*	0. 216**	0. 096	0. 216**	0. 156**	0. 272*	0. 290**	0. 270**	0. 158**	0. 266**	0. 340**	0. 289**
	Sig. (2 – tailed)	0. 030	0. 377	0. 003	0. 001	0. 000	0. 000	0. 003	0. 165	0. 002	0. 000	0. 098	0. 000	0. 007	0. 000	0. 000	0. 000	0. 006	0. 000	0. 000	0. 000
c9	Pearson Correlation	0. 128*	0. 094	0. 168*	0. 164**	0. 263*	0. 330**	0. 206*	0. 141*	0. 259*	0. 214**	0. 066	0. 156**	0. 224**	0. 260*	0. 330**	0. 267**	0. 144*	0. 341**	0. 408**	0. 281**
	Sig. (2 – tailed)	0. 027	0. 104	0. 004	0. 004	0. 000	0. 000	0. 000	0. 014	0. 000	0. 000	0. 253	0. 007	0. 000	0. 000	0. 000	0. 000	0. 012	0. 000	0. 000	0. 000
c10	Pearson Correlation	0. 135*	0. 047	0. 196*	0. 160**	0. 210*	0. 295**	0. 187*	0. 065	0. 249*	0. 202**	0. 062	0. 189**	0. 140*	0. 287*	0. 320**	0. 289**	0. 199**	0. 300**	0. 354**	0. 298**
	Sig. (2 – tailed)	0. 020	0. 422	0. 001	0. 005	0. 000	0. 000	0. 001	0. 265	0. 000	0. 000	0. 286	0. 001	0. 016	0. 000	0. 000	0. 000	0. 001	0. 000	0. 000	0. 000
c11	Pearson Correlation	0. 122*	0. 11*	0. 190*	0. 193**	0. 28**	0. 356**	0. 230*	0. 171**	0. 252*	0. 174**	0. 11*	0. 239**	0. 213**	0. 239*	0. 330**	0. 348**	0. 171**	0. 313**	0. 438**	0. 302**
	Sig. (2 – tailed)	0. 035	0. 047	0. 001	0. 001	0. 000	0. 000	0. 000	0. 003	0. 000	0. 003	0. 046	0. 000	0. 000	0. 000	0. 000	0. 000	0. 003	0. 000	0. 000	0. 000

续表

		a1	a2	a3	a4	a5	a6	a7	a8	a9	a10	a11	a12	a13	a14	a15	a16	a17	a18	a19	a20
c12	Pearson Correlation	0.022	0.000	0.050	0.098	0.24**	0.194**	0.254*	0.132*	0.122*	0.098	0.087	0.203**	0.173**	0.308*	0.318**	0.187**	0.095	0.313**	0.260**	0.286**
	Sig. (2 - tailed)	0.702	0.992	0.392	0.092	0.000	0.001	0.000	0.023	0.036	0.092	0.133	0.000	0.003	0.000	0.000	0.001	0.100	0.000	0.000	0.000
c13	Pearson Correlation	0.050	0.14**	0.136*	0.058	0.25*	0.096	0.172*	0.168**	0.214*	0.139*	0.111	0.217**	0.155**	0.161*	0.270**	0.195**	0.175**	0.223**	0.280**	0.221**
	Sig. (2 - tailed)	0.389	0.010	0.019	0.321	0.000	0.098	0.003	0.004	0.000	0.016	0.056	0.000	0.007	0.005	0.000	0.001	0.002	0.000	0.000	0.000
c14	Pearson Correlation	0.031	0.18**	0.076	0.123*	0.28**	0.286**	0.325*	0.220**	0.183*	0.039	0.22**	0.326**	0.232**	0.241*	0.223**	0.247**	0.260**	0.253**	0.259**	0.292**
	Sig. (2 - tailed)	0.595	0.002	0.190	0.034	0.000	0.000	0.000	0.000	0.001	0.498	0.000	0.000	0.000	0.000	0.000	0.000	0.000	0.000	0.000	0.000
c15	Pearson Correlation	0.069	0.11*	0.111	0.146*	0.21**	0.267**	0.201*	0.134*	0.171*	0.118*	0.13*	0.234**	0.108	0.228*	0.201**	0.224**	0.091	0.221**	0.328**	0.209**
	Sig. (2 - tailed)	0.235	0.048	0.056	0.012	0.000	0.000	0.000	0.020	0.003	0.041	0.021	0.000	0.063	0.000	0.000	0.000	0.115	0.000	0.000	0.000
c16	Pearson Correlation	0.111	0.105	0.215*	0.275**	0.27**	0.293**	0.149*	0.098	0.303*	0.189**	0.15**	0.229**	0.182**	0.276*	0.268**	0.231**	0.184**	0.269**	0.322**	0.253**
	Sig. (2 - tailed)	0.055	0.070	0.000	0.000	0.000	0.000	0.010	0.089	0.000	0.001	0.006	0.000	0.002	0.000	0.000	0.000	0.001	0.000	0.000	0.000
c17	Pearson Correlation	0.152*	0.109	0.172*	0.153**	0.28**	0.199**	0.212*	0.089	0.246*	0.193**	0.027	0.244**	0.202**	0.219*	0.246**	0.284**	0.101	0.246**	0.359**	0.259**
	Sig. (2 - tailed)	0.008	0.060	0.003	0.008	0.000	0.001	0.000	0.123	0.000	0.001	0.642	0.000	0.000	0.000	0.000	0.000	0.081	0.000	0.000	0.000

附录 7　集群政策与集群成长关键因素相关系数矩阵

		a1	a2	a3	a4	a5	a6	a7	a8	a9	a10	a11	a12	a13	a14	a15	a16	a17	a18	a19	a20
b1	Pearson Correlation	0.274**	0.279**	0.237**	0.206**	0.485**	0.348**	0.386**	0.259**	0.302**	0.148*	0.217**	0.344**	0.362**	0.360**	0.421**	0.520**	0.316**	0.467**	0.517**	0.409**
	Sig. (2 - tailed)	0.000	0.000	0.000	0.000	0.000	0.000	0.000	0.000	0.000	0.011	0.000	0.000	0.000	0.000	0.000	0.000	0.000	0.000	0.000	0.000
b2	Pearson Correlation	0.176**	0.340**	0.210**	0.247**	0.383**	0.380**	0.290**	0.415**	0.357**	0.204**	0.382**	0.333**	0.312**	0.341**	0.319**	0.325**	0.382**	0.336**	0.345**	0.399**
	Sig. (2 - tailed)	0.002	0.000	0.000	0.000	0.000	0.000	0.000	0.000	0.000	0.000	0.000	0.000	0.000	0.000	0.000	0.000	0.000	0.000	0.000	0.000
b3	Pearson Correlation	0.342**	0.200**	0.199**	0.092	0.368**	0.368**	0.336**	0.238**	0.224**	0.064	0.211**	0.288**	0.342**	0.371**	0.322**	0.426**	0.263**	0.479**	0.535**	0.451**
	Sig. (2 - tailed)	0.000	0.001	0.001	0.112	0.000	0.000	0.000	0.000	0.000	0.266	0.000	0.000	0.000	0.000	0.000	0.000	0.000	0.000	0.000	0.000
b4	Pearson Correlation	0.333**	0.182**	0.296**	0.133*	0.363**	0.407**	0.353**	0.140*	0.357**	0.094	0.143*	0.240**	0.313**	0.432**	0.345**	0.404**	0.269**	0.557**	0.428**	0.532**
	Sig. (2 - tailed)	0.000	0.002	0.000	0.021	0.000	0.000	0.000	0.016	0.000	0.105	0.013	0.000	0.000	0.000	0.000	0.000	0.000	0.000	0.000	0.000
b5	Pearson Correlation	0.321**	0.251**	0.257**	0.196**	0.277**	0.341**	0.344**	0.194**	0.303**	0.226**	0.174**	0.122*	0.237**	0.321**	0.266**	0.310**	0.285**	0.403**	0.327**	0.391**
	Sig. (2 - tailed)	0.000	0.000	0.000	0.001	0.000	0.000	0.000	0.001	0.000	0.000	0.003	0.035	0.000	0.000	0.000	0.000	0.000	0.000	0.000	0.000

续表

		a1	a2	a3	a4	a5	a6	a7	a8	a9	a10	a11	a12	a13	a14	a15	a16	a17	a18	a19	a20
b6	Pearson Correlation	0.298**	0.229**	0.349**	0.227**	0.372**	0.456**	0.340**	0.154**	0.413**	0.330**	0.171**	0.269**	0.415**	0.401**	0.464**	0.438**	0.291**	0.423**	0.535**	0.420**
	Sig. (2 - tailed)	0.000	0.000	0.000	0.000	0.000	0.000	0.000	0.007	0.000	0.000	0.003	0.000	0.000	0.000	0.000	0.000	0.000	0.000	0.000	0.000
b7	Pearson Correlation	0.280**	0.347**	0.311**	0.129*	0.425**	0.509**	0.430**	0.363**	0.358**	0.288**	0.266**	0.382**	0.414**	0.399**	0.418**	0.415**	0.349**	0.415**	0.451**	0.385**
	Sig. (2 - tailed)	0.000	0.000	0.000	0.025	0.000	0.000	0.000	0.000	0.000	0.000	0.000	0.000	0.000	0.000	0.000	0.000	0.000	0.000	0.000	0.000
b8	Pearson Correlation	0.274**	0.366**	0.331**	0.340**	0.432**	0.429**	0.387**	0.323**	0.348**	0.261**	0.332**	0.364**	0.404**	0.403**	0.483**	0.472**	0.384**	0.410**	0.493**	0.453**
	Sig. (2 - tailed)	0.000	0.000	0.000	0.000	0.000	0.000	0.000	0.000	0.000	0.000	0.000	0.000	0.000	0.000	0.000	0.000	0.000	0.000	0.000	0.000
b9	Pearson Correlation	0.222**	0.243**	0.227**	0.271**	0.451**	0.386**	0.425**	0.268**	0.361**	0.164**	0.278**	0.361**	0.395**	0.378**	0.450**	0.528**	0.309**	0.413**	0.461**	0.486**
	Sig. (2 - tailed)	0.000	0.000	0.000	0.000	0.000	0.000	0.000	0.000	0.000	0.004	0.000	0.000	0.000	0.000	0.000	0.000	0.000	0.000	0.000	0.000
b10	Pearson Correlation	0.334**	0.282**	0.313**	0.275**	0.462**	0.445**	0.447**	0.253**	0.339**	0.242**	0.268**	0.313**	0.394**	0.452**	0.476**	0.491**	0.421**	0.473**	0.474**	0.521**
	Sig. (2 - tailed)	0.000	0.000	0.000	0.000	0.000	0.000	0.000	0.000	0.000	0.000	0.000	0.000	0.000	0.000	0.000	0.000	0.000	0.000	0.000	0.000
b11	Pearson Correlation	0.166**	0.300**	0.261**	0.211**	0.442**	0.333**	0.402**	0.249**	0.359**	0.250**	0.286**	0.377**	0.405**	0.421**	0.432**	0.445**	0.221**	0.395**	0.459**	0.334**
	Sig. (2 - tailed)	0.004	0.000	0.000	0.000	0.000	0.000	0.000	0.000	0.000	0.000	0.000	0.000	0.000	0.000	0.000	0.000	0.000	0.000	0.000	0.000

续表

		a1	a2	a3	a4	a5	a6	a7	a8	a9	a10	a11	a12	a13	a14	a15	a16	a17	a18	a19	a20
b12	Pearson Correlation	0.251**	0.238**	0.210**	0.224**	0.373**	0.395**	0.306**	0.141*	0.302**	0.227**	0.163**	0.210**	0.337**	0.398**	0.374**	0.454**	0.295**	0.470**	0.542**	0.387**
	Sig. (2-tailed)	0.000	0.000	0.000	0.000	0.000	0.000	0.000	0.015	0.000	0.000	0.005	0.000	0.000	0.000	0.000	0.000	0.000	0.000	0.000	0.000
b13	Pearson Correlation	0.327**	0.317**	0.324**	0.286**	0.316**	0.413**	0.371**	0.250**	0.305**	0.278**	0.251**	0.321**	0.230**	0.303**	0.394**	0.336**	0.332**	0.328**	0.356**	0.405**
	Sig. (2-tailed)	0.000	0.000	0.000	0.000	0.000	0.000	0.000	0.000	0.000	0.000	0.000	0.000	0.000	0.000	0.000	0.000	0.000	0.000	0.000	0.000
b14	Pearson Correlation	0.200**	0.306**	0.112	0.224**	0.338**	0.442**	0.394**	0.320**	0.314**	0.219**	0.452**	0.367**	0.276**	0.352**	0.383**	0.424**	0.474**	0.357**	0.363**	0.443**
	Sig. (2-tailed)	0.000	0.000	0.054	0.000	0.000	0.000	0.000	0.000	0.000	0.000	0.000	0.000	0.000	0.000	0.000	0.000	0.000	0.000	0.000	0.000
b15	Pearson Correlation	0.295**	0.331**	0.191**	0.238**	0.368**	0.476**	0.407**	0.239**	0.283**	0.328**	0.216**	0.331**	0.366**	0.380**	0.446**	0.449**	0.387**	0.379**	0.394**	0.486**
	Sig. (2-tailed)	0.000	0.000	0.001	0.000	0.000	0.000	0.000	0.000	0.000	0.000	0.000	0.000	0.000	0.000	0.000	0.000	0.000	0.000	0.000	0.000
b16	Pearson Correlation	0.273**	0.315**	0.205**	0.256**	0.459**	0.532**	0.480**	0.407**	0.354**	0.242**	0.417**	0.413**	0.404**	0.360**	0.443**	0.432**	0.405**	0.413**	0.465**	0.526**
	Sig. (2-tailed)	0.000	0.000	0.000	0.000	0.000	0.000	0.000	0.000	0.000	0.000	0.000	0.000	0.000	0.000	0.000	0.000	0.000	0.000	0.000	0.000
b17	Pearson Correlation	0.173**	0.272**	0.293**	0.287**	0.267**	0.366**	0.302**	0.237**	0.281**	0.285**	0.153**	0.180**	0.348**	0.267**	0.339**	0.392**	0.267**	0.370**	0.529**	0.344**
	Sig. (2-tailed)	0.003	0.000	0.000	0.000	0.000	0.000	0.000	0.000	0.000	0.000	0.008	0.002	0.000	0.000	0.000	0.000	0.000	0.000	0.000	0.000

续表

		a1	a2	a3	a4	a5	a6	a7	a8	a9	a10	a11	a12	a13	a14	a15	a16	a17	a18	a19	a20
b18	Pearson Correlation	0.132*	0.292**	0.148*	0.168**	0.460**	0.379**	0.381**	0.206**	0.198**	0.211**	0.148*	0.275**	0.294**	0.326**	0.350**	0.421**	0.364**	0.374**	0.446**	0.433**
	Sig. (2 - tailed)	0.022	0.000	0.010	0.004	0.000	0.000	0.000	0.000	0.001	0.000	0.010	0.000	0.000	0.000	0.000	0.000	0.000	0.000	0.000	0.000
b19	Pearson Correlation	0.224**	0.201**	0.253**	0.201**	0.338**	0.392**	0.289**	0.104	0.330**	0.256**	0.063	0.174**	0.353**	0.367**	0.368**	0.414**	0.316**	0.443**	0.399**	0.433**
	Sig. (2 - tailed)	0.000	0.000	0.000	0.000	0.000	0.000	0.000	0.074	0.000	0.000	0.277	0.002	0.000	0.000	0.000	0.000	0.000	0.000	0.000	0.000
b20	Pearson Correlation	0.306**	0.249**	0.344**	0.257**	0.310**	0.435**	0.359**	0.195**	0.310**	0.300**	0.179**	0.214**	0.337**	0.300**	0.426**	0.420**	0.303**	0.398**	0.445**	0.361**
	Sig. (2 - tailed)	0.000	0.000	0.000	0.000	0.000	0.000	0.000	0.001	0.000	0.000	0.002	0.000	0.000	0.000	0.000	0.000	0.000	0.000	0.000	0.000
b21	Pearson Correlation	0.306**	0.282**	0.326**	0.155**	0.351**	0.440**	0.352**	0.146*	0.309**	0.305**	0.126*	0.276**	0.437**	0.393**	0.428**	0.466**	0.327**	0.464**	0.458**	0.448**
	Sig. (2 - tailed)	0.000	0.000	0.000	0.007	0.000	0.000	0.000	0.011	0.000	0.000	0.029	0.000	0.000	0.000	0.000	0.000	0.000	0.000	0.000	0.000
b22	Pearson Correlation	0.286**	0.354**	0.304**	0.224**	0.354**	0.374**	0.335**	0.353**	0.370**	0.307**	0.193**	0.217**	0.438**	0.294**	0.440**	0.492**	0.301**	0.408**	0.488**	0.358**
	Sig. (2 - tailed)	0.000	0.000	0.000	0.000	0.000	0.000	0.000	0.000	0.000	0.000	0.001	0.000	0.000	0.000	0.000	0.000	0.000	0.000	0.000	0.000

后　　记

国家社会科学基金“西部特色产业中小企业集群化成长的支持政策体系研究”一般项目的研究经历了一个艰辛的历程：基于阅读经典著作和经典文献以增加学术敏锐度开始；从中小企业集群研究对象的选择与访谈，到访谈资料整理；从问卷设计、试调查和正式调查，到问卷统计分析；从个案分析到跨案例研究分析讨论，从研究框架形成到研究内容的修改，课题组成员投入大量精力，以科学严谨的态度，坚韧的毅力，克服重重困难，完成了大量一手资料的收集，所整理的调研资料近35万字。课题研究期间培养了5名研究生，其中3名研究生攻读了博士学位。整个课题研究过程，从文献评价到理论探究的深入，从理论分析到实证分析，从研究框架形成到研究内容的逐步改进，课题组成员严谨治学、追求科学的精神和勤奋努力的工作是本课题高质量完成的基础。课题最终以“良好”的成绩结题，天道酬勤！

此后课题的部分成果得到了进一步研究，本专著的出版展示了课题研究及其后续研究的大部分核心成果，并得到横向课题“鄂尔多斯煤炭能源基地水资源评价”、国家社会科学基金一般项目“财富跨代转移和扩大中等收入阶层比重的税收调节研究”（15BGY132）以及内蒙古自治区自然科学基金面上项目“居民家庭时间禀赋代际转移、劳动供给选择偏好与税收调节的系统动力性研究”（2020MS07002）的交叉拓展研究。

该书是在课题研究成果的基础上完成的，在课题结题近10年之后再计划出版课题研究成果，应该说是一部迟到出版的专著。在此期间我们欣喜地看到，本课题研究成果的主流观点和创新思想正是与党的十八大、党的十九大、《关于促进中小企业健康发展的指导意见》和《“十四五”促进中小企业发展规划》等精神相吻合：党的十八大报告指出，提高大中型企业核心竞争力，支持小微企业特别是科技型小微企业发展；党的十九大报告指出，“深化科技体制改革，建立以企业为主体、市场为导向、产学研深度融合的技术创新体系，加强对中小企业创新的支持”；中共中央办公厅、国务院办公厅印发《关于促进中小企业健康发展的指导意见》指出，从营造良好发展环境，破解融资难融资贵问题，完善财税支持政策，提升创新发展能力，改进服务保障工作，强化组织领导和统筹协调六个方面，提出23条针对性更强、更实、更管用的新措施；《“十四五”促进中小企业发展规划》指出，中小企业处于重要战略机遇期，以推动中小企业高质量发展为主题，围绕“政策体系、服务体系、发展环境”三个领域，促进中小企业发展的5个目标、7项任务和9大工程，形成由宏观到具体的工作链条。其中，7项任务包括培育壮大市场主体、健全政策支持体系、建立高效服务体系、完善公平竞争环境、提高融资可得性、加强合法权益保护、提升创新能力和专业化水平。

很高兴和清晰地看到，目前课题研究成果依然具有前瞻性和理论指导意义，激发我们有了出版该专著的冲动，研究成果能够为中国经济体制改革、提升中小企业活力，实现经济高质量发展提供借鉴与思考，这种欣慰也激励着我们的学术研究不能有丝毫懈怠，必须砥砺前行。

调研及个案分析：毛文静、李瑞峰负责红色产业集群调研；赵红梅负责绿色产业集群调研；李亚慧负责黑色产业集群调研；杨伟民负责白色产业集群调研。

专著执笔：本书由李兴旺负责内容结构设计及统稿，各章安排如下：导论由李兴旺撰写；第一章西部地区中小企业集群发展阶段研判由李兴旺、李会军撰写；第二章支持中小企业产业集群成长的政策作用机理研究由李兴旺撰写；第三章支持西部特色产业中小企业集群化成长的政策配置理论分析由李兴旺、郭毅撰写；第四章西部特色产业中小企业集群化成长的瓶颈及其形成原因由杨伟民撰写；第五章支持西部特色产业中小企业集群化成长的政策缺失及其原因由毛文静、李瑞峰撰写；第六章国外产业集群政策借鉴由孙晓光撰写；第七章支持西部特色产业中小企业集群化成长的政策体系框架构建由李亚慧、赵红梅撰写；第八章支持西部特色产业中小企业集群化成长的政策体系建议由毛文静、李瑞峰撰写。郝春虹教授参与了统稿讨论。

在课题调研过程中，研究生李会军、史杰、陷艳婷、刘媛、张志强等同学参加了课题调研，内蒙古自治区工信厅胡瑞芬副厅长、内蒙古自治区党委政策研究室杨宏达处长、内蒙古自治区经济委员会原中小企业处彭武华同志参与了部分内容的研讨并提出了宝贵意见，课题调研过程中得到了西部地区当地政府、有关企业的协助，在此表示衷心感谢！

李兴旺

2022年5月16日